KB234937

장보고 리더십

장보고 리더십

초판 1쇄 인쇄 | 2010년 3월 2일
초판 1쇄 발행 | 2010년 3월 8일

지은이 | 신광철

발행인 · 편집인 | 이인구
디자인 | 손정미 · 기준용
표지디자인 | 서각가 정민영
인쇄 | 영프린팅

펴낸곳 | 한문화사
주소 | 경기도 김포시 고촌면 풍곡2리 237-3
전화 | 070-8269-0860
팩스 | 031-913-0867
전자우편 | hanok21@naver.com
등록번호 | 제410-2010-000002호(2010년 1월 13일)

ISBN 978-89-963836-1-1 03320

값 13,000원

한국 최초의 무역인, 해상왕 장보고

장보고 리더십

신광철 지음

한문화사

장보고 리더십

1. 세상이 길을 막으면 더 큰 세상으로 나아갔다.
장보고는 신라의 골품제도라는 신분제도하에서 해도 출신이라는 비아냥거림과 패망한 백제계 유민으로 태어나 조국에서 성공할 수 없음을 예견하고, 더 큰 나라인 당나라로 건너가 군사 1천 명을 거느리는 군중소장이 되었다.

2. 세상을 내 편으로 만들기 전에 사람을 먼저 내 편으로 만들었다.
장보고는 당나라에서 함께 활동했으나 원한관계로 남게 되었던 정년을 받아들이고 자신의 군사 5천을 내주어 출정하게 했다. 그리하여 가장 적대했던 자를 가장 믿을 수 있는 사람으로 만들었다. 또한, 당나라와 일본에 흩어져 있던 신라인들을 끌어안고 우리나라 최초로 거대한 한민족 공동체를 만들어냈다.

3. 기회가 다가오는 순간 움켜잡기 위하여 미리 준비하고 기다렸다.
장보고는 청해진을 설진하기 위하여 당나라에서 무역하며 신라와 당 양국이 받아들일 수 있는 준비와 방책을 내놓았다. 그리고는 최고의 담판 대상이었던 흥덕왕에게서 청해진 설진의 허락을 받아 냈다.

4. 최초로 가는 길은 가장 험난하나 동시에 가장 큰 기회다.
장보고는 한민족 최초의 세계인이었다. 한국인으로서는 처음으로 국제무역을 했을 뿐만 아니라, 동아시아 최초의 국제적인 군민연합체로써 바다에 평화를 가져왔다.

5. 남들이 아니라고 말할 때, 할 수 있다는 신념을 갖고 현장
　 으로 달려나갔다.
장보고는 변방국이었던 신라에서 세상의 중심이라고 생각했던 당나라로 들어갔다. 변방의 사나이는 신라와 당 그리고 일본, 삼국의 중심에 우뚝 서는 위대한 인물이 되었다. 남들이 육로를 이용할 때 그는 바다를 개척해 나갔다.

6. 조국을 위한 길과 나의 꿈을 일치시켜 더 웅대한 길을 만
　 들어 냈다.
장보고는 조국인 신라의 양민들이 해적들에게 잡혀가 당나라에서 노예로 팔리는 현장을 목격하고 조국을 위한 해적 소탕, 그리고 자신의 꿈인 무역을 동시에 실현할 수 있는 청해진을 설진했다.

7. 꿈을 꾸는 자는 성공을 꿈꿀 자격이 있고, 꿈꾼 것을 실행
　 하는 자는 성공할 자격이 있다.
장보고는 어려운 환경에서 태어나 당나라로 건너가 성공했다. 개인으로서 국제무역을 성사시킨 최초의 사람이었다. 꿈을 실현하기 위하여 장보고는 거친 파도 속으로 뛰어들었다.

가장 큰 리더십은 꿈꾸게 하는 것이고,
리더십의 완결은 꿈의 실현을 위해
스스로 땀 흘리게 하는 것이다.

한국인은 기름과 같다. 한 번 불이 붙으면 활활 타오를 수 있는 기질과 열정을 가지고 있다. 불을 붙일 지도자를 기다리는 사람들의 집합이 한국인이다. 우리 역사에서 세계로 가는 길을 열어놓은 사람이 있었다. 한반도를 벗어나 국제무역을 하고, 당시에 대륙으로 나 있던 실크로드를 거부하고, 더 큰 바다로 달려나간 바다의 사나이가 있었다. 한민족 역사에서 한 개인이 이처럼 진취적이고 개방적이며 도전적인 역사를 만들어낸 적이 없었다. 거친 변화와 발전의 중심에 한 사람이 있었다. 일 천여 년 전에 이미 그는 세계인이었다. 바로 그가 장보고였다.

바람은 한곳으로 휘몰아치고 있었다. 거칠었지만 일관되고 벅찬 감동으로 일어서고 있었다. 극동에 자리한 작지만 찬란한 나라 신라, 그 신라의 남쪽 작은 섬에서 비밀스런 일이 벌어지고 있었다. 그 일의 출발은 작았지만, 역동적이면서도 벅찬 환희의 바람을 일으키고 있었다. 불끈불끈 힘이 솟아나고 있었다. 발전해 나가던 신라는 동력을 잃어버리고, 골품제라는 신분사회의 틀에서 더 성장하지 못하고 추진력을 잃어 갈팡질팡하던 때였다. 그때 완도라는 작은 섬에서 발진한 새로운 동력은 신라 전체를 이끌어가는 힘이 되기 시작했다. 이내 그 바람은 거친 폭풍우처럼 대륙의 동쪽 끝에 자리한 작은 나라 신라에서부터 시작해서 거대한 땅, 중국과 섬나라 일본까지도 휘몰아쳤다.

그 바람의 주인공이 장보고였다. 아무도 예상하지 못했던 바람은 장보고라는 한 사내에서부터 발원하고 있었다. 신라라는 땅에서는 발붙일 곳이 없어 나라를 등지고 떠나야 하는 사내가 있었다. 장보고, 그를 받아줄 곳은 미지의 땅이었다. 그곳에 도착해서 그 사내는 일어섰다. 당당하고도 장한 모습으로 일어섰다. 중국 역사서에 기록될 만큼 우뚝했다. 자신의 웅혼한 꿈을 일으켜 세울 곳이 없어서 태어난 나라를 떠났던 한 사내가 성공을 이루고 다시 조국을 위하여 돌아왔다. 금의환향이었다. 조국의 백성이 노예로 팔려가는 현장을 목격하고는 해적들을 소탕할 인간애와 민족애가 발동했다. 장보고라는 사내는 완도에 터를 잡고 1만 명의 인원으로 아시아의 바다를 장악하는 위대하고도 장한 일을 만들어 내고 있었다.

완도에서 시작한 그 바람은 회오리 바람이 되어 바다를 장악해 나갔다. 사면이 바다인 일본을 제치고, 바다를 장악했다. 막강한 지배력을 가지고 있던 거대한 제국, 당나라를 제치고 중국의 바다를 장악했다. 중국의 바다와 일본의 바다는 그야말로 그의 안마당이 되었다. 아무도 예상하지 못했던 일이었다. 그렇게 되리라고는 상상하기조차 어려운 일대 사건이었다. 꿈은 현실이 되었고, 그 꿈은 확장되어 더 큰 꿈을 꾸게 하였다. 그 꿈은 원대했고, 엄청난 폭풍우 같은 힘을 발휘하고 있었다.

한 사람이 품을 수 있는 세상은 얼마까지 가능할까. 한 사람이 당대에 이룰 수 있는 원대한 꿈의 크기는 얼마만큼이어야 할까. 아주 짧은 시간에 그리고 아주 역동적으로 일은 추진되었다. 세상은 그의 발아래 엎드렸다. 바다는 그가 가는 길을 열어주었다. 당시로써는 최초의 무역왕국을 세운 사람이 장보고였다. 한민족 연결망을 이용해서 세계적인 무역의 활로를 열어놓은 최초의 한국인이었다. 그는 시대를 앞서갔고 거친 파도를 스스로 넘었다. 길 없는 곳에 길을 만들어가며 세상 속으로 나아갔다. 그가 걷는 발자국을 따라 길이 만들어졌고 새로운 세상이 펼쳐졌다. 바다가 사람들에게 두려움의 대상이었을 때 꿈과 희망으로 바닷길을 개척하며 위대한 역사의 새 장을 열고 있었다. 바다가 세상으로부터의 단절을 의미하던 시대에 바다가 길이 되었다. 나라와 나라 간에 상품이 오고 가고, 사람들은 그가 닦아놓은 길을 따라서 왕래했다. 일찍이 한반도에 드물었던 활력이 넘쳐났다. 누가 한국, 한국인, 한민족을 약하다 하는가. 누가 한민족의 저력을 낮추려 하는가. 우리는 할 수 있다. 그리고 당연히 해낼 수 있는 민족이다.

세상에 이만한 민족을 가진 나라가 몇 나라나 되는가. 장보고는 미국의 역사학자 라이샤워가 말한 세계 해양사에서 가장 찬란했던 해양 상업 제국의 선봉에 서 있었던 것이다. 세계사적으로 해로가 막혀 해양 진출이 어려울 때 그 나라의 국력은 쇠퇴하고, 왕성할 때는 국력도 함께 커진다.

우리 국민성을 냄비 같다고 하기도 한다. 또 하나는 은근과 끈기가 있는 국민성을 가지고 있다고도 한다. 사실 두 성격은 판이한 것이다. 냄비는 속도와 즉흥성을 말한다. 금방 달아올랐다가 금세 식어버리는 성질을 비유한 것이고, 은근과 끈기는 아주 오랫동안 변하지 않는 성격을 말하고 있다. 어떻게 한 나라의 국민성을 이렇게 극과 극으로 다르게 볼 수 있을까 의아스럽기까지 하다. 사실은 모두가 한국인의 국민적 특질이 다 녹아있는 말인지도 모른다. 열정과 끈기를 함께 가진 국민이 아닌가 싶다.

제대로 된 국민을 가진 나라인데 정부가 제대로 이끌어가지 못하는 것은 아닌가 싶기도 하다. 나라가 온통 민주화 열망으로 시끄러울 때도 경제는 제대로 방향을 잡아 고속성장을 했다. 민주화도 고난과 역경 속에서 이루어냈다. 위정자가 만들어낸 것이 아니었다. 국민의 열망과 열정이 만들어낸 것이었다. 나라가 망한다는 아이엠에프 시절에도 자발적인 금 모으기를 하는 열성을 보여 세계 사람들을 놀라게 했다. 나라의 빚을 갚겠다고 어떤 사람은 결혼반지를 가져왔고, 어떤 사람은 아이들의 돌 반지를 가지고 왔다. 나라를 위하여, 함께 사는 민족의 안위를 위하여 이렇게 헌신적이고 적극적인 참여를 하는 민족이 어디 있을까. 나는 우리 민족이 자랑스럽다.

우리나라는 안타깝게도 제대로 된 지도자를 거의 만나지 못했다. 그럼에도, 나라의 기틀은 잡혀가고 있다. 우리는 위대한 민족의 일원임을 스스로 잊으며 살아가고 있는 것이다. 이러한 때 장보고와 같은 리더십으로 무장한 사람이 나타나 개개인이 가진 뛰어난 자질을 깨우고 뭉치면 고난을 극복할 수 있을 것이다. 위대한 한국, 한국인, 한민족이 될 것이다. 시대를 앞서갔고, 한 시대를 장악했던 걸출한 인물, 장보고에게서 새로운 세계로 가는 길을 묻고 싶었다. 그리하여 보다 나은 미래를 열어가고 싶었다. 독립적인 한 사람 한 사람이 가는 길을 결집해서 자발적이고 감동적인 역사를 만들어낸 완도에 있었던 그들처럼 우리도 미래를 개척할 수 있을 것이다. 아직은 미완의 상태지만 분명히 이루어낼 수 있다는 자신감과 노력을 기울인다면 새로운 역사를 창조해 낼 것이라 믿는다. 부족하지 않은 것은 어디에도 없다. 모자란 것을 자각하는 순간 그 모자람은 고칠 수 있다. 두려워 말아야 한다. 사람은 넘어지게 되어 있다. 한국은 위대하고, 한국인은 위대하다. 또한, 한민족은 위대하다. 나는 한국, 한국인, 한민족이 자랑스럽다. 장보고와 같은 위대한 인물을 가진 것이 또한 자랑스럽다. 미래는 준비된 자를 기다린다. 그러기 위해서 다시 일어서는 한국이 되어야 한다.

2010년 정월 파주 통일동산에서

신 광 철

※ 이 책은 〈해상왕 장보고 기념사업회〉에서 지원한 자료로 저술하였습니다.

제1장

인생을 꿈꾸게 하라
세상의 중심에서 춤을 추는
자신을 보게 되리라

한민족은 얼마만큼
위대해질 수 있을 것인가

　한국, 한국인, 한민족이라는 이름 앞에 내세울 만한 영웅은 누구인가. 사람이라는 이름으로 태어나 자신의 조국을 긍지로 이끌 사람은 누구인가. 한국인은 얼마나 위대하고, 한민족은 얼마만큼 위대해질 수가 있을 것인가. 살아 있음은 역동적인 생명의 신비한 경험이다. 자신의 육체와 영혼을 더없는 가능의 세계로 밀어 넣어 단련하고 실험하는 일은 위대하다. 한민족의 피가 흐르고, 한국인의 꿈을 가슴에 품고, 한국을 일으키는 일은 얼마만큼 큰 산을 세우는 일일 수 있는가. 그리고 성취는 우리에게 어디까지 가능한 것인가.

　우리는 뜨거운 피가 흐르는 열정을 가지고 있다. 한국인의 심장에 고동치는 열망은 거칠면서도 힘찬데 이를 이끌 꿈과 사람이 필요하다. 한국, 한국인, 한민족을 이끌 영웅이 이 시점에 필요하다. 이에 장보고라는 한 영웅을 소개하려 한다. 한민족의 역사에 공세적인 영웅은 드물었다. 이순신이나 세종, 그리고 을지문덕, 강감찬, 연개소문, 양만춘, 최영 같은 인물들이 있었지만, 관리와 방어에 치중한 인물이었다. 한민족 초기의 고구려 역사가 활달한 것은 광개토대왕이라는 걸출한 인물이 있었기 때문이다. 대륙을 놓고 당나라와 용호상박의 전쟁을 치르며 땅을 넓혀 갔던 인물이었다. 그는 절대권력을 쥔 왕이라는 신분으로 나라의 명운을 걸고 싸웠다. 하지만, 장보고는 고구려와 백제가 망하고 나서 통일된 신라에서 태어났다. 신라에 패망한 백제계의 백성이었다. 미천한 유민의 자손으로 태어나 기댈 곳 없는 황무지에서 자신의 삶을 개척해 나간 인물이었다. 아직은 미개척지였던 무한히 열려 있는 바다를 향하여 달려나간 신화적인 인물이었다. 육지는 이미 국가라는 통치조직이 오랜 기간 역사를 일구어 왔으며, 살아온 곳이라 어느 곳에도 발붙일 곳이 없었다. 육지, 다시 말해 국토는 치열한 경쟁으로 전쟁이 아니고서는 넘볼 수 없는 한계를 가지고 있었다. 육로의 이용은 상대적으로 힘들었다. 육로는 가장 일반적인 교통로였으나 여러 가지 이유로 이용에 한계가 있었다. 우선 자연의 거친 상황과 만나야 했다. 높은 설산과 고원지대와 척박한 사막과 강이 가로막혀 있었다. 무엇보다 두려운 것은 땅을 지배하는 통치 기반인 나라들이 망하고 흥하는 과정에서 각자의 이익을 노린 길의 통제와 약탈이었다.

　장보고는 바다를 보았다. 장보고는 바다를 꿈꾸었다. 장보고는 꿈을 꾸는 것만으로 젊음을 그냥 놔둘 수 없었다. 꿈을 실현해야 했다. 도전했다. 그는 기회의 땅을 찾아갔다. 그곳이 당나라였다. 어느 곳도 만만한 곳은 없었다. 경쟁이 늘 기다리고 있었다. 살아남기 위한 치열하고도 격정적인 땀과 열정이 필요했다. 눈물도 이따금 그의 볼을 적셨다.

거친 세상에서 알몸으로 일어서는 일은 기적과 같은 일이었다. 한민족의 영웅으로 우뚝 서게 될 장보고의 위대함을 알아본 것은 우리가 아니라 타인에 의해서였다. 우리에게는 장보고에 대한 기록도 적다. 장보고를 아는 것은 이 시대에 꼭 필요한 일이다. 천년 전에 일어났던 그의 역사적인 행로와 방법은 지금도 타당하고 우리에게 가능성을 보여준다. 그의 행적은 위대했고, 획기적인 일이었다. 새로운 모색이고 활로였다. 누구도 해내지 못한 웅혼한 일을 장보고는 해냈다. 그의 일생은 성공과 실패가 공존하는 역동적인 길이었지만 찬란했다.

가장 위대한 리더십은 자기 자신을 바른 길로 이끌어가는 것이다. 어떠한 리더십도 이보다 앞설 덕목은 없다. 리더십이 남을 이끌어가는 것이라고 하지만 그 원동력은 자신에게서 나온다. 그래서 리더십의 실체는 밖이 아니라 안에 있는 것이다. 그 안은 자기 자신이다. 거대한 힘이 시작되는 곳이 바로 마음 안에서 꿈틀거리는 욕망의 자리다. 그 욕망의 방향은 모두가 다르다. 그 욕망의 높이도 저마다 다르다. 그래서 사람은 욕망의 크기만큼 뛴다.

꿈을 꾸는 자만이 움직인다. 꿈은 인생의 동력이다. 길은 꿈꾸는 자에 의해서 열린다.

　장보고의 욕망은 컸다. 대륙을 끌어안고 있으면서도 그보다 훨씬 넓은 미지의 바다를 그는 선택했다. 그 누구도 검푸르게 넘실대는 대양의 거친 파고를 감히 넘어 볼 생각조차 하지 못할 때 그는 바다로 눈을 돌렸다. 해적이 날뛰던 바다를 평정하고, 그 거친 파도 위에 길을 내고, 대륙을 휘어잡고 있던 당나라와 아직은 잠에서 덜 깬 일본을, 자신이 태어난 신라를 향해 문을 열도록 만들었다. 그 대륙과 해상국가인 일본과의 소통의 빗장을 여는 일대 사건이, 부드럽고도 여유로워서 아무도 눈치채지 못했다. 장한 일이었고 인류 역사에서 한 획을 긋는 일인 줄을 몰랐다. 문을 연 곳으로 바람이 거칠게 불었지만 누구도 그를 제어하지 않았고, 그 길은 나라와 나라를 이어 주고 대륙과 반도와 섬을 연결해 주는 통로가 되었다. 그 당시 세계는 3개의 큰 문화권으로 나뉘어 있었다. 신라, 중국, 일본의 동아시아 문화권과 중동, 인도, 동남아시아지역의 문화권, 그리고 유럽의 지중해 문화권이 있었다. 이들 세 문화권의 소통은 바다로 열리고 있었다. 육상 실크로드가 문을 닫고 해상 실크로드가 열리는 변화의 시기에 장보고는 태어났고, 그 시기에 그는 동아시아의 패권을 잡았다. 당시의 패권국이던 당나라와 해양국가인 일본을 제치고 당당하게 일어선 기린아였다. 누구도 예측하지 못한 거대한 일이었다. 거기에는 걸출한 인물인 장보고의 시대를 읽어내는 혜안과 안목이 한 못했고, 또 하나는 신라인들의 눈부신 활약이었다. 장보고는 신라인의 능력을 간파하고, 그들을 믿고 꿈틀거리는 조직을 만들어냈다. 노예로 팔려가거나 가난을 피해 대륙으로 건너가 살던 유민과 다름없던 사람들을 불러내어 역사적인 연결망을 만들어냈다. 획기적인 첨단의 조직이었다.

배고픔과 추위를 이겨내며 겨우 연명해가던 과거를 버리고 과감하게 일어서게 한 사람이 장보고였다. 장보고는 한민족을 하나로 묶어내는 역량을 발휘했다. 지금도 가장 많은 국가, 172개국에 자신의 터전을 마련하고 살아가는 한민족을 생각하면 우리의 희망은 보다 넓고 크게 펼쳐진다. 세계에서 가장 많은 나라에 나가 사는 민족이 한민족이라고 한다. 이들은 엄청난 자원이다. 장보고가 이미 1,100여 년 전에 경영했던 동북아시아의 한민족이 보여준 상업적, 문화적 통합을 다시 만들어갈 수 있을 것이다. 다시 한 번 혈통과 문화의 연결고리를 이을 민족적 역량을 발휘하여 한민족 공동체를 만들어간다면 전 세계적인 유통망과 문화망이 형성될 것이다.

시대가 영웅을 만든다고 하지만 영웅은 스스로를 다지고 큰 길을 찾아가야 가능하다. 준비된 자만이 움켜잡을 수 있다. 이제 동북아 경제의 틀과 조직망을 세밀하게 만들어 중국과 일본을 하나의 상권으로 묶어 독점체제에 가까운 해상왕국을 이루어낸 사람에 대해 탐구해 보자. 위대하고 역동적이며 신비스러웠던 한 사람에 대한 탐색작업은 즐겁고 유쾌한 일이 될 것이다. 그것은 지금까지 그리 널리 알려지지 않은 새로운 영웅을 만나는 계기가 될 뿐만 아니라 한민족의 위대성을 동시에 만날 수 있기 때문이다. 그리고 위대한 한민족이 다시 일어나 세계로 나아가는 발판을, 어디에서 출발하여 어떠한 방식으로 전개해 나아가야 할지, 이미 장보고는 그 대안을 예시해 주고 있기 때문이다. 그 당시 바다에 창궐하여 노략질을 일삼던 해적을 소탕하기 위하여 당에서도 황제가 직접 지시하여 군대를 파견 하였으나 해적은 사라지지 않고, 양민을 잡아다가 파는 파렴치한 일은 계속되었다. 신라에서도 마찬가지로 그 문제로 골머리를 앓으며 해결하려 하였지만 역부족이었다. 하지만 장보고가 무역을 통해 바다를 장악하자 물류의 길은 열렸고, 사람의 왕래가 자유로워졌으며, 문화의 교류 또한 활발해졌다. 군사적인 물리력으로 해결할 수 없는 일들이 장보고의 손에서 해결되었고 이루어졌다. 평화의 교류와 화합에 의한 지배는 부드러웠고 자유로웠다. 서로가 필요로 하는 것을 연결해 주는 것이 힘이었다. 한쪽에서 원하는 것을 다른 쪽에서 가져다주고, 한쪽이 넘치는 것을 모자란 곳으로 건네주는 과정에서 그를 필요로 하게 만들었다. 그 필요한 만큼이 힘이 되었고, 많은 사람들이 장보고란 존재에 열광하게 했다. 우리가 강국에 둘러싸여 있는 상황에서 나아가야 할 길이 무엇인가를 말해 주고 있다. 지금 우리의 출발은 늦지 않았다. 여러 가지로 무르익어 가고 있음을 본다. 그 점을 이끌어 내고 우리 모두 결집해서 나아갈 길에 동참하는 기회를 마련하고자 글을 썼다. 다소 민족주의적인 발언이 있을 수 있으나 통합을 위한 우리 민족의 우월성을 강조한 것으로 보아 주었으면 하는 바람이다.

한국은 지리적으로 지구상의 모든 곳으로 가는 출발점이 되기에
가장 적합한 곳이다. 강국과 국경을 접하고 있다. 중국과 러시아,
바다 건너 일본과 미국. 한반도는 아시아 대륙을 품고 있다. 거
대한 태평양을 끌어안고 있다. 한국은 바다와 대륙이 만나는 곳
에 자리하고 있다. 대양과 대륙이 만나는 곳에서 대양과 대륙으
로 가는 출발은 아주 자연스럽다. 세계를 움직이는 나라들이 바
로 미국, 일본, 중국, 러시아다. 그들과 어깨를 맞댄 한국은 엄청
난 폭발력을 가진 장소에서 문명을 일구어낸 것이다. 한국을 포
함한 이 다섯 나라의 무역량과 산업생산량을 계산하면 세계 전체
생산량의 절대적인 수치를 차지하게 된다. 문명권으로도 인류의
역사 중 가장 역동적이고도 깊은 문화를 가진 동북아 문화의 산
실이기도 하다. 한·중·일이 만나 이제는 새로운 지평을 여는 역
사를 준비하고 있다. 이는 기회다. 우리가 힘을 가지면 강대국과
몸을 맞댄 길들이 모든 연결고리의 중심이 되고, 우리가 약해지
면 강대국 사이에서 밀려나 변방으로 추락할 것이다. 모든 기회
는 위험을 동시에 가지고 있다. 위험은 두려움이기도 하지만 기
회의 출발이기도 하다.

한반도는 대륙으로 들어가는 입구이며
바다로 나아가는 출발지점이다

꿈꾸는 자만이 꿈을 이룰 수 있다. 큰 꿈을 꾸고, 큰 꿈을 이룬 한 사람에 대해 연구해 본다. 장보고가 태어난 곳은 거대한 대륙의 동쪽 끝, 신라. 역사서에서는 해도海島라고 했다. 해도라 함은 내륙에서 떨어진 섬을 말한다. 섬을 단순히 해도라고도 하지만 해도는 변방을 지칭하는 말이기도 하고 멸시의 한 표시이기도 했다. 그곳에서 당시 문명의 중심권이었던 동아시아를 흔든 한 어린아이가 태어났다. 세상은 그를 맞을 준비가 되어 있지 않았지만, 그는 자신의 길을 찾아갔다. 그가 태어났을 때에는 신분이 높은 집안이 아니면 어떠한 상황에서도 중책을 맡거나 고위직을 맡을 수가 없었다. 아무리 뛰어난 사람이라고 해도 자신의 웅대한 포부를 일으켜 세울 수가 없었다. 그만큼 신분의 벽은 높았다. 그가 자라는 동안에도 세상은 한쪽에서는 치열하게 싸우고, 다른 한쪽에선

나른한 평화를 지켜워하며 하품을 하고 있기도 했다. 세상은 한 사람의 탄생과 상관없이 운행되고 있었다. 그는 타고난 무인기질이 있었다. 세상을 비관하지 않고 칼을 갈았고 번뜩이는 날을 세운 칼로 검술을 배우고 말을 달렸다. 창과 궁술을 배웠다. 그가 달리고 활동하기에 해도는 너무 좁았다.

장보고 최초의 이름은 활보였다.

　장보고는 활을 잘 쏘아 활보라는 이름을 얻었다. 그의 이름은 성장하면서 변해 갔다. 그 변한 이름만큼 그의 운명도 변해 갔다. 이름은 신분을 표시하고 있었다. 활보라는 이름은 순 우리말로 활을 잘 쏘는 아이'라는 뜻이 있다. '보'는 울보, 먹보, 바보라는 호칭처럼 어떤 특징적인 행태를 가진 사람을 지칭할 때 붙이는 접미사와 같다. 그만큼 장보고는 어려서부터 활을 잘 쏘았다.

　장보고는 자라면서 아무리 능력이 뛰어나도 자신의 포부를 펼칠 수 없는 신분사회의 울타리 안에 갇혀 있음을 보았다. 벽이 너무 높았다. 자신이 있을 곳이 아니라는 것을 알게 되었다. 자신의 꿈을 실현하기에는 제약이 많았다. 자신의 뿌리였던 백제는 망했다. 그 망한 나라의 신민으로 태어났을 때는 신라인들이 모든 권한과 명예를 가지고 있었다. 혈통에 의한 신분제가 뿌리 깊게 자리하고 있었다. 고구려와 백제계의 사람들은 기댈 곳이 없었다. 장보고는 좌절하지 않고 더 큰 세상으로 나아갈 것을 결심했다.

신라를 넘어 바다를 건너기로 했다. 인의 장막을 넘어 거칠고 험한 파도를 택했다. 큰 바다로 나가 세상과 대면하기로 했다. 장보고. 후일 거친 동아시아의 바다를 장악하는 위대한 인물, 그의 이름이 장보고였다.

장보고가 어떻게 당으로 건너가게 되었는가에 대한 기록은 없다. 그뿐만이 아니라 장보고에 대한 기록은 그가 행한 당대의 역사적 의미를 헤아려볼 때 그 업적에 비해 자료가 너무나 부족하다. 장보고를 알아내는 것은 퍼즐 게임 같은 과정이 필요하다. 한국과 중국 그리고 일본의 기록들을 조합해서 그의 행적과 활동영역을 이끌어내야 하는 작업을 병행해야만 그의 위대함이 보인다. 자세히 알수록 신비스러운 인물임에 틀림없다. 그를 영웅으로 만들려는 의도에서가 아니라 그의 활동폭과 그가 이루어낸 업적이 그를 알수록 확대되어 가기 때문이다. 묻혀 있던 영웅이 새로 발굴되는 듯한 느낌마저 든다. 그리고 이 시대에 그를 아는 것은 꼭 필요한 일이라 생각된다. 무력으로 세상을 점령한 것이 아니라 상업이라는, 그것도 무역이라는 영역을 통해서 한·중·일을 통합하고 교류를 통한 발전을 이루어 냈다는 것이다. 뿐만 아니라 경제적인 교류를 통한 군사적인 해결방안, 물적 교류를 통해서 얻어지는 문화적인 교류 등 우리가 나아가야 할 방안과 모색이 장보고를 통해서 얻을 수 있는 것이 있다. 바다는 한 사람을 기다려 왔다. 그가 활동하던 시기에는 문화의 교류가 더불어 활발했다. 인적 교류와 물품이 자유로이 오고 갔다. 길이 열리자 사람들이 더 많은 왕래를 했다. 서해를 중심으로 한 무역은 안정되었고 활발했

다. 이처럼 서해에 안정된 평화가 있었던 적이 없었다. 무역거래
가 풍성했던 적이 없었다. 모두가 반기는 일이었고, 장보고가 만
들어 낸 최초의 일이었다. 장보고가 사라진 후에는 바다는 다시
닫혔고, 장보고가 활동하던 그때처럼 모두 반기는 일은 없었다.

아쉬움은 장보고의 역동적이고도 신화 같은 발자취의 흔적에
비해 기록은 아주 미미하다는 데 있다. 우선 그의 이름부터 통일
되지 않은 채 역사서에 기록되어 있다. 장보고張保皐, 그의 이름
을 우리의 사서인『삼국사기』에는 궁복弓福이라고 적었고, 『삼국
유사』에서는 궁파弓巴라고 적었다. 중국의 기록인『번천문집』에
서는 장보고張保皐라고 적고 있고, 일본측의 기록인『입당순례행
기』와『속일본후기』에서도 장보고張保高라고 적고 있다. 공식명
칭으로 쓰고 있는 장보고張保皐는 중국측의 기록인『번천문집』에
의해서다.

장보고에 관한 이야기를 중국 정사인『번천문집』에 기록한 두
목杜牧이라는 인물은 당대의 유명한 시인이었다. 두보와 어깨를
겨룰 만큼 뛰어난 시인이었다. 당나라 말기에 일어난 번진들의 반
란을 제압하고 당을 구하기 위하여 정략과 지혜를 짜낸 인물이다.
문인이면서도 병법에 통달하여 손자병법을 고쳐 쓰기도 했다. 이
러한 두목이 장보고의 행적에 대해 적은 것은 깊은 뜻이 있었을
것이다. 그의 문장이 주는 의미를 좀 더 깊이 분석할 필요가 있다.

장보고의 이름은 넷이다. 어렸을 때의 이름인 활보까지 더하면
다섯 가지 이름을 가진 사람이다. 궁파와 궁복은 활보라는 이름을
한문식으로 표기한 것이다. 활이라는 뜻의 한문 궁弓과 보라는 음

을 딴 복福과 파㐌로 적은 것이다.

　당시 신라에서는 낮은 신분의 사람은 성을 쓸 수가 없었다. 장씨 성은 장보고가 중국으로 건너가서 붙였을 것으로 보인다. 성으로 쓴 장張은 그의 이름이었던 활보라는 이름의 뜻인 궁弓이 들어가 있고 자신의 활보라는 이름과 음이 비슷한 것으로 붙였을 것으로 추정된다. 지금도 이러한 사례는 많다. 한국 사람이 외국 이민을 하여서 새 이름을 지을 때 보면 자신의 이름과 비슷한 발음을 따서 쓰는 경향이 있음을 보게 된다. 장보고도 그러한 예에 속한다.

　장보고라는 한 사람이 이렇게 여러 이름을 가지게 된 것도 흥미로운 일이다. 그만큼 소통이 자유롭지 못하던 시절에 누구의 도움도 없이 홀로 일어서 세 나라에 그의 이름을 남겼다는 것은 위대한 일이다. 장보고는 자신의 이름 앞에 서 있는 벽을 허물고 미래를 향하여 돌진했다. 신분사회에서 그가 발을 붙일 곳은 없었다. 그 시절 젊고 유능한 사람에게도 미래가 열려 있지 않았다. 골품제라는 신분제도는 철저하게 신분의 한계를 만들어 놓았다. 성골과 진골이 상부의 요직을 점하고 백성에게는 활로를 열어주지 않았다. 성골은 부계와 모계가 모두 왕족인 경우를 말하고, 진골은 부계와 모계 가운데 한쪽만 왕족이고 한쪽은 귀족일 때 성립한다. 진골도 성골과 마찬가지로 왕족이었으나 처음에는 왕이 될 자격이 없었다. 부모 모두가 왕족일 때만 왕위 계승 자격이 있었다. 대부분의 요직은 그들의 차지였다. 이들이 차지한 요직은 계승되어 일반 백성에게는 자리를 주지 않았다. 그만큼 신분의 벽은 높았다.

더구나 장보고는 해도 출신이라는 열악한 입지에 있었다. 해도 출신이라는 취약점과 더불어 그는 패망한 백제계의 후손이었다. 몰락한 나라의 자손으로 궁벽한 곳에서 태어난 그가 갈 수 있는 곳은 그리 많지 않았다. 사람이 산다는 건 의미를 붙잡고 사는 것이다. 태어난 이유를 안다면 그것을 실현하는 것이 최상의 삶이겠지만 그렇지 못하다면 자신의 마음이 향하는 길을 걸어갈 수 있는 것이 차선이 될 것이다. 한 사람의 삶의 행로는 인간적인 성숙과 성장을 향해 나아가는 것이라 볼 수 있다. 닫힌 사회에서 야망을 품은 자는 좌절할 수밖에 없다. 장보고는 바다 건너를 보았다. 그곳은 신라 사회보다는 능력이 인정되는 곳이었다.

장보고는 자신의 운명 앞에 가려진 벽을 바라만 보지 않고 과감하게 도전했다. 우선 그는 자신을 만드는 작업에 착수했다. 벽을 넘거나 부수거나 하기 위해서는 자신의 능력을 키우는 것이 급선무였다. 장보고는 몸을 단련하여 강하게 만드는 일부터 시작했다. 능력만이 살길이라면 그 능력을 인정받기 위해서 몸을 단련해야 할 필요가 있었다. 활을 쏘고 창을 쓰는 검술에 매달렸다. 말을 타고 달리며 몸을 만들어갔다. 궁술과 창술의 실력이 늘어갔다. 해도는 장보고가 떠날 때를 기다리고 있었다. 어느새 그는 훌륭한 청년으로 자라 있었다.

중국 측의 기록인 『번천문집』에서의 기록을 보면 장보고는 신라인이라고 명시되어 있다. 신라인인 것은 확실한 듯하다. 출생지에 대해서는 의견이 다르나 신라의 해도까지는 확실한 듯하다. 그가 태어난 곳이 후일 청해진을 설진하는 완도인가에 대해서는 확신할 수 없다. 사서의 기록에 장보고가 신라로 돌아간 것을 고향으로 돌아갔다고 하고 있는 것으로 보아, 장보고는 신라에서 태어나 당으로 건너갔을 것으로 보인다. 한국 측의 기록에는 장보고가 역적이라는 오명을 뒤집어쓴 사실 때문에 그 성과와 행적의 기록이 별로 남아 있지 않다. 반면 중국 측에서는 뛰어난 인물로 묘사하고 있어 상대적인 감이 든다. 부족하고 부분적인 기록 때문에 아쉬움이 많지만 뜻밖에 일본 측의 기록에서 상당 부분 보충할 수 있어 장보고의 활동상을 예측할 수 있게 해준다. 장보고에 대한 첫 기록은 이렇게 적혀 있다.

장보고는 싸움을 잘하고, 교묘하게 창을 잘 썼다

이것이 장보고의 젊은 시절의 특기에 대한 기록 전문이다. 그의 장점이자 그를 있게 한 최초의 힘은 무력이었다. 장보고에 대한 기술은 신화의 한 줄처럼 간략하다. 장보고가 신라 땅을 등지고 그가 바라던 꿈의 땅을 찾아 나서면서 준비했을 일이 무엇이었을까, 답은 기록에 있는 내용의 싸움을 잘하고 교묘하게 창을 잘 썼다는 말에 무게를 실어야 한다. 꿈꾸는 자만이 꿈과 같은 일을 이루어 낼 수 있다. 남들이 간 길을 가려 하지 말라. 남들이 간 길은 남과 같은 일들이 기다리고 있을 것이다. 꿈꾸는 자는 자신의 길을 가고, 꿈꾸는 자는 남들과 다른 길을 가야만 그 꿈을 이루어낼 수 있다. 실패를 두려워하면 성공할 수 없다. 실패는 인생길에 자

연스러운 현상이다. 넘어지면서 어린아이는 일어서는 것을 배운
다. 우리가 몸에 익혀야 할 것은 실패하는 방법이 아니라 일어서
는 방법이다. 자신이 태어난 땅에서 야망을 키우기에는 벽이 높다
고 느꼈던 장보고는 우회로를 택했다. 조국을 떠나 보다 넓고, 기
회가 있는 당나라로 향했다. 어디에서도 반기지 않았지만 장보고
는 일어서야 했다. 낯설고 물 선 곳으로 홀연히 떨치며 갔다. 마
음에 품은 자신의 길을 향해 달려나갔다.

골품제도라는 신분사회를 벗어나 대륙으로 눈을 돌리다

　장보고가 태어나고 성장한 통일신라는 삼국을 통일하고 자긍심으로 가득했지만, 신라 하대로 내려오면서 속으로는 내분으로 말미암아 곪아가고 있었다. 골품제라는 신분제 사회를 고수하면서도 왕의 자리를 놓고 골품귀족들 간에 싸움이 벌어졌다. 신라 하대에 무려 23회에 걸친 왕위 쟁탈전이 벌어졌는데, 죽고 죽이는 그들만의 죽음의 축제가 이어지는 동안 백성을 돌볼 여력이 없었다. 양민들은 어려운 환경으로 내몰렸고 나라는 어지러웠다. 장보고는 더는 앞이 보이지 않는 신라에서 머물지 않았다. 기회의 땅인 당나라로 건너갈 것을 결정했다.

　어린 날의 가난과 결핍이 자유를 만날 때 자유는 힘이 된다. 더 큰 미래로 가는 효과를 만들어 내기 마련이다. 사람을 움직이게 하는 것은 욕망이지만 그 욕망의 실현을 위해서 필요한 것은 끈기와 노력이다. 그리고 세상을 읽는 지혜가 필요하다. 화초를 온실에서 기르면 내성이 떨어진다. 비와 바람에 견디지 못한다. 인생이 힘들다고 온실을 선택하는 순간 다시 돌아 나오지 못한다. 편리함과 아늑함을 오래 지속하는 동안 그곳에 갇히게 된다. 자유를 열망하는 자는 방목되어야 한다. 하나의 몸으로 두 세상을 살 수는 없다. 장보고는 아늑한 평화보다 거친 세상 속으로 걸어 나갔다. 다시 이야기하지만, 실패가 두려운 것이 아니라 일어서려는 의지가 부족한 것이 두려운 것이다. 세상의 벽을 넘는 것이 두려운 것이 아니라 새로운 세상에 안주하려는 마음이 두려운 것이다. 인생길에서 벽을 만나면 넘든지 부수든지 해야 한다. 그곳이 편안함을 주는 낙원이라고 생각되면 그곳에 머물지 마라. 순간 식물인간이 된다.

장보고의 위대함은 머물지 않고 미래가 제시한 꿈을 향해 돌진한 것에 있다. 장보고는 당나라에서 자신보다 어떤 면에서는 더 나은, 친구 같은 아우와 늘 함께했다. 그는 정년으로 같은 신라인이었다. 당나라에서 두 사람의 평가는 이렇다.

정년은 잠수해서 50리 바다를 건너는데, 물을 한 번도 내뿜지 않았으며, 용맹과 씩씩함을 비교하면 장보고가 정년에 미치지 못했다. 정년은 장보고에게 형이라 불렀고, 장보고는 나이로, 정년은 기예로 항상 맞서 서로 지지 않았다.

경쟁 상대이기도 하고, 의형제 같기도 한 두 사람에 대한 기록에서 알 수 있듯이 장보고는 나이로, 정년은 기예로 항상 맞서 서로 지지 않았다고 했다. 같은 신라인이라는 동질성이 두 사람을 묶어주는 계기가 되었을지도 모른다. 용맹함과 씩씩함으로는 정년이 앞섰고, 나이로는 장보고가 지지 않았다는 말에서 용맹함과 씩씩함은 표현 그대로 이해할 수 있으나 나이로 지지 않았다는 것은 나이 그 자체도 있지만 세상을 읽는 혜안이 그만큼 깊었다고 할 수도 있다. 나이가 어릴 때에는 육체적인 근육의 힘과 기술로 세상과 싸우지만, 나이가 들수록 세상을 지배하는 것은 조직과 관계의 힘으로 이루어진다. 어느 조직이나 그 조직을 움직이는 실세가 있다. 그는 한 개인이지만 그 개인이 가진 구체적인 힘은 리더십에서 나온다.

장보고는 용맹과 씩씩함을 가진 사람이었고 동시에 미래를 읽는 능력과 상황을 읽어내는 혜안을 가진 인물이었다. 나이가 주는 경험과 판단능력이 뛰어났다. 장보고는 당나라에서 성공을 거둔 후 완도에 청해진을 설진하게 되는데 이는 당나라와 신라의 역학 관계와 당나라에서 다져온 인맥, 그리고 시대상황을 읽어내는 커다란 시선이 한몫했다. 세상을 읽는 눈을 가지지 않았다면 청해진은 탄생할 수 없었을 것이다.

놀라운 통찰과 상황 인식을 통해 자신의 웅대한 꿈을 신라 땅에 실현하여 나라를 구하고 신라와 당나라에 공헌하겠다는 구상을 펼쳐보였고, 이를 받아들인 신라의 왕과 당나라에서 인맥을 맺어온 사람들의 후원이 맞아떨어진 것이 청해진이라고 할 수 있다.

일개 소장이라는 칭호를 가진 군장에 불과한 장보고에게 한 나라의 왕이 군사가 1만이나 되는 많은 병력을 내어 줄 수는 없다. 신라에서 벼슬을 하고 있는 사람도 아닌 장보고에게 무력을 가진 군사조직을 내어준다는 것은 생각할 수도 없는 일이었다. 장보고라는 한 개인에게, 그것도 보수적이고 서로 죽고 죽이는 상황이 계속되는 혼란한 정국 속에서 그러한 일은 더더욱 있을 수 없는 일이었다.

후일 장보고가 군사를 일으켜 새로운 왕을 세울 때 출병한 군사가 5천이었다. 당나라에서 함께 생활한 정년에게 장보고가 내어준 군사 5천과 연합군이 합세해 신라왕을 몰아낸 것에 견주어 보면 얼마나 큰 군사력인지를 알 수 있다. 장보고는 치밀했고, 그 치밀함을 구체화해 설득하였을 것이다. 장보고에 대한 기록은 중국 측이나 한국 측 모두 일방적으로 깎아내리며 적을 수밖에 없는 시대적인 상황에 있었다. 당나라가 신라를 바라보는 시선이 그랬고, 당나라의 입장에서 변방이라고 생각하는 신라에서 제 발로 찾아와 용병으로 활약하는 장보고에 대해 그리 후한 점수를 줄 리가 없었다. 신라 입장에서의 기술 또한 역적이라고 낙인 찍힌 사람에게 좋은 평가를 내릴 리가 없었을 것이다. 그럼에도, 중국 정사에 기술되었다는 것만으로도 그의 위상과 영향력을 가늠할 수가 있다. 그 점을 내내 인식하고 바라보아야 하는 것이 장보고에 대한 바른 시선일 것이다.

꿈은 기회로 다가온다. 기회가 왔을 때 준비되어 있지 않으면 잡을 수 없다. 기회는 사람을 가리지 않는다. 선한 자와 악한 자 그리고 우직한 자와 약은 자 모두에게 주어진다. 기회는 거지 근성을 가져서 상대를 가리지 않고 준비가 많이 된 자에게 달라붙는다. 이를 누구보다도 먼저 알아챈 사람이 장보고였다. 말을 타고 달리며 검술을 익히고 궁술을 연마하면서 부단히 자신을 단련시켰다. 그리고 자신의 몸을 연마했다. 다시 말하지만, 기회는 먼저 성찬을 누릴 준비가 된 자를 찾아간다. 기회가 왔을 때 자신에게 다가오게 하는 것이 성공하는 지름길이다. 장보고는 준비된 자로 당나라로 향했고 그곳에서 일어섰다. 죽음을 옆에 두고 살아야 하는 긴장된 곳으로 뛰어들었고, 그곳에서 그는 살아남았다. 언어를 다시 배우고, 생각이 다른 토박이 당나라 군졸들과의 경쟁에서 그는 우뚝 일어섰다.

비는 모두에게 떨어지지만 숲과 들판을 적시고 흘러내리는 물은 모여져 시내를 만들고 강을 만든다. 세상이 나를 필요로 해서 나에게 모여들게 만드는 작업이 성공의 비결이다. 모든 힘은 필요한 데서 나온다. 필요한 힘이 셀수록 조직이 커지고 힘이 생긴다. 이런 세상의 생리를 이해한 장보고는 사람들과 교우했다. 세상을 읽어나갔다. 그가 얼마나 통 큰 교우관계를 맺었는지는 기록에 전하는 정황에서도 확인할 수가 있다.

장보고는 일차적으로 싸움을 잘하고, 교묘하게 창을 잘 썼다는 기록에서처럼 군인이 될 것을 결심했다. 섬에서 태어나 출세의 길이 막힌 장보고에게는 칼을 쓰고, 활을 쏘며, 말을 달리는 남아의 세계가 기다리고 있었다. 험난한 시대에 세상이 요구하는 것이 무엇인가를 꿰뚫어 보고 자신을 무장시켜 당나라로 향했다.

얼마나 당당하고 야망이 큰 결정인가를 확인할 수 있다. 지금으로 보면 용병이랄 수 있는 길을 선택한 것이었다. 자신이 태어난 신라의 전사가 아닌 남의 나라 전쟁터에 스스로 지원하는 일이 쉬웠을까. 그리 만만한 일은 아니었을 것이다. 언어가 다르고 문화가 다른 나라에 가서 전사로 살아남는다는 것이 얼마나 어려운 일인가. 신라의 변방에서 태어나 당나라로 가는 길은 쉽지 않았을 것이다. 당시의 상황으로 보면 배로 갔을 것이다. 한 사내가 길을 떠나면서 가슴에 묻어둔 말은 무엇이었을까?

배에 오르면서 떠올랐을 수많은 생각이 그를 더욱 강하게 했을 것이다. 장보고는 자신을 미래라는 벌판에 내던졌다. 삶과 죽음이 오가는 상황을 맞아 처음에는 어떻게 살아남을 것인가를 고민했겠지만 이내 자신의 자리를 찾으면서 주위의 사람들과 세상을 자신의 편으로 만들기 시작했다. 이국에서 온 사내에게 소장이라는 장수 자리를 내주었다. 그러나 장보고가 당나라의 일개 소장 신분이기만 했다면 신라의 왕이 그를 만나 주었을까. 청해진을 설진한 그의 직함이 군장 신분으로는 가질 수 없는 대사라는 직함에서도 알 수가 있다. 장보고는 역동적이면서도 웅대한 포부를 가지고 당나라에서 자신의 계획을 실현할 준비를 했다. 그런 기반 아래 활동했고, 그 활동의 기반이 닦이자 신라로의 귀국을 준비했다. 그가 신라로 들어와 1만 군사를 받는 것이나 신라의 왕을 만나게 되는 과정이 그렇다. 여러 가지 정황이 장보고가 신라로 들어오기 전에 원대한 구상과 포부를 밑그림으로 그린 것뿐 아니라 커다란 성과를 거두고 있었음을 반증한다. 이제 장보고에 대한 여러 가지 상황을 더욱 파악하고 분석하면서 장보고를 그려 보려 한다. 역사의 퇴적층에 숨겨져 있는 장보고의 전 생애를 복원하는 일은 민족적 기쁨이 되리라 본다. 개인의 꿈이 커져 한 나라의 꿈이 되었고, 세계의 한 축을 담당하는 역사의 주역이 된 당당한 한 사내의 힘을 느끼게 될 것이다. 또한 한국, 한국인, 한민족의 힘을 만나게 될 것이다. 지금 우리가 준비해야 할 것이 무엇인가에 대한 방향을 장보고가 제시해 주리라 믿는다. 나는 한국인으로서 한국과 한국인 그리고 한민족의 미래를 믿는다. 꿈꾸는 자만이 꿈을 실현할 수가 있음을 믿으면서.

제2장

창술과 말 타기를 잘하는 사람,
이국땅 당나라에서 성공하다

▎기회는 준비된 자의 품에 안긴다

앞서 언급한 바와 같이 장보고의 출생지는 정확하지 않다. 어디에도 그의 출생에 대한 기록은 남아 있지 않다. 중국 사서에 장보고와 정년이 신라로 돌아간 것을 고향으로 돌아갔다고 기록한 것으로 보아 신라인임은 틀림없다. 그가 해도 출신이란 것은 기록에 의해 확실하다고 할 수 있지만, 그것이 그가 청해진을 세운 완도인지는 알 수가 없다.

장보고는 패망한 나라 백제 땅에서 태어났다. 나라를 잃은 백제와 고구려계에게는 유화책이 있었지만, 신분적 한계가 뚜렷했다. 거기에다 굳이 어느 특정지역이 아닌 해도 출신이란 말에는 출신 성분이 좋지 않다는 비아냥거림이 들어 있음을 느끼게 한다. 그리 좋지 않은 신분으로 성공했음을 시사하는 것이다. 장보고는 성장기를 해도에서 보냈다.

싸움을 잘했다는 것은 자신을 단련해 적어도 호신술이나 무술을 익혔다는 것을 의미한다. 그리고 창을 교묘하게 잘 썼다고 했다. 창은 별도로 익히지 않으면 함부로 쓸 수 있는 무기가 아니다. 열린 세상으로 나아가기 위해 수련과 무술을 별도로 익혔음을 알 수 있다. 섬에서 대륙으로 가기 위해서는 바다를 건너야 하고, 더 큰 세상을 만나기 위해서는 산을 넘어야 한다. 도전은 자신의 영역을 벗어나야 한다. 산다는 건 바람을 피해서 걸어가는 것이 아니라 바람을 맞으며 걸어가는 것이다. 온실에서 꿈을 이루면 재배되는 화초 이상이 될 수 없다. 들판에서는 바람에 흔들리지 않고 꽃을 피울 수 없다. 여린 줄기를 일으켜 세우는 들판의 풀들을 보면 감동적이지 않은가. 그 가지 끝에 빛나는 꽃을 피우는 생명의 환희는 어디에서 오는가. 희망이다. 희망을 가진 자만이 바다를 건너고, 산을 넘을 수 있다. 희망을 배운 자만이 세상을 이겨낼 수 있다. 장보고는 자신을 수련하고 나서, 넓은 세상으로 나가도록 자신을 채찍질했다. 자신에게 채찍질을 하는 자만이 넘어져도 일어설 수 있다. 채찍이 자신을 향할 때 스스로 강해진다.

장보고는 중국으로 가는 배를 탔을 것이다. 승선의 계기는 그리 유쾌하지 않았으리라 짐작된다. 당시 신라에서는 연속해서 기근이 들어 먹을 것을 찾아 사람들이 당나라와 일본으로 건너갔다는 기록이 있는 것으로 보아 그 일원이었을 가능성도 있다. 후일 정년이 당나라에서의 생활이 참혹했음에도 돌아갈 곳이 없음을 한탄하는 기록을 보면 정년과 장보고는 그리 여유 있는 집안이 아니었을 가능성이 크다. 신라의 견당사가 타고 오가던 견당선의 선원이나 수행 무관이었을 가능성도 있다. 그가 후일 무역을 하게 되는 것으로 보아 상인이었을 가능성도 있다. 어느 것도 그가 고위직이거나 높은 신분을 가진 사람이었으라는 가능성이 없으며, 만일 그런 신분이었다면 당나라에 입국하지 못했을 것이라는 게 지배적인 중론이다.

『번천문집』을 쓴 두목은 당나라에서 최고의 시인으로 알려진 두보와 비교될 정도로 널리 알려진 사람이었다. 앞서 말했듯이 그의 기록에 장보고가 있음은 특별한 사건이다. 더구나 다른 나라에서 온 사람에 대한 기록을 한 것은 그에게 남다른 특별함이 있었기 때문일 것이다. 『번천문집』에서는 서주의 군중소장, 『신당서』에서는 무령군 소장, 신라의 기록인 『삼국사기』에는 『신당서』와 마찬가지로 무령군 소장으로 기록되어 있다.

소장이란 말은 중국통사 제2장 6절 '당조와 사방제국四方諸國의 각종관계'에서 다음과 같이 나타난다.

"당태종은 매일 12위 소장과 사병 수백 명을 거느리고 현덕진 앞에서 활쏘기를 연습했다."

12위 소장과 사병은 바로 천자의 금군을 말하며 이는 남북위병을 말한다. 여기에서의 소장과 장보고의 직책으로서의 소장은 일치하지 않는다고 보인다. 무령군 소속이었던 장보고와는 다소 거리가 있다. 중국의 양주대학교 강소성 문물 전문연구원인 주강이란 학자는 논문에서 소장은 자장子將을 말한다고 했다. 모든 군진

에는 군사가 5천 명이면 총관 1명을 두고, 군사 1천이면 자장 1
인을 두어 과의로 하여금 임무를 맡기고, 군사 5백이면 압관 1인
을 두고, 매 1천 명마다 자총관 1인을, 매 5천 명마다 총관 1인을
두었다. 총관은 정충에게 임무를 맡겼고, 자장은 과의에게 임무
를 맡겼다.

  현재로서는 정확한 내용을 확인할 수 없지만 장보고는 군사 1천
명을 거느리는 장수였을 것이라는 추정이 가능하다. 신라에서 발
붙일 곳이 없어 떠났던 젊은 장보고는 이렇게 당나라에서 성공을
이루어 가고 있었다. 장보고는 말단부터 시작했을 것이다. 전장에
서 장보고는 싸움을 잘하고 창을 교묘하게 잘 써 공을 세웠고 진
급했을 것이다. 더 이상의 구체적인 언급이 없다. 석연찮은 면이
많다. 역사서에 기록이 될 만큼 잘 싸우고 공이 컸다면 중요한 임
무를 맡아서 큰 공을 세웠어야 했고, 그 공은 후대에까지 남아 역
사적으로 인정받을 수 있어야 한다. 장보고에 대한 중국 측의 기
록에는 뚜렷한 것이 보이지 않는다. 너무 짧다. 그리고 너무 단순
하다. 그렇지만, 장보고가 특별한 사람이 아니었다면 왜 기록에
남겼는가 하는 점이다. 그리고 왜 중국의 명재상인 주공과 소공에
비유하여 충의지심을 말하고 있는가 하는 점이다. 역사적 진실이
감춰져 있다고 봐야 한다. 행간에 숨어 있는 커다란 공을 미루어
짐작할 뿐이다. 아쉬움이 있다.

  전사로서 가장 큰 덕목은 잘 싸우는 것이다. 싸워서 이기는 것
만이 유일하게 인정받는 것이 전사다. 장보고는 싸움도 잘하고 창
도 잘 썼기 때문에 인정받는 장교였을 것이다. 후일 청해진을 완

도에 설치하게 된 것으로 보아 그는 군중소장 시절 요직에서 국가 간의 무역과 정보를 접할 수 있는 곳에서 활동했음을 짐작할 수 있다. 지금으로 보면 본대에서 활동했을 것이다. 그의 소장이라는 직급은 무령군에서 활동했던 마지막 직급 또는 직책이었을 것이다. 서주호절도사 밑에서 활동한 장보고의 무대는 중국의 산둥반도와 강소성과 절강성 일대였다. 군중소장으로 있으면서 지리적인 상황을 익혔고, 신라와 당 사이의 무역과 교통에도 관심을 두고 익혔을 것이다. 전투에 나아가는 전사로서 지리를 익혀야 했을 것이고, 더 나은 미래를 준비하기 위한 포석으로 더욱 관심을 두고 준비했을 것이다.

장보고는 이미 30세였다. 젊음은 정점을 지나가고 있었지만 한창 경륜이 쌓여갈 나이였다. 지금까지와는 다른 일을 다시 시작해야 할 나이였다. 육체로 얻을 수 있는 것은 한계점을 넘었고, 세상을 읽는 혜안으로 앞날을 열어가야 할 나이였다. 전장에서 혈기왕성한 열정으로 이미 오랜 기간을 보냈기에 장보고는 보다 크고 성숙된 활로를 찾아야 했다. 다른 나라에서 온 용병에게 진급은 한계가 있었을 것이고, 당나라 토착민들 보다 여러 가지로 불이익이 있었을 것이란 추정은 자연스럽다. 남아로 태어나 큰 세상과 만나 자신의 포부를 이룰 발판을 마련해야 했다. 그가 활동했던 중국의 산둥반도와 절강성 일대의 지리적 상황을 익힌 것이 도움이 되었다. 생사를 넘나드는 전사에게 주변상황의 숙지와 변화를 읽어내는 것은 필수요소였다. 이제는 자신의 인생에 변화를 주어야 할 시기가 왔음을 깨달았다. 새로운 모색을 해야 할 상황을 맞이

하고 있었고 이미 30대에 들어서고 있었다. 당나라는 장보고의 모국이 아니었다. 아무리 능력이 출중하고 충성심이 강하다고 해도 장보고에게 진급이나 출세는 한계가 있었다. 활로를 개척하려는 방법으로 자신의 위치와 능력을 극대화할 수 있는 일을 찾았다.

무령군 산하에서는 살아남기 위한 필사적인 노력이 필요했다. 전투와 전투로 이어지는 생활의 연속이었다. 장보고는 군중소장이라는 높은 직책을 가지게 되면서 외교적인 면에도 눈을 뜨게 되었다. 장보고는 무령군의 본대에서 활동했다. 의도적으로 긴장을 완화하기도 하고, 긴장을 강화하기도 하는 일이 외교다. 더욱 긴장을 조장하여 전의를 살리기도 하지만, 상호 평화를 맺기 위한 관계개선을 이루어야 하는 것도 무령군 본대의 역할이다. 그곳에서 장보고는 국가 간의 관계와 재정을 마련하기 위한 상업 활동을 했다. 신라에서 파견한 견당사 일행을 맞이하고 당나라 장안까지 안내하는 역할도 무령군의 임무 중 하나였다.

그가 활동한 서주는 지리적 위치가 중요해 무력충돌이 자주 일어나는 군사요충지였다. 모든 정보가 들어오고 사태 파악이 어느 곳보다 유리한 곳이었다. "동쪽을 공제하고 남으로는 강초 일대의 병풍 작용을 한다."라고 하는 지리적 요충지였다. 북방의 공격을 막을 수 있는 장소이면서, 남방 강초 일대를 병풍으로 막아주는 역할을 하는 중요한 지역이었다. 서주는 당 조정으로부터도 인정받는, 한 마디로 떠오르는 곳이었다. 20년이라는 길지 않은 기간에 서주는 세 단계나 격상되었다. 서주가 격상되었다는 것은 군사적 강화뿐만이 아니라 기반이 안정되고, 재정이 넉넉하다는 것을 의미한다. 장보고는 그런 변화의 중심에서 역할을 제대로 수행하여 충성을 인정받는 사람이었을 것이다. 떠오르는 서주에서 군중소장으로서 장보고의 활약상이 어떠하였을까는 능히 가늠할 수 있겠다.

산은 지쳤을 때 기대면 등받이가 되어준다. 큰 산은 바람을 막아주고 숲을 이루어 쉴 곳을 제공해 준다. 한 곳에 오래 머물면 더 큰 세상을 만날 수가 없다. 산을 넘어야 한다. 모험이지만 자신이 가질 수 있는 안락과 영화를 버리고 장보고는 더 큰 산을 만나기 위하여 바로 눈앞에 있는 산을 넘기로 했다. 진정 큰 적은 언제나 내부에 있다. 의지로 자신을 이겨내야만 새로운 일에 착수할 수가 있다. 마음이 먼저 열려야 도전하는 세상과 만나게 된다. 많은 사람이 자신이란 존재가 가진 두려움을 극복하지 못해 주저앉고 만다. 마음 안에 긍정을 심어야 함은 포기하고 싶은 자신을 이끌어가는 힘이 긍정의 토대에서 나오기 때문이다. 인생은 장애물 경기와 다르지 않다. 장애물이 없다면 극복이나 벅찬 환희도 없다.

장보고는 그가 만난 장애물을 피하지 않고 극복하려 했다. 장보고가 신라에서 당나라로 들어가기 전에 무예를 익히고 들어갔듯이, 장보고는 조국으로 돌아가서 명예로운 새 출발을 하기 위해 준비했다. 무예가 아니라 상업에 눈을 뜨고, 견문을 넓히며 새로운 사람을 사귀고, 지금까지와는 다른 세계로 걸어 들어간 것으로 보인다. 신라의 왕을 만나기 전에 이미 기반을 마련해 놓았다. 그런 정황은 상식적인 틀에서도 이해가 가지만 실제적인 기록에 의해서도 흔적이 보인다.

　우선 그가 왜 군중소장직을 그만두고 신라로 귀국하게 되었을까 하는 의문부터 풀어보기로 한다. 자발적일 수도 있으나 다른 요인일 가능성도 여러 곳에서 보인다. 장보고가 신라로 돌아갈 무렵 당나라에서는 왕지흥이 정권을 잡고 있었다. 장보고가 무령군의 군중소장으로 있을 때의 나이가 서른이었다. 왕지흥과는 당나라에 머무는 동안 관계를 맺었으리라 보인다.

장보고는 싸움을 잘했고, 말을 타고 창을 휘두르는데 당나라와 서주에서 능히 대적할 사람이 없었다.

　장보고에 대한 중국 측의 기록인 『번천문집』의 내용이다. 장보고는 여러 가지로 눈에 띄는 사람이었고, 그에 걸맞은 공도 세웠을 것이다. 당나라와 그가 몸담은 서주에서 대적할 자가 없는 뛰어난 사람이었다. 외국인을 정통역사서에 기록할 만큼 돋보이는 존재인 장보고였음을 볼 때 더욱 그렇다. 이같이 뛰어난 장보고를 같은 부대에서 모를 리가 없다. 왕지흥이 무령군의 실권을 잡기 전부터 같은 부대에서 활동을 한 장보고를 몰랐다면 도리어 무능한 장수다. 이처럼 뛰어난 능력의 소유자임에도 장보고의 직위는 군중소장에 머물러 있었다. 장보고를 승진시키지 않은 점은 무언가 걸리는 점이 있다. 왕지흥에 대한 기록을 살펴보면 822년에 왕지흥은 정예병 3천 명을 데리고 자기편이 아닌 사람 10여 명을 죽이고 정변을 일으켜 실권을 장악하자 조정에서 할 수 없이 무령군 절도사로 임명하였다고 한다. 이 사건이 일어났을 때는 장보고가 무령군 소속 군중소장으로 있을 때였다. 어떻게든 장보고와 왕지흥은 관련이 되었을 것이다. 장보고가 왕지흥의 입장에서 일을 도운 것으로 보이지는 않는다. 여러 가지 정황으로 보아 반대파였거나 방관했을 것으로 보인다. 왕지흥으로부터 배척되어 진급도 되지 않은 터라 신라로 돌아갈 생각을 굳혔던 것으로 보인다. 그리고 왕지흥의 성격을 역사서에서는 '위정가혹爲政苛酷'이라고 하여, 다스릴 때 가혹하다고 적고 있다. 그럼에도 장보고는 왕지흥과의 관계를 최악으로 만들지는 않은 듯하다.

위기는 새로운 기회의 시작이기도 하다. 변화할 때 기회는 찾아온다. 변화를 두려워하면 앞서갈 수 없다.

위기를 기회로 만들기 위하여 장보고는 많은 준비를 했다. 30대의 장보고는 혈기왕성했다. 세상을 여는 열쇠는 자신의 마음 안에 있다. 그 열쇠는 마음으로 만들어져 있다. 마음의 열쇠는 꿈의 방향으로 난 문만을 열어준다. 어떠한 문도 그 열쇠가 없으면 열리지 않는다. 마음이 가는 길이 한 사람의 행로가 된다. 장보고는 좁은 신라에서 벗어나 중국으로 몸을 들여놓았다. 각 나라의 산물들이 모이고 이동하는 중심지에서 그는 젊은 날을 보냈다. 스스로 택한 그 길은 전사라는 이름으로 세상과 대면해야 하는 거친 길이었지만 장보고는 위기에서 다시 출발할 길을 찾았다. 그가 얼마나 큰일을 준비했는가는 신라로 돌아와 청해진을 설진한 것으로 알 수 있다. 일개 군중소장으로서는 신라의 왕을 만날 수는 없다. 자신을 받아주지 않은 신분사회였던 신라의 왕을 만나 원대하고도 파격적인 제안을 할 수 있었다는 것은 이미 장보고는 세상이 알아주는 큰 인물이 되어 있었음을 말해 준다. 장보고가 신라의 왕과 독대할 수 있는 여건이 충족되어 있었음을 반증한다. 역사를 기록한 어디에도 군중소장을 그만두고 신라로 돌아오기 전까지 장보고의 행적은 보이지 않는다. 여러 가지 정황과 상황을 분석해 볼 때 장보고는 군중소장직을 그만두고 상업 활동을 했다. 군중소장직으로 있을 때의 이점을 살려 지리적인 학습과 상업유통체계를 파악한 장보고는 친분을 쌓은 당나라 사람과 신라인들과의 거래로 부를 축적해 나갔다. 신라인들에게도 소문이 날 만큼 부를 이루었다. 그동안 쌓은 명성과 부를 기반으로 절을 지었는데 적산 법화원이다. 법화원은 장보고의 변신을 확고하게 해주는 역할을 수행했다. 장보고는 상업활동으로부터 얻어낸 정보와 법화원을 오고 가는 사람들로부터 더욱 많은 정보를 확보할 수 있었다.

장보고는 역동하는 세상의 흐름을 읽어냈다.

　우선 장보고는 삼각관계 속에서 자신의 위치를 굳히려 했다. 자신이 몸을 담았던 당나라와 신라의 입장, 그리고 자신의 역할을 고려했다. 당나라와 신라는 모두 바다에 출몰하는 해적문제에 신경이 날카로워 있었다. 당나라는 우호적 관계 속에 있는 신라인들을 잡아다가 노예로 파는 해적들을 해결해야 자신들의 명분이 섰다. 그리고 신라는 자국의 백성이 잡혀가서 고역을 치르는 것을 방관할 수 없었다. 해적들을 소탕할 작전이 필요했다. 모두가 이익이 되는 전략처럼 좋은 전략은 없다. 성공의 열매를 나누어 가질 수 있는 체계로 만들어야 그 관계가 오래간다.

두 번째로 장보고는 자신을 중심으로 하여 관계된 모든 것들을 하나로 연결하는 관계의 망을 만들었다. 긴밀하면서도 필요한 것이 서로에게 무엇인가를 찾아내어 그를 충족시키려고 했다. 중국에 흩어져 있는 신라인들과의 관계망을 구축했다. 신라인들은 생활기반을 제공받았고, 장보고는 든든한 후원자들을 얻었다. 언어와 문화의 동질성이 그들을 더욱 밀착하게 하는 계기를 만들어 주었을 것이다.

세 번째로 한·중·일의 공통 종교였던 불교사원을 세워 정신적인 통합과 편의를 제공했다. 법화원이라는 커다란 사원을 지어서 신라에서 당나라로 오가던 견당사 일행이나 승려, 상인들의 침식과 편의를 제공한 것이다. 이 변화의 중심에 장보고가 있었다. 장보고가 이런 여러 가지 일들을 시작한 이래 새로운 문화가 만들어지고 있었다.

장보고라는 이름은 장보고가 신라의 왕을 만나기 이전부터 당나라뿐만 아니라 신라와 일본에까지 알려졌다. 이러한 기반 위에서 장보고는 신라의 왕에게 웅대하고 야망에 찬 제안을 했다. 청해진을 설치할 것을 건의한 것이다. 이에는 당나라의 협조도 있었을 것으로 보인다. 적어도 무령군의 실권을 쥔 절도사와는 긴밀한 관계가 아니었을까 하는 점이다. 설령 장보고가 왕지흥과의 관계 악화로 군중소장직을 그만두었다고 해도 어떠한 형태로든 다시 관계 개선을 했을 것으로 추정된다. 어제의 적이 오늘의 친구가 되는 것은 정치적 역학관계에서 흔한 일이기도 하다. 무령군 절도사는 재정적인 수입원이었던 상업적 거래와 상선을 이용한 활동을 지원하고 그 덕으로 세수입을 얻었을 것이다. 상업에 종사했을 것으로 보이는 장보고는 이를 충족시켜 줄 수 있는 위치에 있었을 것이다. 모든 관계의 출발은 상대방이 원하는 것을 제공해주는 것으로 출발한다.

청해진은 시대적 상황을 읽어 만들어 낸 장보고의 산물

장보고는 야망을 실현시킬 곳으로 선택한 당나라에서 성공을 이루었다. 몇 번의 죽을 고비를 넘겼다. 이국땅에서 언제 죽을지 모르는 부평초 같은 삶을 살아야 하는가 자성도 했다. 자신이 태어났고, 자신의 조상이 살아왔던, 그러나 힘이 없어 떠나야 했던 조국. 그 조국의 왕, 하늘과 같은 존재인 왕을 만날 수 있다는 것은 장보고에게 최고의 날이었다. 신라의 왕과 만나는 날, 그는 어떤 마음이었을까.

드디어 장보고는 여건이 무르익자 신라의 왕, 흥덕왕을 만났다. 당나라와 신라가 같이 살고, 신라의 백성들이 마음 편하게 살아갈 수 있는 계획을 설명했다. 왕도 당나라로 건너가 성공한 자신의 백성인 장보고를 반겼다. 그리고 나라를 구할 만한 역량과 배

포를 확인하고는 기뻐했다. 이 역사적인 날에 역사의 기록은 차갑다. 어디에도 온기를 찾아볼 수 없는 사실만을 간략하게 적고 있다. 『삼국사기』에는 이렇게 적혀 있다.

> "흥덕왕 3년, 828년 4월에 청해대사 궁복은 장씨인데 (일명 보고라고도 하였다) 당나라 서주에 들어가 군중소장이 되었다가 후에 본국으로 돌아와 왕을 찾아뵙고 군사 1만명으로 청해를 지켰다."

조금 더 자세하게 기록한 구당서의 기록을 보면 청해진을 설치하게 되는 이유가 적혀 있다.

> 장보고는 신라에 귀국하여 왕을 만나, "중국의 어디를 가나 신라 사람들을 노비로 삼고 있습니다. 원컨대 청해에 진영을 설치하여 해적들이 사람을 약탈하여 서쪽으로 가지 못하게 해야 합니다." 라고 했다. 청해는 해로의 요지로 왕이 장보고에게 군사 만 명을 주어 지키게 하였다.

역사적 진실은 가볍지 않으나 위대한 한 인물에 대한 기술로서는 턱없이 허전하다. 이 차가운 기술에서 위대함을 찾는다는 것은 쉬운 일이 아니다. 장보고라는 한 인물에 대한 기록이 정말 몇 장에 불과한 현실에서도 기록의 내용을 분석하고 큰 그림으로 짜맞추어 보면 그 얼개의 상황이 그려지는데, 그 규모나 역사적인 의미로 봐서도 인류역사에서도 하나의 사건이었다. 역사의 방향은 시대 상황과 힘의 역학관계에 의해 이루어진다. 먼저 큰 틀에서 장보고의 역할을 검토해 보면 장보고의 활동범위와 조직체계를 알 수 있다. 장보고 개인의 능력과 그가 왜 그 자리에 있어야 하는가에 대해서 구체적으로 적은 글은 어디에서도 찾아볼 수 없다. 한국과 중국 그리고 일본의 기록을 종합하고 분석해 보면 장보고가 보인다. 그의 위대함도 보인다.

장보고라는 한 사람에게 나라의 존망과도 연결될 수 있는 당시로써는 엄청난 규모의 군사를 주었다는 것과 일정지역의 지배권을 인정했다는 것은 신라에서도 중대사였을 것이다. 이는 시국을 주도면밀하게 파악하고 나서 자신의 능력을 보여주어 장보고 자신이 계획한 원대한 방안을 받아들이도록 사전 포석을 깔아놓았기 때문에 가능했다. 한 나라의 왕이 한 사람을 만날 때, 특히 나라의 운명과 관계될 수 있는 일을 시행할 때에는 많은 논의와 결정이 필요했을 것이다. 장보고에 대한 인간적인 면뿐만이 아니라 이를 수행할 수 있는 능력까지를 포함했을 것이다. 신라에도 믿을 만한 장군과 군사가 없는 것이 아니었을 텐데, 하필이면 신라의 신하로 공증되지 않은 장보고에게 중책을 맡겼을까.

국가 간의 문제로 동북아 정세를 살펴보면 발해의 등장 때문에 당과 신라의 연합관계가 더욱 공고해져야 신흥국인 발해를 견제할 수가 있었다. 당으로서는 발해의 남쪽 방어선을 신라가 담당해주기를 바랬다.

이러한 추측을 가능하게 하는 것이 장보고의 직함에서 발견되는 대사大使라는 관직명이다. 신라의 공식적인 관직체계에서는 없는 특별한 관직이다. 이는 장보고에게 특수임무를 맡기면서 내린 직함이었고, 왕 자신이 수행해야 할 임무를 대행하게 한 직함이다.

733년 신라의 왕 중 성덕왕이 당의 현종으로부터 영해군사寧海軍使라는 관작을 받는다. 이후 신라의 왕들이 계속해서 영해군사라는 직함을 부여받는데, 이는 발해의 당 침입과 관련이 있어 보인다. 그 이전 해인 732년에 발해의 왕 대무예가 해로를 이용하여 산둥반도의 등주로 군사를 파견하여 공략했다. 일순 긴장했던 당의 입장으로서는 신라가 서해를 장악해서 당으로의 공격을 막아주기를 바랐을 것이다. 영해군사라는 관작은 당나라 황제가 영해상의 해적을 소탕하고 발해를 견제하기 위한 임무를 신라왕에게 내린 것이라고 볼 수 있다. 영해寧海라는 말은, 무령군의 영역인 바다를 의미하는지도 모른다. 결국, 공동 방어선을 구축하자는 제안이었다. 이러한 동북아의 상황이 장보고에게 대사라는 직함이 주어지게 되는 계기가 되었다고 본다. 신라의 왕에게 내렸던 영해군사를 대신해 장보고에게 청해대사라는 직함으로 서해 해상 지배권을 주었을 가능성이 있다. 이는 당과 신라 모두에게 믿음을 주는 인물을 찾다 장보고가 그 적격자로 판단됐을 것이다. 그렇다면 장보고의 청해진은 국제적인 세력의 균형을 위해 탄생하게 된 것이다. 장보고의 직책은 몇 차례 바뀐다. 청해대사는 흥덕왕이 청해진 설진을 허락하면서 내린 작위였다. 그 뒤 청해진에 도망와 있던 김우징의 청에 따라 왕권을 빼앗아 김우징을 신무왕으로 옹립하고서 감의군사라는 작위를 다시 받는다. 그리고 신무왕이 죽자 그의 아들 문성왕은 장보고를 진해장군으로 임명했다. 어느 것도 신라의 직제에는 없는 것들이었다. 장보고는 신라의 신하라기보다 특별한 위치에 있었음을 보여주는 예이다. 청해진을 독자적으로 이끌어가는 해상왕국의 모습을 갖추고 있었다고 볼 수 있다. 형식적인 면에서 신라조정과의 관계를 유지하면서 상호 협력적인 관계를 맺고 있었다고 할 수 있다.

아쉽게도 장보고의 뛰어난 역량과 더불어 신라와 당이 견제하는 발해의 남하를 방지하는 역할, 그리고 서해에 출몰하는 해적 소탕이라는 목적을 달성할 수 있는 인물로 장보고를 선택했다는 기록이나 물증은 없다. 청해진의 설치는 여러 가지 정황상 시대적 사명이기도 했고, 걸출한 장보고라는 사람이 탄생하게 된 계기가 되었음을 보여준다.

제3장

전사를 데리고 상업에
손을 댄 사나이

▌소리 없이 세상을 점령하는 무역

아무리 원대한 꿈과 좋은 계획을 세우고 있다 해도 실행에 옮기지 못한다면 현실로 다가오지 않는다. 성전을 짓게 해 달라고 기도하는 손보다, 돌을 나르고 삽질을 하는 손이 더 아름답다. 먼저 꿈을 꾸어야 하지만, 그 꿈을 실현하는 것은 행동이다. 육체가 움직여야 한다. 행동하는 손과 발을 가진 사람만이 성공을 일구어 낸다.

장보고는 꿈에 그리던 조국에 돌아와서 원대하고 야망에 찬 청해진을 설치하게 된다. 신라에서 군사 1만 명이라는 수는 실로 엄청난 규모였을 것이다. 청해진은 완도뿐만 아니라 남해, 해남, 강진 일대까지 넓게 포진하여 지금의 완도를 중심으로 한 전라남도 일대를 어느 정도 지배하고 운영했을 것이다.

1만 명이 기숙할 건축물과 그들이 운영하는 배가 정박할 항구와 상품들을 쌓을 창고는 어림짐작만 해도 상당한 규모다. 이들이 먹고, 입고, 생활해야 할 일정량의 소모품과 식량을 조달하는 일도 만만치 않은 일이다. 상업거래의 이익으로 자체조달을 했을 것으로 보이는데, 이들이 생활하고 가족을 부양했다고 가정하면 그 파급 효과는 매우 컸다. 한·중·일 삼국에 이만한 조직이 움직이려면 몇 배 되는 전문집단과 인원이 있어야 했다. 하나의 상품이 만들어지기까지 실로 많은 사람이 관여하게 되어 있다. 화살이란 상품을 만든다고 하면, 철광석을 캐는 광부에서부터 캐낸 철광석을 운반하고 판매하는 상인을 거쳐 대장장이에게로 간다. 대장장이가 가마에서 쇠붙이를 뽑아내어 화살촉을 만들면 다시 상인을 거쳐 이동되고 화살을 최종적으로 사려는 사람에게로 연결된다. 외국으로 보내질 경우는 한층 더 복잡해진다. 배를 가진 사람이 상품을 구입해서 험난한 바다를 건너야 한다. 배의 항해에 필요한 사람과 도착해서 상품을 받아줄 사람과 배가 머물 기항지가 필요하다. 이와 관계되는 사람들의 잠자리와 먹을거리가 연결되어야 한다. 상품이 판매되기까지에는 이처럼 많은 사람이 관계되고 그 관계 덕분에 생계를 유지하게 된다. 파생 효과가 생각보다 훨씬 크다는 것을 확인 할 수 있다. 청해진은 방대한 조직이었고, 활력이 넘치는 장소였다. 일사불란하게 움직이는 거대한 조직이었다. 청해진은 지금의 완도로 추정된다.

　　청해진은 신라 해로의 요충이다. 지금 완도라 부른다.

『삼국사기』 열전의 기록이다. 청해가 지금의 완도라는 주석은 『삼국사기』에 여러 번 나오는 것으로 보아 확실하다. 청해진은 해로의 요충이라는 말에 의미를 담아본다. 남해안의 섬들로 해로가 복잡하고 물길 또한 변화가 많은 곳이다. 조수간만의 차이도 컸다. 언뜻 보기에 이곳은 청해진의 중심거점으로는 적합하지 않을 듯하다. 하지만, 물길과 지리를 정확히 꿰찬 신라인들에게는 가장 적합한 요충지였다. 해로를 손바닥처럼 알고 있는 청해진 사람들에게는 적의 침입으로부터 안전한 천혜의 요새였다. 당과 일본을 오가는 중심적인 해로로서의 역할을 톡톡히 해냈다. 바다를 항해하면서 가장 두려운 것은 조난이었다. 배가 파손되거나 가라앉을 시에 살아날 방법은 육지를 끼고 있어야 한다. 그런 면에서 이곳은 더욱 선원들에게 마음의 안정을 주는 곳이었다. 지금도 중급 이하의 선박은 중국으로 갈 때 한반도의 서해안을 끼고 올라가다가 해류를 따라 중국으로 넘어간다고 한다. 선원들에게 돌아가는 이유를 물어보면 조난 시에 안전을 위해서라고 대답한다고 한다. 청해진은 직접 생산지로서의 역할과 중계무역 그리고 군사조직으로서의 구실을 했다. 1만 명이라는 집단이 모두 움직인다고 가정해 볼 때 그 효과는 상상하기 어려울 만큼 크다고 할 수 있다. 장보고를 정점으로 하는 완도에 설진한 집단은 군사집단으로서의 역할만을 수행한 것이 아니었다. 보다 세분하면 청해진의 역할은 다양했다. 군사, 무역, 자체 생산, 여행, 통역, 배를 건조하는 조선과 항해사를 양성하는 업무까지를 동반 수행했을 것이다. 생산을 포함한 종합상사 업무를 거뜬하게 수행하고 있었다. 그 규모의 일단을 추정하게 하는 근거를 찾아서 확인해 보면 청해진의 모습은 매우 조직적이고 컸으리란 것을 미루어 짐작할 수 있다.

장보고의 얼굴, 중국 적산의 법화원

이 자료는 뜻밖에도 일본의 기록에서 발견하게 된다. 엔닌이란 일본의 승려가 당나라를 방문했다가 돌아가는 과정을 적어놓은 『입당구법순례행기』다. 도를 구하기 위해서 당나라에 들어갔다가 귀환한 행적을 기록한 내용으로 장보고가 세운 법화원에 대한 기록이 남아 있다.

산 속에 절이 있는데, 그 이름은 법화원이다. 이는 장보고가 처음 세운 절이다. 그는 이곳에 토지를 가지고 있어서 양식을 충당할 수가 있다. 이 장전에서는 일 년에 500석의 쌀을 수확한다.

오동잎 하나 떨어지는 소리에 천하에 가을이 온 것을 안다고 했던 시인의 말처럼 세상은 하나의 단서를 보고 큰 것을 예측할 수 있다. 장보고의 비밀스런 행적을 파악하는 것이 바로 그렇다. 역사에 묻혀버린 위대한 한 사람의 행적을 밝혀내는 것이 뜻밖에 즐거움이고 한민족의 웅혼한 기상을 일으켜 세우는 일이라 더욱 그렇다.

법화원이란 절이 가지는 상징성도 크다. 문등현에 있는 법화원은 당시 산둥반도 일대에 살던 신라인들의 신앙의 중심지였다. 신라와 당을 이어주는 중요한 활로의 기착지이며 중원으로 진출하는 시발점이기도 했다. 한·중·일을 잇는 항로의 기점이기도 했고, 한·중·일의 정신통합에 일조하는 역할을 하기도 했다.

꿈이 원대하면 상응한 방안을 가져야 한다. 멀리 날기 위해서 새가 창자의 길이를 줄이고, 뼛속을 비웠듯이 고통을 감내해야 한다. 그리고 날개를 키워야 한다. 장보고는 민간무역을 하면서 삼국을 하나로 묶는 절을 지었다. 삼국은 불교국이었다. 불교는 삼국이 만나는 문이었고 통로였다.

장보고는 당나라 내륙으로 들어가는 입구이며 내륙에서는 바다로 연결되는 지점에 법화원을 세웠다. 법화원은 상징적인 의미와 더불어 실제적인 교량역할을 했다. 종교를 통해 통합을 이끌어내려 했음을 볼 수 있다. 엔닌의 기록에 이렇게 적혀 있다.

적산은 실로 암석이며 높이 솟아 있는 곳으로 곧 문등현 청녕향 산촌이다. 산속에 절이 있는데, 적산 법화원이다. 이는 장보고가 처음 세운 절이다. … 지금은 신라 역어 겸 압아인 장영과 임대사, 그리고 왕훈이 이곳의 일을 전적으로 맡아서 하고 있다.

적산 법화원은 장보고가 세운 절이라는 기록이 보인다. 장보고는 자신을 알리는 작업으로 법화원을 세웠다. 법화원은 장보고의 얼굴이었다. 법화원은 종교를 통한 화합의 장이었다. 법화원은 신라와 중국 그리고 일본이 만나는 장소가 되었다. 물자만이 아니라 마음이 하나가 될 수 있는 다리를 놓는 역할을 했다. 마음이 먼저 열리도록 하는 작업이었다. 장보고가 왜 중국 당나라에 큰 절을 세웠을까 생각해 보면 그 비밀의 문을 열 수 있을 것이다. 법화원은 장보고가 세상을 바라보는 시각이 어떠했는가를 유추해 낼 수 있는 열쇠다.

기업이나 개인이나 마찬가지로 어떤 대상을 생각하면 떠오르는 느낌이 있다. 상징성이 있다. 그 상징성이 법화원이라고 생각하면 되리라 본다. 법화원에 가면 자신들이 필요로 하는 것을 충족시켜 준다는 것을 사람들에게 인식시켜 주었다. 법화원을 지은 사람으로 법화원이 주는 인상이 바로 장보고의 얼굴을 떠올릴 수 있도록 하는 창구역할을 담당했다. 박지성 하면 축구가 떠오르고, 테레사 수녀 하면 봉사가 떠오르고, 장보고하면 법화원이 맡은 역할을 떠오르게 한다. 장보고는 자신의 조국 신라와 당 그리고 일본까지 아우를 수 있는 창구역할을 할 것을 고심하다 당대의 종교와 사상의 근원지인 사찰을 건립했을 것으로 보인다. 이로 말미암은 파급 효과는 엄청났다. 장보고 하면 여행을 하거나 상거래 시 해결을 해 줄 수 있는 사람이라는 마음이 생기도록 하는 효과가 있었다. 장보고에게 사람들이 모여들기 시작하고, 호의적인 마음이 주는 흡인력 덕분에 장보고가 원하는 방향으로 일의 추진이 훨씬 쉬워졌다.

839년 6월 27일, 들건대 장대사의 교관선 두 척이 단산포에 도 착했다.

839년 6월 28일, 당나라 천자가 새로 즉위한 왕을 위문하기 위 하여 신라에 사신으로 보냈던 청주병마사 오자진과 최 부사, 그 리고 왕 판관 등 30여 명이 절로 올라와 함께 만나 보았다. 밤 이 되어 장보고가 파견한 대당 매물사인 최 병마사가 절로 찾아 와 위문하였다.

일본의 승려인 엔닌이 법화원에 머물 때 적은 글이다. 법화원이 어떠한 일을 수행하고 있는가를 엿볼 수 있는 내용이다. 법화원은 사찰이었지만 대당 무역의 거점이면서 업무수행의 주요장소였다. 법화원이 건립된 장소에는 이미 신라인들이 상당한 규모의 공동 거주지역을 마련해 놓고 있음을 확인할 수 있다. 개인적인 차원에 서의 종교적인 이유도 있었지만, 이곳에 거주하는 신라인들을 하 나의 구심점으로 끌어들이려는 방법으로 불교사원을 지었다. 또 한, 오고 가는 사람들이 자연스럽게 받아들일 수 있도록 하기 위 하여 법화원은 필요했다.

물이 흐르다 머물면 호수가 된다. 그 호수에는 거친 파도가 치지 않는다. 그곳에서는 원대한 포부를 펼칠 수가 없었다. 파도는 비 록 거칠지만 장보고는 바다로 가는 강을 선택했다. 그 호수를 넘 어야 더 넓은 세계를 만날 수 있다. 피 끓는 젊음으로 한 곳에 머 무는 자는 살아있는 것이 아니다. 장보고는 머물지 않았다. 바다 로 나갔다. 나라와 나라 사이를 오가는 것만으로도 모험이던 시 대에 배에 상품을 실었다. 상업을 시작했다. 상업을 위해 열린 길로 사람들이 오고 갔다. 문화가 흘렀고, 상호 필요한 물품들이 오가 삶의 윤활유가 되었다. 군사적인 무력이 아니라 그가 오고 가는 길은 필요한 것을 제공해주는 길이었기 때문에 순풍이었고, 모두가 반겼고, 모두가 승리하는 전략이었다. 청해진은 무기를 든 군사조직으로 출발해서 평화를 나누어주는 전사로 변해가고 있었다. 해적의 소탕을 위해서 만들어진 청해진의 군사는 물자를 필요로 하는 곳에 물자를 나르는 전사로 변신했다. 모두가 환영했다. 물건을 팔아주어서 환영을 받았고, 필요한 물건을 가져다주어서 환영을 받았다.

장보고란 인물에 대한 기록이 아주 단순하고 보잘 것 없지만 그 뒤에 숨어 있는 역사적인 정황을 살펴보면 그의 활동영역과 새로운 세계를 개척해 나간 일이 얼마나 한 시대를 변화시켜 놓았는가를 확인하게 된다. 삼국 간의 연결통로가 청해진에서 출발하여 청해진에서 통합되는 상황을 만들어 놓은 사람이 장보고였다. 무역으로 삼국의 문을 열게 하였다. 출발은 군사 1만 명이라는 무력을 기반으로 하였지만, 이내 물리력은 접어두고 상업에 발을 들여놓은 것은 일대 사건이었다. 변화의 중심에 장보고와 청해진이 있었다.

어디에서도 물리치기엔 유혹적인 좋은 물건들을 나르고 판매했다. 이를 기반으로 1만 명의 의식주를 해결했다. 신라 본국으로부터 어떠한 도움없이 자생적인 기반을 마련하는데 중요한 동인이 되었음에 틀림없다. 군사 1만 명을 유지 관리하려면 신라 조정으로서도 재원을 충당하기에 어려움이 많았을 것이다. 장보고는 신라 본국에 있던 왕과 관리들의 생각을 성큼성큼 앞질러 갔다. 어떤 조직도 경제적 기반이 뒷받침되어 주지 않으면 무너진다. 삼국 간에 필요한 물건을 주고받았다. 인원과 배를 가동시키면서 자연스럽게 해상에서 노략질을 하던 해적들이 사라졌다. 일부는 장보고 선단의 일원으로 흡수하여 삶의 터전을 마련하기도 했다.

해적이 생기게 된 것도 그 속을 들여다보면 생계를 유지하기 위한 방법이었고, 생계를 유지할 수 있고 부를 축적할 수 있는 길이 열린다면 굳이 해적이 될 리가 없었다. 해적이란 것이 거래를 요청했다가 거절하면 공격하거나 물건을 빼앗아 달아나는 것에서부터 해상에서 배를 공격해 노략질하는 것까지 다양했다. 장보고 선단의 활동으로 그들의 입지는 좁아졌고, 거래를 위해 장보고 선단에 밀착해서 거래의 한 부분을 담당하게 되면서 자연스럽게 해적은 사라졌다.

장보고가 가는 길에는 평화가 찾아왔다. 삼국 간의 정치적인 면보다 상업적인 거래를 중히 여기는 그의 방법은 적을 만들지 않았다. 적을 만들지 않은 만큼 그의 행로는 자유로웠다. 일본의 경우 정치적으로는 장보고 선단을 물리치면서도, 장보고와의 거래는 묵인했다. 그만큼 필요한 물건을 가져다주는 장보고가 필요했다. 시대적인 요청을 정확하게 파악하고 있었다.

중요한 점 중에 또 하나는 교관선이나 견당매물사란 용어의 등장이다. 교관선이나 견당매물사란 용어로 미루어 보건대 이곳에 장보고의 배가 정박하고 그것을 관리하는 관리가 있었다는 것이다. 이는 신라와 당나라 간의 해상무역을 독점하였음을 보여주는 것이다. 장보고가 대사란 직함을 가진 것이 어떤 의미인가 여기에서 다시 그의 역할을 확인하는 계기가 되고 있다. 신라와 당 사이에 발해를 견제하기 위한 직함일 수 있다는 것과 해적의 소탕이라는 이중의 역할 수행을 맡았다는 것을 의미한다. 겉으로는 해적의 소탕이었지만, 더 깊은 속사정으로는 막 커가고 있는 발해를 견제하는 것이었다. 이에 장보고의 원대한 꿈을 담은 제안이 신라와 당의 조정에서 논의되었고, 이것이 받아들여진 것은 장보고의 놀라운 통찰력과 미래를 바라보는 안목의 결과였다. 신라와 당은 두 가지를 한꺼번에 얻을 수 있는 큰 효과를 노렸고, 장보고는 개인의 영광과 함께 상거래를 묵인받았다고 볼 수 있다. 결국 당은, 당나라에서 활동을 하였으며 신라의 관리가 아닌 장보고가 적격자일 것이라고 판단했을 것이다. 신라는 신라대로 안보적인 측면과 해적을 소탕하는 명분을 얻을 수 있었다. 장보고는 당과 신라로부터 모두 인정받아 활동의 근거를 마련했다. 양국 간의 지원도 받아 신라에서는 군사 1만 명과 완도라는 지역의 이용권을, 당으로부터는 법화원을 세운 등주의 항구를 관리하고 이용할 수 있는 권한을 받았을 뿐만이 아니라, 당나라 안을 수시로 이동할 수 있는 권한을 부여받았을 것이다. 교관선이나 견당매물사란 용어가 이를 반증해 준다고 할 수 있다. 장보고는 신라와 당 사이의 역학 관계를 정확히 읽어내어 자신의 입지를 인정받았다.

장보고 선단이 중국과 일본을 오가며 무역을 했다는 것은 일본에서 당나라로 수도를 하러 갔던 엔닌의 일기에서 확인할 수 있다. 『입당구법 순례행기』에

화상께서 구법여행을 마치고 귀국할 때, 반드시 이 편지를 가지
고 연수에 도착하시면 제가 여러 가지 방법을 동원해서 일본으로
같이 가도록 하겠습니다.

최훈이 일본의 수도승 엔닌에게 한 대답이었다. 최훈은 장보고
의 부하로 병마사였다. 청해진을 중심으로 해 당과 일본을 자유
스럽게 오고 가는 결정을 스스로 할 수 있을 만큼 자치적인 힘을
가지고 있었다. 장보고는 현장의 책임자에게 배의 입출항과 선적
에 독립적인 자치권을 주었다. 청해진 전체의 중대사를 결정하는
것 외에는 현장에 권한을 이양했다. 당과 일본은 청해진을 주 무
대로 한 활동영역 안에 들어와 있었다. 서해경제권을 쥔 장보고
선단에는 거칠 것이 없었다. 무역으로 해로는 활짝 열려 있었다.
　장보고는 활발하게 활동했다. 현장을 중요하게 여기고, 직접 현
장을 시찰하거나 확인했다. 중국과 일본을 직접 오가며 진두지휘
했음을 보여주는 기록이 남아 있다.

신라의 환속 승 이신혜의 말에 "장대사는 천장 원년(824년)에 일
본으로 왔었는데 돌아갈 때 그 배를 탔다가 당으로 와버렸다."
고 했다.

여기서 그 배란 장보고의 배를 말한다. 장보고는 현장을 직접 오
가는 호방하고 활달한 성격이었을 것으로 추정된다. 당나라와 일
본을 직접 오갔던 것을 확인할 수 있다. 여기에서도 알 수 있듯이
장보고가 신라로 돌아와 청해진을 설치했을 때가 828년이었다.

기록에 의한 내용으로 보면 장보고가 신라로 돌아와 왕을 만나기 전에 이미 당나라와도, 일본과도 무역을 하고 있었음을 확인할 수 있다. 아니면 적어도 장보고가 신라로 돌아오기 전에 사전포석을 깔려는 의도가 아니었나 싶기도 하다.

장보고가 신라로 돌아오기 전에 이미 무역에 손을 댔거나, 일본과의 관계에서도 상당한 영향력이 있었음을 알려주는 단서가 있다. 엔닌이 장보고에게 보낸 편지에 일본의 공전국 태수가 장보고에게 보내는 편지 한 통을 가져오다가 해난으로 잃어버린 사실을 적고 있다.

미천한 몸 다행하게도 대사님의 본원인 적산 법화원에 머물고 있습니다. 감사하고 즐겁다는 말 이외에 달리 비길 만한 말이 없습니다. 제가 고향을 떠나올 때 엎드려 축전태수의 서신 한 통을 기탁받아 대사께 전해 올리려 하였습니다. 홀연히 배가 얕은 바다에 가라 앉아 물건들은 떠내려가고 기탁받은 서찰도 물결 따라 흘러가 가라앉고 말았습니다. 일본국 구법승 전등 법사위 엔닌 올림

공전국 태수라면 장보고의 무역선이 이용하는 서일본을 관할하는 관직이다. 당연히 장보고와 업무상 관계가 있음을 알 수 있다. 편지의 내용은 일본의 공전국 태수가 장보고에게 엔닌의 여행 편의제공을 부탁하는 편지다. 개인적인 부탁을 할 정도라면 장보고가 일본을 방문했을 때 만나 친분을 쌓은 관계라고 할 수 있다. 일본의 관리인 공전국 태수가 장보고를 만나러 갔다기보다는 장보고가 교역차 일본을 방문해 만남이 이루어졌다고 볼 수 있다.

　장보고가 청해진을 설진하기 전에 이루어진 몇 가지 정황을 종합해 보면 장보고는 이미 서해를 중심으로 한 삼국 간의 교역을 담당하고 있었음을 볼 수 있다. 이런 교역을 통해서 신라조정 내에서 당나라에 기반을 둔 장보고에 대한 호의적인 이야기들이 전해졌을 것이다. 당나라를 방문하는 관리들이나 유학생 그리고 유학승들이 편의를 받고는 믿음이 커졌을 것이다. 자연스럽게 신라조정 내에서도 장보고에 대한 논의가 되었고, 신라왕에게도 전해졌을 것이다. 이런 와중에 신라와 당 사이에 놓여 있는 역학관계에 의한 정치적인 결정이 이루어졌을 가능성이 크다. 앞서 말한 발해를 견제하려는 방안과 부수적으로 해적을 소탕하는 일이 맞물려 이를 해결할 방안을 논의하던 중에 장보고가 그 대상으로 지목되었을 것이다.

장보고와 청해진을 문화적 이미지로
재창조한 법화원

　　장보고는 자신의 이미지를 개선할 필요가 있었다. 멸시를 당할 소지가 있는 신라의 섬 출신이라는 것이나 군중소장은 무역에 도움이 되지 않았다. 새로운 이미지를 만들어낼 필요가 있었다. 청해진을 설진하기 전 이미 당나라 등주에 지은 법화원이 장보고의 이미지 개선과 개인적인 성공을 알리는데 중요한 역할을 했다. 장보고는 계속해서 새로운 이미지를 창조할 필요가 있었다. 무관이라는 신분은 국제무역에 있어서 저항을 받을 수 있는 소지가 다분했다. 장보고가 국제무역을 하면서 당나라와 일본에 입국하게 될 때에 불리한 신분이었다. 더욱 부드러우면서도 전체를 끌어안을 수 있어야 했다. 포용과 안정을 주기에는 종교적인 이미지가 적당했다. 삼국 모두 불교가 전파되어 이미 왕으로부터 하층민에 이르기까지 미쳐 있었다. 불교는 정신적인 위안과 힘이 되어 주었다. 또한, 문화의 파급에 절대적인 영향을 끼치고 있었다. 장보고는 자신의 선박이 들어가는 곳에 절을 세웠다. 절은 장보고를 인식하는 상징물이었다. 장보고라는 한 인간을 한 단계 끌어올릴 수 있는 역할을 충분하게 해주었다. 문화와 복지 역할을 동시에 수행함으로써 장사꾼의 이미지를 벗을 수 있었다.

국가와 민족을 떠올릴 수 있는 대표성을 가질 수 있었다. 장보고하면 신라를 대표하는 인물로 떠오르도록 했다. 신라와 당 그리고 일본에서 장보고는 필요한 존재로 주목받아 갔다. 무역 그 자체가 주는 힘도 컸지만 장보고라는 인물이 삼국에서 자연스럽게 인식되어 가는 실마리 역할을 한 것이 법화원이었다. 문화사업을 무역에 도입한 것이 성공의 한 요인이기도 했다.

장보고는 세상을 큰 틀에서 보았다. 장사를 해서 이익을 내기 위한 좁은 시야보다는 세상을 아우를 수 있는 기틀로 무역을 선택했다. 단기적인 이익만을 생각했다면 위험이 따르는 해적 소탕을 우선하지는 않았을 것이다. 사찰을 여러 곳에 건립하는 일도 없었을 것이다. 장보고는 그의 힘이 미치는 곳에 사찰을 자신의 힘으로 건립했다. 한·중·일 현지답사 연구 결과와 문화재 연구소의 발굴조사 결과, 그리고 제1회 국제 심포지엄 발표내용을 종합하여 소개한다.

완도 상황봉 법화사, 제주도 하원동의 법화사, 중국 산둥반도의 법화원, 절강성 천태산의 국청사, 신라원 그리고 일본 교토의 적산서원 등은 종교적으로 정신문화사적으로 모두 직간접으로 장보고 대사의 활동과 관련이 크다.

밝혀진 것만 해도 몇 곳이 된다. 그것도 신라만이 아니라 중국과 일본에까지 사찰을 세웠다. 방대하고 원대한 꿈의 표현이었다. 그만큼 다국적 경영을 위해 사찰을 세우고 그를 이용한 대외적인 업무를 수행했다. 실은 이보다 더 여러 곳에 건립되었을 가능성이 크다. 장보고가 세계를 경영하고자 했음을 확인할 수 있는 증거이기도 하다.

장보고에 대한 자료는 거의 없어졌다. 세월이 많이 흘러갔다. 이미 천 년이 넘은 세월 속에 남아있을 것이 거의 없다. 신라에서는 역적으로 몰려 죽었다. 있었던 자료도 불태워지거나 없애버렸을 것을 자연스레 추측할 수 있다.

새로운 일을 시작하는 순간 새로운 이미지를 만들어야 한다. 한 사람을 새로이 창조해서 상품이나 능력을 평가할 때면 이미지가 사람을 평가하는 잣대가 된다. 문화로 이미지를 전파하면 저항 없이 받아들이는 특성이 있다. 그리고 오래간다.

당나라의 산둥반도에 법화원을 설립하자 달라진 것은 장보고에 대한 인식의 전환이었다. 법화원은 당나라를 오가는 사람들과 처음 온 견당사나 승려들이 꼭 거쳐야 하는 관문이었다. 여행자가 타지에 도착하면 느끼는 것이 막막함이다. 어디로 가야할지 무엇을 어떻게 해야 할지 몰라 당황할 때 길을 안내해주고 쉴 수 있는 편의를 받으면 고마움을 느낀다. 대부분 당시의 사람들에게 타국을 방문하는 일은 일상적인 일이 아니라 일생에 한 번 경험하기도 쉽지 않은 일이었다. 견당사나 정부관원의 공식적인 업무상 방문도 있었다. 승려나 유학생들도 있었다. 이들은 구도를 위한 방문이나 더 큰 세상과 새로운 세상을 만나기 위한 선각자들이었다. 신라의 인재들이었다. 이렇게 들어오는 사람들과 당에서 신라나 일본으로 나가는 사람들도 법화원을 이용했다. 그리고 또 한 부류는 상인들이었다. 이곳은 당나라로 들어오는 사람들이나 나가는 사람들이 모이는 장소였다. 여러 곳에서 온 사람들로 늘 북적이는 곳이었다.

법화원을 지나간 사람들에게 장보고는 고마운 존재였다. 숙식을 해결하며 편의를 받은 사람들은 장보고에게서 장사하는 사람이라는 인식보다 안내를 받은 느낌과 더불어 고마움을 느꼈을 것이다. 장보고는 고도의 문화적인 방법으로 자신을 세상에 알렸다. 삼국 모두에 저항감 없는 종교적인 구심점을 만들었다. 여행자에게는 두려움이 늘 따라다닌다. 마음의 위안도, 쉴 곳도, 새로이 갈 길도 안내받으면서 장보고에 대한 좋은 인식이 생겼다.

국제적인 감각에 문화를 받아들여 청해진의 이미지를 개선했다. 그리고 미래를 향해 가는 길에 순풍을 받도록 했다. 장보고 선단이 날라주는 물품에 대한 필요에 의해서이기도 하지만 법화원을 통한 이러한 문화적인 힘도 크게 작용했다.

한시도 한눈팔 수 없다. 더구나 도전을 하는 사람에게는 언제 무슨 일이 닥칠지 모른다. 인생에 위기 아닌 적은 없다. 삶은 늘 낭떠러지위를 걷는 곡예사와 같다. 삶의 가까운 친구는 죽음이다. 죽음을 옆에 두고 사는 것이 인생이다. 죽음을 두려워해서는 아무 것도 할 수가 없다. 이번 생에 간절히 하고 싶은 일이 있어 태어났다. 죽음은 어느 순간 찾아오지만, 생은 계속 되어야 한다. 목표한 것이나 목적한 바가 있어 태어났기에 자신이 하고 싶은 일을 원 없이 해보는 것이 삶을 잘 사는 방법의 하나다. 태어난 것은 큰 의미다. 이번 생을 낭비하기엔 시간이 그리 많지 않다. 다시 찾아올지 모르는 생을 멋지게 살아내는 것은 생에 대한 권리이기도 하고, 의무이기도 하다. 장보고는 도전을 두려워하지 않았다.

　장보고의 꿈은 바다를 경영하는 일이었다. 바다는 끝없이 출렁이면서 살아있었다. 바다는 한없이 넓은 세상으로 안내했다. 장보고는 바다에 꿈을 걸고, 인생을 걸고, 사람답게 사는 방법인 문화를 내걸었다. 거친 바다가 장보고를 만나 힘을 얻어 닫힌 세상을 열었다. 상품을 전달했고, 문화를 전달했다.

　웅혼한 꿈을 가진 한 개인이 삼국을 무대로 이처럼 평화적인 무대를 만든 역사가 없었다. 문화의 기치를 높이 들고, 무역을 한 사례가 없었다. 상품을 팔고 이익만을 내기 위한 것이 아닌 문화의 전파로가 되었다. 평화로운 상품 이동이 있었다. 장보고 이전에는 착취와 노획이 판을 치던 세상이었다. 전쟁으로 정복과 굴복이 세상을 지배하고 있었다. 장보고도 그러한 현장에서 치열하게 살았던 사람이었다. 장보고는 바다에 평화를 가져오게 하고 나서 법화원과 법화사 그리고 적산선원 같은 종교로 통합하는 길을 열었다. 칼 대신 상품으로 길을 열었다. 점령 대신 물물교환으로 세상을 만나게 했다.

역사는 한순간에 이루어지지 않는다. 역사는 준비한 사람의 몫이다. 기회는 후덕한 인품을 가진 완성된 존재가 아니라, 간사하고 이기적이어서 사람을 가리지 않고 조건을 가진 자에게 달라붙는다. 기회는 절대로 기다려 주지 않는다. 이미 권력을 가진 자에게만 안기는 간신 같은 존재다. 기회를 잡으려면 기회가 찾아올 수 있도록 준비해야 한다.

　장보고는 해상무역에 손을 대 상당한 영향력을 가진 존재로 부상했다. 그 기반을 적극적으로 활용해서 자신의 조국인 신라땅에 확고한 토대를 마련하고자 했고, 때마침 신라와 당나라 사이에 장보고와 같은 인물이 필요했다. 조국을 위해 봉사할 수 있고, 개인적인 영광이 될 수 있는 청해진 설진은 사전에 준비한 장보고에게 돌아간 것이다.

　신라땅을 떠날 때는 망한 백제의 사람으로서 성공을 바라볼 수 없는 낙망한 존재였다. 젊음 하나만을 짊어지고 이국땅을 찾아갔다. 어디에도 기댈 곳 없는 장보고는 스스로에게 채찍질을 하며 자신을 일으켜 세웠다. 가난은 부를 향한 열망의 에너지였고, 힘이 없는 패망한 백제의 자식으로 태어난 것은 조국을 떠날 수 있는 욕망을 불태우게 했다. 부족함을 탓하지 않고 채우려는 의지로 자신을 불살랐다. 그렇지 않고서야 일개 군중소장으로서 삼국을 아우르는 원대한 무역을 하고, 신라와 당나라의 국방을 짊어지는 거대한 일을 개인으로서 감당할 수 있었겠는가.

제4장

바다를 정복한 자가
세상을 지배한다

바다는 열린 사고를 가진
자의 공간이다

한국 최초 개인 구상의 신도시,
완도의 청해진

해도에서 태어난 장보고는 누구보다도 해적들의 노략질과 양민을 잡아가는 현장을 목격하고 자랐다. 식량을 약탈당하는 것은 그래도 견딜 수 있는 일이었지만, 사람이 잡혀가면 그 집안은 감당할 수 없는 슬픔과 어려운 처지에 놓이게 된다. 가족 구성원 중 한 사람이 잡혀갔다고 상상해 보면 그 참혹함이 짐작된다. 정상적인 가정으로서의 기능을 상실하게 된다. 장보고가 자라면서 보았을 가능성 큰 이 참상을 당나라에 도착해서, 그들이 붙잡혀와 노비로 팔려나가는 현장을 직접 목격하고는 침통한 심정이 들었음은 당연하다. 장보고 자신도 신라의 섬에서 생활하다 해적에게 잡혀왔다면 이들과 다르지 않은 처지에 놓여 있었을 것이다. 사람이, 그것도 조국인 신라 사람들이 잡혀 와서 개, 돼지처럼 팔려나가고, 사람대접을 받지 못하는 노비로 생활하는 것을 목격하고는 가슴이 아팠다.

　장보고는 신라로 귀국해서 왕을 만났다. 장보고는 성공한 사람으로 왕을 만나고 있었다. 웅대한 포부를 당나라에서 어느 정도 이루고 있었다. 신라와 당을 연결하고, 당의 내륙까지 장사의 발판을 만들어 영역을 넓혀가고 있었다. 더 크고 넓은 바다로 나갔다. 무역량이 늘어갔다. 배를 통한 무역도 상당한 기반 위에 올려놓았다. 이제 장보고는 바다를 끌어안은 사람이었다. 거칠고 무한히 넓은 바다를 향하여 달려나간 장보고였다. 신라의 왕을 만난 자리에서 장보고는 단호하게 말했다. 중국의 어디를 가나 신라 사람들을 노비로 삼고 있으니 청해에 진영을 설치하고 해적들이 사람을 약탈하여 서쪽으로 가지 못하게 해야 한다고 설득했다. 장보고는 당당했다. 세상을 크게 본 사람으로 성장해 자신이 태어난 신라의 지존인 왕과 만났다. 신라의 아픔이었고 당의 고민이었던 해적문제를 해결하는 방안을 아주 구체적으로 제시했다. 장소와 인원의 조달방법과 구성까지도 제시했다. 신라의 왕은 승낙하지 않을 수가 없었다. 해적들에게 신라 양민들이 끌려가는 일은 신라의 중요한 현안이었다. 현안의 해결은 미룰 수 없는 일이었다.

　장보고가 성공하기 위하여 당나라로 떠날 때 가졌던 두려움은 사라졌다. 당나라에서 성공하여 조국 신라의 양민들이 고통받는 현실을, 직접 보고 들은 참상을 이야기했다. 당나라와 신라의 정치적인 관계에서 신라가 나아갈 방향을 이야기했다. 어떤 형태로든 당나라와 장보고를 대사로 임명하는 것에 대해 협의가 있었을 것이다. 신라와 당나라의 우호적인 관계를 이용해서 점점 세력을 키워가고 있는 발해를 견제하기 위한 구실을 해야 했기 때문이다. 그러한 이유로 장보고의 직함도 신라왕과 같은 대사라는 직함을 주었을 것이다. 이는 신라왕의 역할을 대신 수행한다는 것을 의미하기도 했다.

신라가 미래로 가야 할 길을 이야기했다. 신라가 나아갈 길과 당나라와의 관계를 설명했다. 신라의 신하가 아닌 장보고에게 신라의 왕, 흥덕왕은 흔쾌히 군사 1만 명과 한 지역을 관리할 권한을 맡겼다. 그 결정이 나오기까지 조정 안에서 난상토론이 있었을 것이고, 반대의 목소리가 높았을 것이다. 신라의 왕도 많은 고민을 했을 것이다. 장보고의 처지에서 이를 극복하는 길은 정리된 이론과 영향력의 실체를 증명하는 일이다. 국가의 운영방향을 제대로 제시하여 장보고 자신이 꿈꾸는 웅혼한 계획을 실현하는 일이었다. 힘의 실체를 가진 자만이 설득할 수 있다. 그동안 당나라에서 무역을 통해 입지를 굳힌 장보고는 자신의 뜻을 당당하면서도 단호하게 천명했다. 그리고 자신이 적임자라는 것을 보여주었다.

장보고는 자신의 능력과 힘을 설명했다. 그가 아니면 안 되는 이유를 설명했다. 신라인을 약탈하여 파는 행위를 막는 방법으로 단 한 가지, 청해에 진을 설치할 것을 제의했다. 장보고의 제의에 신라의 왕은 수락했다.

청해는 신라 해로의 요충지로서 지금 완도라 부르는 곳이다. 대왕이 장보고에게 군사 만 명을 주었다. 그 후 해상에서 우리나라 사람을 파는 자가 없었다.

역사기록에는 『삼국사기』에 이렇게 아주 간략하게 적었다. 당나라도 하지 못했고, 신라에서도 하지 못했던 해적의 소탕을 장보고는 해냈다. 그 중심에 청해진이 있었다. 지금의 완도에 1만 명이 머문다는 것은 도시 하나를 새로 세우는 일과 같았다. 제왕이 아닌 사람으로서 신도시를 만든 사람은 우리나라에서 아마 장보고가 최초가 될 것이다. 제일 먼저 할 일은 항구를 만들고 머물 공간을 마련하는 일이었을 것이다. 배를 새로 만들고, 조직을 구성하고, 1만 명의 의식주를 해결해야 하는 과제가 있었을 것이다. 이러한 일은 원대하고 진취적인 사고여야만 가능한 일이었다. 쉽게 계산해 보면 그 규모가 짐작된다. 1만 명이 숙식하기 위해 5명이 한 집에 머문다고 가정하면 2천 채의 집을 지어야 한다. 우선 병사를 훈련할 커다란 공간이 필요했을 것이다. 공동으로 모여야 할 큰 회관과 관사가 필요했을 것이고, 도로망이 구성되어야 한다. 배를 수리하고, 물품을 적재할 창고를 비롯하여 농사를 지을 땅과 말과 소를 관리할 축사도 필요했을 것이다. 절대 간단하지 않은 거대한 역사였다. 이 사건이 바로 천여 년 전에 한반도의 남쪽 섬에서 일어났다. 감히 누구도 쉽게 엄두내지 못할 일이 벌어지고 있었다. 새로운 역사가 이루어지고 있었다. 이곳의 군사들은 일체의 것들을 자체 조달했을 것으로 보인다. 왕에게서 허가를 받아내는 일이 어려웠지만, 실행과정에서 착오 없이 진행하려면 계획이 철저해야 한다. 장보고는 왕에게서 허락을 받아내는 과정부터 준비했다.

장보고의 위대함은 좁은 시야를 벗어나 큰 구상을 실천에 옮긴 것에 있었다. 꿈은 단지 꿈을 꾸기 위해 있는 것이 아니다. 실현하기 위해 꿈을 꾸는 것이다. 인생의 목표가 구체적일 필요는 없다. 꿈의 크기보다 더 확장된 세상을 만나게 될 수도 있다. 그러나 방향은 정할 필요가 있다. 장보고가 신라땅을 벗어나면서 신라뿐만이 아니라 당나라의 안보에 영향을 줄 수 있는 위치에 서게 되리라고는 그 자신조차도 생각하지 못했을 것이다. 장보고는 젊은 날 백제의 유민으로서, 신라 땅에서는 더는 크지 못할 것을 알았다. 미지의 땅인 당나라로 향하면서 두려움이 앞섰을 것이고, 꿈이 그리 크지는 않았을 것이다. 하지만, 그가 가고자 한 길을 흔들림 없이 가면서 넓은 세상을 만났고, 그 꿈이 자신이 생각했던 것보다도 컸지만, 용기 있게 그 길을 걸었다.

산을 넘으면 새로운 세상이 열린다. 그러나 새로운 세상은 그저 열리지 않는다. 강이면 건너야 하고, 더 높은 산이면 넘어야 한다. 두려운 자는 건널 수 없다. 넘을 수도 없다. 모험을 두려워하는 자는 성공이란 고지에 도달할 수가 없다. 바다는 두려운 존재였다. 장보고는 바다를 건넜다. 삼국을 하나로 묶어 상권을 형성하는 작업에 들어갔다. 누구도 상상하지 못했던 거대한 작업을 완성하기 위해서 신라인들을 하나의 연결망에 들어오도록 하는 일을 실행했다. 신라인들과의 연결은 엄청난 부수적인 효과를 가져왔다. 원대한 조직망이 구성되는 파급 효과가 있었다. 서해를 안마당으로 하는 무역은 순풍을 달고 전진했다. 거칠 것이 없었다. 해적은 자연스럽게 사라졌고, 무역량은 늘어갔다. 청해진이라는 신도시 하나를 먹여 살릴 정도가 아니라 신라에 번영을 가져올 만

한 규모로 커갔다. 장보고가 이끄는 선단의 번영은 신라인들의 종
합적인 연결망의 결과였다. 우수하고 부지런한 신라인들의 적극
적인 협조가 있어 가능했다.

한민족 공동번영의 기틀을 마련한 장보고

　신라인들은 여러 곳에 다양한 이유로 머물고 있었다. 신라가 삼국을 통일하는 과정에서 고구려와 백제의 유민들이 대거 당나라로 끌려갔다. 패망한 나라를 다시 일으키고자 반란을 일으킬 가능성이 있는 높은 직책을 가진 사람들을 끌고 갔다. 이들은 인재였다. 나라를 잃은 이들은 당나라에 도착해서 각자 살길을 찾아야 했다. 전혀 근거지도 없는 땅에서 살아야 할 길은 오직 육체뿐이었다. 인생이 절벽 아래로 떨어져 비참한 생을 꾸려가야 했다. 다시 삶을 일구어가기 위해서 이들이 한 일은 다양했다. 한학을 공부했어도 벼슬을 하거나 탄탄한 기반을 가진 일을 할 수가 없었다. 기반 없이 할 수 있는 일들을 찾았다. 자연 노동과 밑천 안 드는 장사 쪽으로 눈을 돌렸다.

　또 하나의 무리는 신라 하대에 들어서면서 가난에 허덕이던 배고픔을 참지 못하고 군대에 들어가거나, 먹을 것을 구하기 위하여 당나라로 들어갔다. 이러한 자발적인 무리와는 달리 해적들에 의하여 중국으로 팔려가서 노비가 된 사람들이 있었다. 이에 당 조정에서는 신라인에 대해 포고령을 내리기도 했다.

신라인을 사서 노비로 삼지 못하게 하고, 이미 중국에 있는 자들은 본국으로 돌려보내라.

당 조정의 조처가 내려져 귀국을 시키려 했으나 신라인들은 귀국하지 않고 해변의 촌이나 향에 머물렀다는 기록이 있다. 신라인들이 당에 머물 수 있었던 것은 당의 개방 정책의 영향도 있었다. 외국인이 당에 들어오면 해당 관서에서는 먹을 것과 입을 것을 주고, 소관 성에 보고하고, 그 외국인은 그 향에 머물 수 있도록 조처하였다. 그리고 10년 동안 세금을 면제해 주었다.

신라 학자들이 당나라로 유학을 갔다. 관리들이 견당사로 오거나 정치적인 목적에 머무는 사람들도 있었다. 승려들은 구법여행을 갔다. 이들은 모두 통일된 신라에서 안정된 생활을 하는 보호받는 무리였다. 이들에게 당나라는 잠시 목적을 완성할 동안 머무는 장소였다.

장보고는 당에 뿌리를 내리고 가난에 허덕이며 살아가는 신라인들을 끌어안았다. 이들에게 장보고는 후원자이기도 했고, 장보고에게는 이들이 큰 세상을 열어주는 등대 같은 역할을 하기도 했다. 서로에게 필요한 존재였다. 뛰어난 능력을 갖춘 신라인들은 장보고에게 힘이었고, 그들을 이용한 실핏줄 같은 연결망이 자연스럽게 구성되었다. 신라인들에게 장보고는 생업에 종사할 수 있있도록 일을 주고 필요한 상품을 제공해 주는 든든한 후원자 구실을 했다. 서로 후원자이면서 서로 필요한 관계가 성립되었다.

이들 중국 동부 해안지역에 거주하는 신라인들은 고향을 떠나온 이유가 무엇이었건 간에 고향에 대한 그리움을 버리지 못하고 신라의 풍습을 그대로 지니고 살았다.

경을 읽거나 예참禮懺을 할 때는 모두 신라풍속을 따르며, 황혼의 2시의 예참만은 당 왕조의 풍속을 따른다. 모두 신라 말을 쓴다.

엔닌의 일기에 적혀 있는 신라 사원에서의 일상적인 풍경을 적은 글이다. 이들은 신라를 떠나 있었어도 여전히 신라인이었다. 삶의 뿌리는 당에 내리고 있으면서도 신라인의 풍속과 언어를 그대로 쓰며 살았다. 고향에 대한 그리움은 버리지 못하고 끈을 연결하고 싶어 했다.

이러한 신라인들을 연결한 사람이 장보고였다. 최초의 한민족 공동체 구성을 이끌어내어 서해상권을 일으켜 세운 장본인이 장보고였다. 고구려와 백제의 유민들을 끌어안고, 신라에서 건너간 사람들을 하나의 공동체로 묶어 거대하고도 단단한 연결망을 구성한 것이다. 우리 역사에서 이토록 자발적으로 민족적인 역량을 발휘해서 한 영역을 지배하는 커다란 경험을 갖게 된 것은 처음이었다. 이 경험적 자산은 앞으로 한민족 공동체를 구성하는데 큰 도움이 될 것이다.

디아스포라(Diaspora)란 말이 있다. 이 말은 유대인으로서 본국에 살지 못하고 세계 각국에 흩어져 사는 사람들을 일컫는 말이다. Dia란 말과 Spora란 두 단어의 합성어이다. 디아(Dia)는 '흩어진'이란 뜻의 말이고, 스포라(Spora)는 '씨앗'이란 말이다. 그래서 이들 두 단어가 합하여져 '흩어 뿌린 씨앗'이란 뜻을 지닌, 어쩔 수 없이 고국을 떠나 외국 땅에 흩어져 살게 된 사람들을 일컫는다.

지금 세계 각국에 흩어져 있는 한인 디아스포라(Korean Diaspora)는 700만 명 정도로 추산된다. 5,000만 명 정도가 국외에 나가 있는 중국의 재외교포들에 비하면 적은 숫자이긴 하지만 나가서 사는 나라의 숫자로는 우리 민족이 세계에서 단연 1위이다. 한국인들은 무려 172개 나라에 나가서 살고 있다. 중국의 화교, 유대인들과 비교해도 절대적인 우위를 차지하고 있다. 한국인의 진취성과 모험을 두려워하지 않는 기질이 한민족의 유전자 속에 숨어 있음을 보게 된다. 브라질 같은 곳에서는 의류업계의 약 80% 정도를 점유하고 있다. 불과 5만 명이 안 되는 인원이 들어가 살면서 한 업종의 80%를 점유하고 있다는 것은 대단한 일이다. 게다가 고급의류시장도 함께 휘어잡고 있다. 한국인이 가진 개척정신과 진취성 그리고 개방성을 보여준다.

한 나라 의류업계의 대부분을 한국인 디아스포라들이 차지하고 있음을 볼 때 현지에 적응하는 자생력이 얼마나 강한가를 다시 확인하게 된다. 남미에 정착한 한인들은 처음에 반공포로들이 들어가 자리를 마련했다. 그 다음 농업이민이 들어가서 삯바느질부터 시작하여 봉제업과 섬유업계를 장악하게 되었다. 특유의 부지런함과 손재주를 가진 한인들이 적응력을 바탕으로 기반을 마련해 살아가고 있다.

과거에는 한인 디아스포라들이 현지에서 살아남기에만 급급해 별다른 정치력을 발휘하지 못한 채로 살아왔다. 그러나 이제는 서서히 달라지고 있다. 현지에 정착해서 영향력을 발휘하고 있다.

한인 디아스포라(Korean Diaspora)들의 힘이 하나로 모이게 되면 그 효과는 예상 밖으로 강력할 것이다. 한국 본토에서는 물론이려니와 세계 172개 나라에 흩어져 사는 한민족은 폭발력을 가진 존재들이다. 이들이 한국문화의 전도사가 될 수 있고, 바로 수출의 역군으로 변할 수 있다. 문제는 이들을 포용할 수 있는 역량이다. 지금이 바로 그러한 때라고 할 수 있다. 한국의 살길은 밖에서 찾아야 한다. 안에서의 일도 진정 중요한 일이지만 활로는 밖을 향해야 하는 것이 지금 한국이 처한 현실이다. 그들을 끌어안고 가면 한민족은 다시 한 번 엄청난 성공을 이루어 낼 수 있을 것이다. 이미 천여 년 전에 장보고가 이룩했던 한·중·일의 한민족 공동체를 다시 발동하는 것은 이 시점에서 필요한 일이다.

장보고는 당나라에 사는 신라인들에게 자국민과 같은 연대감을 갖게 했다. 중국 등주에 법화원을 설립하여 정신적인 통합을 도모했다. 법화원은 종교적인 공간이었지만 조국을 떠나 사는 신라인들에게는 고향소식을 전해들을 수 있는 통로였고, 조국을 떠나 외로운 사람들끼리 정을 나눌 수 있는 만남의 장소였다. 조국 신라에서 오는 사람이 들러 쉴 수 있는 장소였고, 신라로 가고자 하는 사람들은 배를 타기 위해 꼭 들러야 하는 장소였다. 한민족 생활권의 중심지 역할을 했다. 하루에 200명에서 250명이 기도를 하기 위해 모였다면 상당히 큰 규모다.

기록에 의하면 법화원에는 신라 승려가 40여 명이 있었고, 법화원의 법회에 온 사람은 어제는 250여 명이었고, 오늘은 200여 명이었다고 적고 있다. 상당히 큰 규모였음을 확인할 수 있다. 평상시에 찾아오는 사람의 수가 이 정도였다면 법화원이 중심 역할을 하고 있음을 알 수 있다. 법화원은 통합을 위한 기도처로 기능을 하고 있었고, 불교사원으로서의 순수 기능도 함께 수행하고 있었다. 또한, 법화원은 큰 장원을 운영해 신라와 관련된 사람들이 오갈 때 숙식의 편의를 받을 수 있도록 하였다. 한마디로 종합기능을 수행하고 있었다. 단순무역이 아닌 종합무역이었다. 단순하게 물품의 이동만을 위한 것이 아니라, 관련된 사람들에게 필요한 모든 것을 충족시켜 주려 했음을 볼 수 있다. 당나라를 여행하게 되는 사람은 반드시 들러야 하는 곳이었다. 이곳을 지나는 사람들에게 편의를 제공함으로써 더 많은 이득을 얻게 된 것은 장보고였다. 장보고에 대한 좋은 평이 입에서 입으로 전해지게 하는 산실이 되었다. 법화원에 가면 마음의 안식뿐만이 아니라 어려운 점을 해결해 준다는 기대를 갖게 했고, 장보고는 그 기대를 저버리지 않도록 노력했다. 힘은 필요한 만큼 생겨나게 되어 있다. 물리적인 힘으로 통제하지 않고, 자신의 존재를 필요하게 만들어 찾도록 하는 고도의 방법을 이용했다. 그는 물이 흐르듯 세상이 원하는 것들을 충족시켜 주었다.

해적 소탕 후 활로를 무역으로 바꾸다

당나라와 신라는 동맹하여 고구려와 백제를 무너뜨리는데 성공했으나 고구려와 백제의 영토를 놓고 다시 한 번 격렬하게 싸웠다. 한반도를 통일한 당나라가 고구려와 백제 영토의 지배권을 넘보면서 신라의 존속까지 위협하는 상황이 왔다. 당과 신라는 영토권을 놓고 다투다가 대동강 이남의 지역은 신라가 지배하고 북쪽의 고구려 지역은 당이 차지하는 것으로 매듭을 짓고 화해를 했다.

하지만, 고구려 지역에 발해가 일어서면서 신라와 당나라는 발해를 견제할 군사동맹을 맺고 더욱 밀접한 관계를 유지하게 되었다. 이러한 이유로 당시 당나라에 머무는 사람들은 지배층이었다. 고급관리, 군인, 유학생, 구법승 같은 상류층에 속하는 직업을 가진 사람들이었다. 다른 한 부류는 하층부에 속하는 사람들이었는데 유민들과 신라로부터 살길을 찾아온 사람들로 해운업과 무역업, 상업, 조선업 등에 생의 기반을 두고 있었다. 이들은 공동 주거지역을 형성해서 신라인들의 자치제를 중심으로 활동하고 있었다. 주로 상업 활동을 하며 집단사회를 구성하고 있었다. 신라방이나 신라촌을 구성한 사람들 대부분은 하층부를 형성하는 사람들이었다. 이들이 장보고를 정점으로 뭉쳤다. 이들을 흡수하는 장보고의 능력은 탁월했다.

신라인들이 거주하였던 곳은 양주, 해주, 초주, 연수현 등이었다. 이 일대를 묶어서 강초지구라고 한다. 엔닌 일기에 따르면 초주와 연수현에 신라방이 있었다는 기록이 있다. 중국경제의 대동맥인 교통의 중심지였다. 기록에는 없지만 전체적인 정황으로 볼 때 남중국인 명주, 항주, 소주 등에도 신라인들이 모여 살고 있었을 것으로 보인다. 신라초, 신라암, 신라진 같은 신라 관련 지명들이 남아있는 것으로도 확인할 수 있다. 이곳들은 상업과 해운업을 하기에 적당한 곳이었다.

당나라에 땅과 기반이 없던 신라인들로서는 배를 타거나 장사를 하는 것이 더 손쉬운 일이었다. 하여 많은 신라인이 상업과 해운업에 종사하기 시작했다.

장보고도 이러한 신라인들과의 접촉에서 활로를 찾았다. 무령군 군중소장으로 있었던 경력을 바탕으로 남보다 많은 정보를 접할 수 있었고, 당나라 사람들과도 친분을 쌓을 수 있었다. 조국을 떠나 생업에 종사하는 신라 사람들과는 같은 한민족이라는 동질감에 바탕을 둔 인간적인 교감도 있었다. 장보고는 그들에게서 실질적인 것들을 많이 얻었다. 장보고 자신도 당나라에 아무런 기반

없이 단신으로 찾아온 사람이었다. 그러나 그는 신라인들의 정착과정을 답습하지 않고 더욱 크고 넓은 길을 선택했다. 전체를 아우를 수 있는 위치를 확보했다. 그래야만 크게 세상을 읽을 수 있을 뿐 아니라 주도적인 입지를 확보할 수 있기 때문이다.

인생길에서 사람은 가장 큰 재산이다.

장보고는 당나라의 무령군 재직시절의 신분을 십분 활용하고, 신라인들로부터는 인간적인 유대를 강화하여 두 나라의 사람들을 연결하여 더욱 적극적이고 활성화된 인간관계를 만들어갔다. 이를 계기로 경제적인 기반을 마련하면서 신라인들로부터 인정받는 사업가가 되었다. 신라에서 오는 견당사 일행의 편의뿐만이 아니라 유학승이나 상업거래상 오는 사람들의 애로사항을 해결해 주면서 자연스럽게 신라에 장보고라는 이름이 알려졌다. 경제력을 기반으로 한 자신감을 바탕으로 당나라의 고위직과도 친분을 쌓게 되고, 신라에서 온 관리들과는 편의제공 과정에서 신뢰를 얻어냈다.

정보가 사람을 만든다. 고위직은 고급정보를 가졌기 때문에 전체적인 상황을 읽을 수 있는 특혜를 누렸다. 높이 나는 새가 멀리 볼 수 있기 마련이다. 자신 앞에 놓인 일에 몰두하면 전체를 잃어버리게 된다. 산에 들어서는 순간 산은 보이지 않는다. 숲 안에 갇히게 된다. 풀과 나무와 숲만을 보게 된다. 산을 보려면 산을 나와야 비로소 산이 보인다. 참새는 풀과 나무를 벗어나지 못한다. 높이 날아야 세상을 읽고 멀리 볼 수가 있다.

이미 장보고는 군중소장으로서 전투에 참여하던 그 때의 장보고가 아니었다. 자신이 만든 정보망을 가동하면 당의 상황과 신라의 상황까지를 읽어낼 수 있었다. 시야를 한층 더 높여서 세상을 바라볼 수가 있었다. 멀리 일본의 경제사정과 시국도 읽을 수 있었다. 모두 사람에게서 나오는 것들이었다.

세상의 모든 출발은 자신에게서 비롯되지만, 세상을 연결해주는 것은 모두 사람에 의해서다. 왕은 왕을 만난다. 재상은 재상끼리 만나 세상을 이야기한다. 노비는 노비의 세계를 공유한다. 장보고는 군중소장직을 그만두고서야 활동의 폭을 넓히면서 세상과 소통하는 새로운 길을 만났다.

신라인들은 종사하는 일도 다양했다. 신라인들은 서해의 해상무역뿐만 아니라 연안무역도 했다. 운하와 강을 이용해서 내륙으로 들어가는 길을 열어놓고 있었다. 신라인들이 가장 많이 모여 살던 곳은 산둥반도 일대다. 이곳이 당시 서해 해상 무역의 본거지였다. 당대의 신라, 발해, 일본과의 대외교역의 중심인 법정항구였다.

장보고가 청해진을 설치하게 된 첫 목적이 해적의 퇴치였지만, 바다를 장악하게 되자 해적은 별도의 노력 없이도 사라졌다. 장보고는 세상을 크게 보았다. 활로를 바꾸었다. 국제무역이었다. 국제무역을 하게 되면 효과는 상상외로 확대된다. 무역선이 필요하고, 무역선에 승선할 선원이 필요하다. 그리고 실어 나를 상품과 여행자들의 편의를 제공해 줄 수 있다. 무역선이 수시로 오가는 해상에서 해적을 발견하면 즉시 응징하면 된다. 조직적이고 훈련을 받은 선원들이 약탈을 목적으로 하는 해적들을 제압하는 것은 그리 어렵지 않았다. 대선단을 거느린 장보고의 위풍당당함에 해적들은 기가 꺾였다. 바다는 오래지 않아 장보고의 손에 들어왔고, 해적은 사라졌다. 큰 길을 가면 작은 길들이 모여든다. 큰 강에는 작은 내들이 모여든다. 장보고는 크게 세상을 보고 읽어서 큰 길을 열었다.

흥덕왕과의 약속에서처럼 해적을 소탕하기 위한 역할로만 바다를 장악한다는 것은 세상을 축소하게 되어 있다. 국제무역을 하면서 해상로를 장악하고, 선원들을 훈련시키고 조직화해서 위난에 대비해 놓으면 장보고에 의한 서해를 중심으로 한 무역은 동북아 전체를 장악하게 되는 것이다. 바다를 장악하고 나면 국력은 더없이 확대된다.

청해진이 지속성을 가지기 위해서는 수익이 필요했다. 재화를 얻으려면 무역거래를 지속적으로 실시하여 수익창출을 해야 했다. 군사집단은 소비 집단이다. 소비 집단을 유지하려면 생산이 있어야 한다. 신라조정의 지원 없이 이끌어가려면 수익창출이 필요했다. 그동안 해온 무역을 더욱 활성화해야 했다. 장보고 시대의 바다는 안정되었다. 중국의 동쪽과 신라 삼면의 바다 그리고 일본의 바다는 장보고의 품 안에 안기고 말았다. 바다를 장악하고 나면 그 일대의 생산물은 장보고가 아니면 유통될 수가 없었다. 모든 정보가 장보고에게로 흘러들어 왔다. 세상을 장악하는 것은 고급정보를 가진 자가 차지할 가능성이 크다. 상대방의 입장을 알면서 타협하기는 쉽다. 상대방이 필요한 것을 제공하면서 높은 수익이나 이익을 얻어내는 것이 가능해진다. 적의 상황을 파악하고도 전쟁에서 진다면 그러한 사람은 지도자가 아니다. 장보고는 멀리 보았다.

제5장

신라인들은 탁월한 바다의 사나이들이었다

뛰어난 항해 능력과 항법 전문가, 신라인

장보고가 하고자 한 일은 역사적인 과업이었다. 이 과업에 성공하도록 한 조력자가 있었다. 신라인들이었다. 이들이 주로 정착하여 활동한 곳은 산둥반도 일대였다. 등주, 래주, 밀주가 그곳이었다.

등주는 서쪽으로 바다까지 4리인데, 중국에서 신라로 가는 큰길이다. 래주는 해적들이 신라의 양민을 납치하여 등, 래주계 및 여러 바닷길을 통하여 노비로 팔고 있다. 우리는 밀주에서 왔는데, 배에 숯을 싣고 초주로 간다. 신라인인데 수는 10여 명이었다. 신라인 정객의 수레를 고용하여 바다를 따라 밀주로 갔다. 밀주 제성현 대주산 교마포에서 숯을 싣고 초주로 가는 신라인 진중의 배를 만났는데, 뱃삯을 비단 5필로 하였다.

산둥반도 일대인 등주, 래주, 밀주에 대한 신라인들의 활동기록이다. 중국의 기록과 일본승려 엔닌의 기록이다. 그들은 숯을 굽거나, 운송업에 종사하고 있음을 알 수 있다. 신라인의 구체적인 이름까지 적고 있음을 확인할 수 있었다. 산둥반도는 서해 해상무역의 요충지였다. 신라인들이 활동한 근거지였다.

또 하나의 근거지는 강초지구인데 양주, 해주, 초주, 사천, 연수현 등이었다. 강초지구는 당시 중국의 가장 번화한 교통의 요충지였다. 황하의 양쯔강을 잇는 대운하가 남북으로 놓여 있어 당나라 사회와 경제를 움직이는 중추적인 역할을 하고 있었다. 이곳에서는 국제무역과 연안무역이 모두 발달해 있었다. 동쪽으로 신라와 가까이 있어 산둥반도와 더불어 신라인의 출입이 잦은 지역이었다. 강, 운하, 바다를 끼고 촌, 진들에 많은 수의 신라인이 집단으로 모여 살고 있었다. 특히 양주는 당시 광주와 함께 당나라의 2대 무역항이었다. 양주는 국외 각처에서 오는 외교사절들이 당의 수도였던 장안으로 여행하는 첫 번째 관문으로 입출국 절차를 밟고 사절단 일행 중 장안으로 가는 사람들과 상품 등을 통제 감시하던 곳이었다.

라이샤워는 미국의 역사가이며 외교관이다. 아시아 문제 특히 일본문제 전문가였으며, 일본을 문화적으로 이해하는 데에 도움이 되는 많은 학술 저서를 출판했다. 엔닌 일기를 처음 영어로 번역한 라이샤워는 "장보고는 세계의 해상무역을 최초로 정립한 위대한 인물이며 21세기 글로벌 시대를 1,200년 전에 실현한 인물이다. 해양상업제국의 무역왕이며 또한 세계해양무역사의 대부이다."라고 했다. 엔닌 일기는 "마르코폴로의 동방견문록보다 4백

년이 앞서고 일기의 내용이 비교할 수 없을 정도로 우수한 기록이다.”라고 극찬하면서 엔닌 일기를 분석하고 연구한 후 장보고를 세계해양사의 선두 주자로 주목했다. 일본 승려의 기록인 엔닌 일기에 등장하는 사람들 중에 2/3가 신라인이라는 사실에 주목해야 한다. 당나라에서의 신라인들의 활동영역이 얼마나 넓고 활발했는가를 알 수 있다.

라이샤워는 중국의 양주에 대해 언급하면서 신라인들의 활동에 관해 의미 있는 논문을 쓴 바 있다.

> 중근동中近東의 무역상들은 양주보다 동쪽이나 북쪽으로 가지 않았다고 생각된다. 그 대신 이 지점에서 신라인들은 알려진 세계의 동쪽 끝까지 무역의 발을 내디뎠다.

신라를 비롯한 중국 동부와 일본 사이의 무역은 대부분 신라인에 의해 주도되었다. 중국에 의해 주도된 서양항로의 해상실크로드가 중추적인 해상항로였다면 서해를 중심으로 한 신라인들의 항로는 소비자에게 직접 전달하는 연결항로 역할을 했다. 한·중·일의 삼각지대에서 유독 신라인이 삼국 무역을 주도했다.

법화원을 제외하고도 엔닌의 일기에는 신라인들에 대한 기록이 여러 곳에 보인다. 이 기록을 통해서 보면 장사하는 사람, 문인, 관리, 그리고 해상무역을 하는 사람, 역어 등 재당 신라인의 활동내용이 보인다. 역어는 통역을 하는 사람을 말한다. 통역사가 중국뿐만 아니라 일본어에 능한 역어가 있는 것으로 보아 삼국의 왕래가 잦은 사람이었던 것으로 보인다. 신라인들이 많은 곳은 구당 신라소뿐만이 아니라 신라관, 신라원, 신라방, 신라소 같은 것들이 있었다.

장보고 시대에 한반도에 신라가 통일을 하고 있어서 신라인이라고 했지만, 이들은 신라와는 거리를 두는 사람들이 더 많았다고 할 수 있다. 고구려 유민이나 백제계 사람들이 주류를 이루었다. 해적에게 잡혀 팔려간 사람들도 백제계가 많았다. 어쩌면 반신라적인 사람들이 더 많았을 가능성이 농후하다. 이들은 백제계인 장보고에게 더 호의적인 반응을 보였을 개연성이 있다. 이들을 신라인이라 부르기보다는 한민족이나 조선족이라 하는 것이 훨씬 정확한 표현일 수 있다. 고대역사를 연구한 서화진 씨에 의하면 동이족이 한과의 경쟁 시에 두 쪽으로 나뉘는데 하나는 한반도와 만주로 내려오고, 하나는 중국 동부인 산둥반도 일대로 내려와 정착했다고 한다. 중국 동부 해안지역에 거주하는 사람들의 상당수가 몽고반점을 가지고 있으며, 음식이나 생활 습관이 만주와 우리나라 사람들과 유사하다는 조사보고서가 있다. 이 지역의 지명도 한반도의 지명과 같거나 유사함에 놀라게 된다. 중국 내에서도 이곳에 거주하는 사람들을 동이東夷라고 불렀다는 데에서도 그 연원을 동이족에게 무게를 실을 수 있다.

이들 신라인의 주체 중 고구려계와 백제계는 자신의 나라가 망하자 일부는 중국으로 잡혀가고, 일부는 스스로 나라를 떠나 흩어졌다. 갈 곳을 잃어버리고 방황했다. 돌아갈 곳이 없었다. 망해버린 나라의 백성으로서 정착할 곳도 없었다. 울분도 삭이고, 눈

물도 삭이고 살아야 했다. 상처받은 이들에게 가해진 것은 위로가
아니라 낙망이었다. 어디서도 받아주지 않았다. 숨을 죽이고 살
아야 하거나 떠돌다가 후일 고구려의 이정기 집단에 의해 통합된
다. 이들은 55년을 뭉쳐서 살아간다. 하지만, 이들도 결국은 당의
세력에 밀려 와해되고 말았다. 이때 당의 소속으로 출정했던 장보
고가 나타난다. 군중소장이었던 장보고의 등장이었다. 이들은 장
보고에 의해 다시 뭉친다. 독립된 나라로서가 아니라 유기적이고
도 끈끈한 유대관계로 만났다.

이들이 생업으로 하는 일은 다양했다. 터전이 없는 이들은 상업
에 종사한 사람들이 많았다. 타고난 열정과 조선술과 항해술을 가
진 사람들도 있었다. 이들은 다시 태어났다. 장보고에 의해 다시
일어서게 된다. 누군가 자신들을 이끌어줄 사람이 필요했다. 이
때 등장한 사람이 장보고였다. 기다려왔던 세상으로 이들은 거침
없이 달려나갔다. 신라인들은 장보고와 함께 바다로, 세계로, 더
다 넓은 세상으로 달려나갔다. 그 앞에는 장보고가 있었다. 뛰어
난 지도력과 모험심으로 장보고는 바다를 장악해갔다. 바다로 가
는 길에 이들 신라인이, 엄격히 말하면 고구려와 백제 그리고 신
라인들로 이루어진 유민들이 한을 삭히며 바다를 점령해 나갔다.
바다의 경영은 이렇게 이루어졌다. 장보고의 출현은 한민족의 연
결고리를 다시 찾는 일이었다. 피를 확인 하는 계기가 되었다. 서
로 다른 입장으로 당나라에서 살아가던 이들은 장보고에 의해 통
합되고 갈 길을 찾아갔다. 이것이 바로 청해진의 설진이었다.

신라라는 이름을 가진 신라관, 신라원, 신라방, 신라촌은 모두 신라인들이 중심으로 운영 또는 거주하는 곳이었다. 그만큼 중국 동부 해안지역은 신라인들과 깊은 연관이 있었다.

장보고의 역량은 이렇듯 넓고도 다양한 사람들의 집합인 당나라에 거주하는 신라인들의 통합에 있었다. 장보고도 신라로부터 이탈한 사람 중의 한 사람이었다. 자신이 태어난 신라에서 발을 붙이고 살기에는 한계를 느껴 당나라로 찾아온 사람이었다. 누구보다도 당나라에 정착한 신라인들의 마음과 처지를 이해하고 있었다. 동류의식과 민족의식이 그의 가슴에 불을 붙였다. 신라인들이 해적들에게 잡혀와 사람대우를 받지 못하는 것을 목격하고는 몸을 부르르 떨었다. 장보고라서가 아니라 인간적인 연민과 더불어 장보고 자신도 신라에서 해적을 만났다면 같은 입장이 되었을지도 모를 일이었기 때문이었다.

신라인들이 정착한 곳은 척박한 곳이었다. 당시의 상황을 적은 글을 보면 생각보다 훨씬 참혹하고 황량한 곳이었음을 알게 된다. 장보고가 활동하던 시절에 당나라를 방문한 엔닌의 일기를 인용해 보기로 한다.

해주에서 등주로 가는 길은 가히 다닐 만한 곳이 못 된다. 들판의 길은 좁고 초목이 덮여 있으며, 한 걸음만 나아가도 진흙에 빠져 수없이 길을 잃는다. 만약 길 안내원이 없으면 한 걸음도 나아갈 수 없다. … 황량한 들을 나서면 산이요, 산을 나서면 황량한 들판이다. 산지에 들어가면 하루에 백 번이나 산을 넘어야 하고, 백

번이나 물을 건너야 한다. 거친 들판에 들어서면 나무가 울창하고, 풀은 빽빽하여 조금밖에 나아갈 수가 없었으며 앞의 것을 보는 것조차 곤란하였다. 풀이 움직이는 것을 보고 사람이 걷고 있는 것을 알았다. … 도중의 들이나 현의 마을은 들판 가운데 솟은 하나의 언덕처럼 보였다. 산간 마을 주민들은 껄끄럽고 딱딱한 음식을 먹으며, 소금과 차와 조밥을 먹는데, 삼켜도 넘어가지 않으며 마신즉 가슴에 통증이 온다. 산촌의 풍속에는 음식을 익혀 먹은 적이 없다. … 북쪽으로 천삼백 리를 가는데 모두 산과 들이다.

비교적 장황하게 인용했지만 장보고가 활동하던 그 당시에도 산둥반도와 양쯔강 어귀에 이르는 지역에는 사람이 그리 많이 정착하고 살지 않았음을 알 수 있다. 이렇게 척박한 곳에 신라인들이 정착하고 살았다.

신라인들을 규합해 최초의
다국적 기업을 일구어 낸 장보고

　신라인들은 탁월한 상업정신을 가진 사람들이었다. 생계를 유지하기 위해 애초에 땅에 기대어 마음을 정하고 살 수 있는 신라땅이 아니었다. 스스로 선택한 삶이었든, 해적에 잡혀와서 살게 된 땅이었든, 흙을 일구고 일 년을 기다려야 하는 정착된 생활방식보다는 쉽게 돈을 벌 수 있는 일에 손을 댔다. 당나라에서 삶을 일군 사람들은 다양했으며 이들의 직업 또한 다양했다.

　상업을 비롯하여 운송업, 선원, 조선공, 제염업 등이었다. 일부는 농업에도 종사했다. 이들 하층민 중 성공한 사람들은 재당 신라인의 공동거주지역에서 총관, 구당신라소 압아勾唐新羅所 押衙, 역어 등이었다. 역어의 역할은 다양했다. 통역이 주임무였지만 관청과의 교섭업무, 교통편을 수배하고, 서신 전달 업무와 여행자의 숙식 업무를 겸하기도 했다. 이들이 동북아 물자 교류의 한 역할을 담당하기도 했을 뿐만 아니라 문화의 전파자 역할도 했다. 재당 신라인 관리기구의 책임자 또는 주요직책에 기용되기도 했다.

구당신라소는 당나라 때 신라 관련 업무를 담당하는 지방기구를 말한다. 엔닌 일기에 "평로군절도동십장 겸 등주제군사 압아 장영은 문등현계 신라인을 관할하였다."라는 기술이 있다. 이로 보아 구당신라소는 재당 신라인 사무를 전담 처리하는 기구임을 알 수 있다. 그리고 압아는 절도사 휘하의 친위 무관이며 친위병을 총괄하고, 절도사와 그의 관아를 경호하는 업무를 하며 지위는 절도사 다음이다. 이러한 사람이 장보고의 지휘 아래 있었다는 것은 많은 것을 시사해주고 있다. 앞서 대사라는 장보고의 직함이 가지는 특별한 의미에 대해서 이야기했듯이 신라와 당나라 간의 합의에 따른 정책적인 이유로 청해진은 태어났고, 장보고라는 걸출한 한 사람이 일어설 수 있게 된 것이다.

장보고와 정년은 당나라에 입대한 군인이었다. 어떤 면에서는 용병이라고 할 수 있었다. 당나라의 정식 군인이 되어 입신을 이룬 인물이라고 할 수 있었다. 중국 동부 해안지역에 거주하는 재당 신라인들은 지역적인 특성으로 바다와 인연이 깊은 사람들이 많았다. 그리고 뛰어난 바다의 기능공들이었다. 엔닌 일기를 살펴보면 그러한 자질을 확인할 수 있다.

바닷길에 익숙한 신라인 60여 명을 더 고용하여 각 선마다 7명 혹은 6명 혹은 5명을 배치했다. 선대가 사수를 지날 때 제 일선의 수부와 초공이 하선하여 아직 돌아오지 않아 여기에 머문 채 더 전진할 수 없었다.

당나라와 일본을 왕래할 전문적인 바닷사람을 구하는데 신라인으로 60명이란 숫자는 작은 숫자가 아니다. 그들을 고용하여 선박마다 7명에서 5명까지를 배선시켜 안전운항을 시도했다는 것은 신라인들의 배에 대한 기능의 숙련도를 알 수 있다. 제 일선에 타고 있던 수부와 초공이란 직책은 물의 전문가였을 것이다. 이들은 더욱 전문적인 바닷길을 항해하는 길 안내자가 되었을 것이다. 수부는 서해의 조수간만의 차를 확인하는 바닷물의 전문가였다. 밀물과 썰물에 의한 차이가 워낙 큰 곳이어서 때를 잘못 만나면 뻘에 갇히게 되거나, 조류의 흐름을 이용해서 운항해야 하는 선박이어서 바다를 잘 아는 전문가가 필요했다. 초공이란 직책은 배의 항로를 잡아가는 중요한 직책이었다. 신라인들이 이러한 고도의 기술을 가진 사람으로 된 데에는 여러 가지 요인이 있었다.

이들은 우선 상업과 해상운송업에 종사하는 사람들이 많았다. 배를 제조하고 수리하는 조선업과 선박수리업에도 손을 댔다. 엔닌 일기에 이러한 언급이 있다.

> 신라인 역어 김정남의 청으로 구입한 배를 수리하기 위하여 도장都匠, 번장番匠, 선공船工, 단공鍛工 등 36명을 초주로 향하여 떠나게 했다.

신라인들이 바다를 제패하게 된 이면에는 그들이 황량한 이국의 땅에서 삶을 개척해 간 개인의 인생사에서부터 신라인 간의 유대까지 다양한 이유가 있었다. 농사보다는 상업과 운송수송업에 발을 들여놓게 되었고, 그들은 이에 관계되는 일의 영역을 넓혀나갔다. 바다는 생의 무대였다. 바다는 그들의 생활터전이었다. 내륙으로 이어지는 강이 있었다. 강과 바다가 만나는 곳이어서 더욱 물과 인연이 깊었다. 누구보다도 중국 동부 해안지역에 사는 신라인들은 바다와 인연이 있었다. 장보고는 이러한 신라인들과 밀착했다. 인간적으로 그리고 현실적으로 필요한 관계를 만들어 갔다. 장보고는 이러한 신라인들을 무역이라는 틀에 끌어들였다. 하나의 연대의식을 갖게 하기 위해 서로에게 필요한 존재가 되는 방법을 선택했다.

신라인들은 바다와 함께 하는 일에 수준 높은 장인이었다. 모험을 두려워하지 않고 일을 선택했다. 이국의 땅에 발을 디디고 사는 처지에서 궂은 일을 가리지 않았다. 거대한 바다에 몸을 맡긴 사람들이 뭉쳤다. 거칠고 험했지만 바다를 끌어안은 사나이들이 장보고를 중심으로 모였다. 생활이 연결되고, 생업과 연결되고, 두터운 신뢰로 손을 잡은 신라인들은 바다를 정복했다. 신라와 당과 일본의 중심에 신라인이 있었다.

일본에도 많은 한반도인이 있었을 것으로 추정된다. 지금도 일본에는 한반도에서 건너간 흔적이 많이 남아있다. 사람이 건너가고, 문화도 따라 건너갔다. 백제와 고구려가 망하면서 유민들이 일본으로 넘어갔다. 특히 백제계는 신라를 떠나 지위가 높은 사람에서부터 낮은 계층까지 다양하게 넘어간 것으로 보인다. 신라가 삼국을 통일하고 유화책을 많이 썼지만, 고구려와 백제의 유민들은 성공에 한계가 있었다. 하여 이들은 기회만 되면 고향을 떠났다. 상당수가 일본으로 건너갔으리라 추정된다.

장보고는 삼국의 한반도인들을 축으로 새로운 역사를 만들어
내고 있었다. 동족 간의 연결망을 구축했다. 한민족이 가진 문화
적 특성을 찾아내어 서해 해상무역에 적극적으로 활용했다. 역
사가 갈라놓은 한민족을 다시 결합했다. 그들을 조선족이나 동
이족이라고 하지 않고 신라인이라고 통칭했다. 당과 밀접한 관
계를 가진 신라였기 때문에 당에 거주하는 한민족들을 신라인
이라고 불렀을 것이다. 장보고와 그들과의 결합은 엄청난 부가
적인 효과를 나타냈다. 한민족의 대결합이었다. 그 힘은 칼부
림 없이 바다를 장악했고, 날카로운 대치가 없는 화해의 물품 거
래가 생겼다. 전쟁으로 정복한 것이 아니라 평화를 유지하며 민
간무역을 이끌어낸 선구자였다. 장보고 선단은 동북아의 중심
에서 세 나라에 상품이 오가고 사람이 오갈 수 있는 평화의 다
리를 놓았다. 동북아의 서해는 경제의 중심지로 부상하고 있었
고, 바다의 평화는 찾아왔다. 장보고가 청해진을 설진하고 나
서 해적은 사라졌다. 대신 물류 이동이 시작되었다. 사람들이 덜
위험한 상황에서 오고 갈 수 있게 되었다. 스스로도 몰랐던 신라
인들의 능력에 의해 동북아는 변하고 있었다.

청해진은 다국적기업의 첫 시도라고 할 수 있다. 신라를 모태로
하고 중국과 일본에 현장기지를 마련한 다국적기업이었다. 현지
에 파견된 장보고 휘하의 사람들이 관리하고 통제했다. 장보고는
지역 사령관을 파견했다. 종합적인 지휘는 신라의 장보고가 청해
진에서 직접 했다.

제6장

서해 해상무역의 출발

영웅을 기다려 온 바다에
장보고가 큰 길을 냈다

장보고라는 큰 인물이 탄생하게 된 것은 역사적인 산물이다. 그리고 개인 장보고의 위대함에서 찾을 수 있다. 당과 신라와의 역학적인 관계에서 탄생하게 된 인물이다. 변방의 해도에서 태어나 기댈 기반이 없는 장보고가 어떻게 삼국의 중심에 서게 되었는가는 중요한 관심사다. 하지만, 어디에도 그러한 과정을 설명해 주는 뚜렷한 자료를 찾아볼 수가 없다. 전체적인 흐름을 파악하고, 부족하지만 아주 적은 자료를 통해서 추정은 가능하다. 역사는 시대적인 인물을 필요로 하지만 그러한 능력을 갖춘 사람이 있을 때만이 영웅은 탄생하고 큰 일은 이루어진다.

정치적인 면부터 찾아볼 필요가 있다. 역사 속에 한 사람이 우뚝 서기 위해서는 기반 조성이 되어 있어야 한다. 신라와 당은 서로를 필요로 하는 관계였다. 양국 간에는 정치, 경제, 문화로 이미 밀접한 관계가 유지되고 있었다. 신라와 일본의 관계는 껄끄러운 관계였지만 장보고 선단의 출입은 가능했다. 일본은 신라를 기피하면서도 장보고 선단의 도움을 필요로 했고, 장보고는 이를 받아들여 상품의 거래뿐만이 아니라 사람의 이동을 도와주었다. 문화의 흐름을 연결해 주었다. 장보고의 청해진은 독립적이면서도 자생적인 집단으로 성장해가고 있었다. 장보고가 나타나기 전에는 삼국 모두 원칙적으로는 민간무역을 금지했다. 국가 간의 거래인 조공무역만이 가능했다. 조공무역은 당과 당의 주변국 간의 거래였다. 조공무역은 국가 간의 상생을 위한 정치적 산물이었다. 주변국은 충성을 맹세하여 왕권의 안정을 이루어 낼 수 있었다. 당의 입장에서는 주변국의 새로운 정보와 문물을 접할 수 있어 꾸준한 발전을 도모할 수 있으므로 조공무역은 자발적인 형태를 띠게 되었다. 조공은 헌납하는 것이 아니라 국가 간의 거래였다. 조공을 바친 것보다 더 많은 양을 받아오는 경우가 더 많았다. 서로 필요해서 거래했다고 보면 된다. 공식적인 거래였기 때문에 형식을 지켜야 했고, 정치적인 목적과 경제적인 목적이 함께 있었다. 당 중기 이후 신라와 당 간의 무역거래는 관영무역에서 사영무역으로 옮겨가기 시작했다. 당은 번진들의 할거로 말미암아 통제가 느슨해지고, 신라는 내분 탓으로 사영무역을 단속하는데 한계가 있었다. 당과 신라의 관계는 여전히 우호적이어서 사영무역은 늘어갔다. 당의 지방 세력들은 사영무역의 활성화를 막을 이유가 없었다. 경제적인 기반을 무역에서 찾을 수 있었다. 수입원이 상업적인 거래에서 충당되었다. 어떤 측면에서는 은근히

부추긴 면도 있었다.

당 조정에서 765년에 설치한 '압신라북해양번사押新羅北海兩蕃使'는 사영무역을 관장하는 기구였다. 여기사 '사使'는 신라와 발해의 항해무역을 관장하는 기구다. 민간무역이 이미 활성화되었다는 것을 의미한다.

변화의 계절이 다가오고 있었다. 기회는 변화하는 시기에 온다. 가장 큰 위험은 가장 큰 기회를 만들어낸다. 장보고는 자신이 가진 역량을 십분 발휘하기 위해서 정보망을 구축하고, 자신의 편으로 사람을 끌어들일 방법을 찾았다. 자신의 역량을 키우기 위해 노력한 것이 엿보인다. 그리고 대내외에 자신의 존재를 부각시킬 방법을 찾았다.

장보고가 청해진을 설치하기 4년 전에 일본을 방문한 기록에서도 보이지만, 일본에 상당한 정도의 기반을 마련해 놓고 있었다. 그리고 중국 적산에 법화원을 지었다. 이 두 가지의 일은 장보고가 청해진을 설진하기 전의 일이었다. 일본을 방문하고 중국에 법화원을 세운 것은 장보고가 미래를 내다보고 설계한 것들을 실천하는 과정이었다. 장보고는 청해진을 만들기 전에 이미 상당한 능력을 갖춘 민간무역업자였다.

장보고는 삼국을 아우를 수 있는 역량을 갖췄다. 이미 민간무역을 시행하여 성공을 거두었으며, 일본도 청해진 설진 전에 일본을 방문한 기록에서 확인할 수 있듯이, 장보고는 청해진 구상을 실현하기 위해 초석을 다지는 준비작업에 철저한 인물이었다. 장보고는 자신이 태어나고 자신의 혈육이 있는 조국, 신라를 잊을 수 없었다. 당당하게 조국을 위하여 뛸 방법을 찾았다. 청해진의 구상은 이미 오래전부터 하고 있었고, 조국인 신라의 땅에 설진해야 했다.

이국땅에서 성공한 장보고는 실질적으로 조국을 돕고 싶었다. 신라인들이 해적들에게 잡혀 노예로 팔려가는 것을 목격하고는 더욱 그러한 마음이 커졌다. 장보고는 중국에 지은 법화원을 자신의 재원으로 지었다. 법화원의 건립은 그를 성공한 사람으로 자연스럽게 각인시켜 주었다. 법화원을 통하여 오가는 신라 사람과 당에 거주하는 당나라 사람과 신라 사람들. 그리고 일본에서 오가는 사람들이 유숙하게 되면서 장보고라는 이름은 더욱 우호적인 사람으로 각인되었다. 신라의 관리와 유학승과 유학생 그리고 상인들에게 장보고의 존재는 주목받게 되었다. 장보고는 이미 성공한 사람으로 보였다.

신라의 조정에서도 장보고라는 인물에 대해 많은 이야기가 오고 갔다. 직접적으로 도움을 받은 사람은 더욱 장보고에 대해 좋은 평을 퍼뜨렸다. 장보고는 신라에 귀국하기 전 이미 신라사회에 당에서 성공한 사람으로 알려졌다.

당과 신라의 정치적인 문제는 노예문제였다. 신라의 양민들을 해적들이 잡아가 당나라에 파는 행위에 대해 여러 번 논의가 있었다. 노예문제는 당나라의 체면에 손상을 가져올 뿐만 아니라 신라의 조정에서는 자신의 신민을 보호하지 못한다는 비난을 받아야 했다. 당의 조정에서는 821년 평로군 절도사 설평이 당의 황제에게 이 문제를 거론하는 등 상당히 정치적인 문제로 불거져 있었음을 알 수 있다.

> 해적이 신라 양인을 꼬여 잡아다가 등주, 내주 지경 및 연해제도
> 에 이르러 노비로 삼아 파는 자가 있습니다. … 엎드려 바라건
> 대 특별히 명백한 칙령을 내리시어 지금부터는 연해 제도에서 신
> 라 양인을 꼬여 잡아 파는 것을 일체 금단하여 주시기 바랍니다.

황제는 바로 노예를 사고팔지 못하도록 칙령을 내렸다. 또한, 823년에는 신라 사신 김주필이 당의 황제 목종에게 당에 노예로 팔려와 머무는 양인들이 걸림 없이 신라로 귀국할 수 있도록 하여 달라는 글을 올렸다.

> 앞서 은혜로운 칙령으로 양인을 팔지 못하게 하여, 가고자 하는
> 바에 맡겨도 노약자는 바쁘며, 집이 없어 이웃 바다 마을에 기거
> 하며, 돌아가고자 해도 길이 없습니다. 엎드려 바라건대 제도 해
> 변 주현에 매양 배편이 있으니 마음대로 돌아가게 하고, 주현으
> 로 하여금 제약하지 못하게 하여 주소서.

하지만, 당의 황제와 신라의 왕이 노력해도 해적들의 노략질로 말미암은 노예 문제는 해결되지 않았다. 양국이 고민하고 해결하려 했으나 해적들이 신라 양민을 잡아다 노비로 파는 일은 줄어들지 않았다. 국가적인 문제였다. 신라 왕은 물론 당의 황제까지 나서서 적극적인 해결방법을 찾았지만, 여전히 해적은 출몰하고 있었다.

헌종 원화 4년, 809년 윤 3월과 원화 8년 813년 9월 18일 조서에
따라 청하옵건대 각 법령에 따라 신라 노비를 처분해 주소서.…
장흥 원년, 821년 3월 11일 칙령에 따라 해적이 신라 양인을 꼬
여 잡아다가 연해제도에 이르러 노비로 파는 것을 아울러 금단한
분명한 칙령이 있을지라도 아직 중지되지 않고 있습니다. 엎드려
청하옵건대 전의 칙령을 되풀이하여 설명하고 다시 제도에 내리
어 일체 금지하도록 칙령을 내려 주시옵소서.

황제가 칙령을 내려 해적이 신라 양민을 잡아다가 노비로 파는
것을 금지하였으나 중지되지 않고 있음을 말하면서 다시 칙령을
내려달라고 요청하고 있다. 이제 해적에 의한 노예 문제는 양국
간에 중요 현안이 되어 있었다. 해적이 쳐들어와 자신의 신민들
이 잡혀가는 신라 조정은 물론 당나라의 조정에서도 도덕적으로
나 국가 체면으로 봐 부끄러운 일이었다. 양국 간에 노력을 했지
만 결과는 그리 좋지 못했다. 근본적으로 해결할 방법을 논의해야
했다. 신라 조정과 당나라 조정에서 이처럼 고민하고 조치를 했음
에도 해적 문제는 해결되지 않았다.

 두 나라 조정은 방안을 찾고 있었다. 해결방법과 적임자를 찾아
야 했다. 신라와 당 모두에게 해가 없는 사람이어야 했다. 양국
간에 인정할 수 있는 사람이어야 했다. 양국의 고민 끝에 찾은 사
람이 장보고였다. 신라로서는 쉽게 결정할 수 있는 일이 아니었
다. 어쩌면 신라의 사람이 아니라고 할 수도 있었다. 장보고는 이
미 당의 군중소장이라는 직함을 가졌던 사람이었다. 그리고 당에
서 활동을 하여 큰 성공을 거둔 사람이었다. 그렇다고 신라의 장

수로 이 문제를 해결하기에는 역부족이었다. 당과의 관계도 만만한 일이 아니었다. 신라 조정과 당나라 조정의 속내를 잘 아는 사람이 필요했다.

결국 능력이 있고, 신라와 당을 이해하는 사람으로 장보고 이상의 사람은 없었지만, 장보고를 보지 않고는 결정할 수 있는 사항이 아니었다. 신라의 흥덕왕은 장보고를 불렀다. 형식은 신라의 신민으로서 왕을 알현하는 형식을 빌렸다. 그리고 장보고의 요청을 왕이 들어주는 모습을 만들었다. 역사서에는 이렇게 기록이 되어 있다. 장보고가 흥덕왕에게 요청하는 장면을 연상하면 된다.

중국의 어디를 가보나 신라 사람들을 노비로 삼고 있습니다. 청해淸海는 신라 해로의 요지이니 진영을 설치하여, 해적들이 신라 사람을 약탈하여 서쪽으로 가지 못하게 하기 바랍니다.

장보고가 청해에 진영을 설치할 것을 요청하였다. 신라의 양민들을 해적들이 약탈하여 서쪽으로 가지 못하게 하는 것이 이유였다. 여기서 서쪽이라 함은 당나라를 말한다. 신라의 왕은 이를 받아들여 군사 1만 명을 주고 청해에 진을 설치하도록 하였다고 했다. 이 조치는 필요한 일이었고, 중요한 일이었다. 그리고 신중해야 할 일이었다. 왜냐하면, 군사 1만 명이라는 물리력을 가진 집단을 인정해주는 일이었기 때문이었다.

장보고의 청해진은 이렇게 해서 지금의 완도에 설진하게 되었다. 위대한 출발은 청해, 지금의 완도에서 만들어지게 되었다.

신라는 전통적으로 바다에 관심을 많이 두었다. 반도에서 외부와 왕래를 하기 위해 바다가 아니고서는 여러 가지 장애가 있었다. 육지로는 고구려와 백제가 길을 막고 있었다. 부득이 바다를 이용한 문물을 받아들일 수밖에 없었다. 당나라와의 관계도 바다를 이용해야만 가능했다. 삼국이 통일하고 나서도 마찬가지였다. 고구려의 땅은 발해가 다시 일어섬으로써 신라는 여전히 반도에 갇히게 되었다. 신라는 외부와의 소통을 위해서 해양을 중요시할 수밖에 없었다. 『삼국사기』에는 자비마립간대慈悲麻立干代에 전함의 수리를 명한 기록이 있다. 전함을 수리한 부서를 '유사有司'로 표현하고 있다. 신라가 본격적으로 항해를 관리하는 부서를 만든 것은 진평왕 5년, 서기 583년이다. 선부서船府署였다. 병부에 소속되어 있는 관청이었으며 수군을 총괄했을 것으로 보인다. 배를 만들고 수리는 물론 수군을 관리하는 부서였다. 신라가 해양국으로서의 국가 체제를 갖추는 첫 조치였다.

삼국통일을 완수하고서 문무왕은 종전의 선부서를 병부로부터 완전히 독립시켜 명칭을 선부船府로 하였다. 당대의 중국과 일본은 병부에 속한 선박에 관한 운항을 담당하는 부서가 있었으나 신라는 그보다 한 단계 높은 부서로 선부를 독립시켰다. 그만큼 바다에 대한 관심이 높았다. 바다를 이용하여 당과의 관계를 원활하게 유지해야 했다. 신라는 반도국이면서도 해양국과 다를 바가 없는 상황에 부닥쳐 있었다. 북쪽에 발해가 막고 있어 육로가 닫혀 있는 신라로서는 부득이한 조치이기도 했다. 신라의 선부가 중국과 일본보다 지위와 역할이 더 컸으리란 것을 보여 준다. 그만큼 신라는 지역적인 특성에 의해 해양에 대해 깊은 관심을 두었다.

서해를 품으려는 신라의 끝없는 욕망

신라는 바다와 인연을 맺지 않을 수 없는 운명을 가졌다. 신라의 귀는 서쪽으로 열려 있었다. 문명은 서쪽으로부터 들어왔다. 당연히 서쪽의 소식에 목말라 했다. 가깝게는 고구려와 백제에서 문화를 전수받았지만, 중국으로부터 직접 전수받으려는 욕망이 컸다. 중국으로 가는 길은 닫혀 있었다. 고구려와 백제로 연결된 육로는 막혀 있었고, 바다를 돌아서 가야 했다. 하지만, 바다는 백제를 거쳐야 다다를 수 있었다. 당시의 배는 근해가 아니면 항해가 어려운 닻배였다. 당연히 백제의 양해가 없이는 어려웠다. 모험을 하기에 바다는 거칠었다. 그리고 두려운 존재였다. 삼국 중 신라가 뒤처진 이유는 이러한 어려운 상황에 놓여 있었기 때문이었다. 신라로서는 서해의 확보가 가장 큰 관심이었다.

신라는 이를 해결하기 위해 모험을 했다. 백제와의 우의도 저버렸다. 그만큼 신라는 간절했다. 나라의 운명이 서해를 열고 못 열고에 달려있었다.

551년, 진흥왕 12년에 나제 연합군이 고구려를 공격해 한강유역의 죽령 이북의 10개 군을 신라가 차지해 버린다. 연합해서 빼앗은 땅을 일방적으로 차지하는, 국제적인 신의를 저버리는 일을 감행했다. 모험이었다. 2년 후에는 백제군이 점령하고 있던 한강 하류 지역을 독차지해 버렸다. 동맹이었던 백제를 버린 것이다. 서해로의 길을 갈망했기 때문이었다. 신라의 생사가 그곳에 있었다. 야망을 드러내고 신의를 저버린 결과로 신라는 서해로의 길을 열게 되었다. 신의보다 중요한 것이 국가의 존망이었다. 국가의 안보와 외교를 타국에 의뢰하는 것만큼 어리석은 일이 없음을 역사는 증명해 주고 있다.

이는 큰 모험이었다. 고구려는 물론 동맹이었던 백제마저 적으로 만드는 큰 모험이었다. 백제는 격분하여 신라를 공격했다. 하지만, 백제의 성왕은 실패하고 만다. 적들에 둘러싸이는 상황을 가져오면서까지 서해로의 길을 고집한 것은 신라가 낙후에서 벗어나는 길이라고 확신했기 때문이었다.

이는 문헌의 기록으로 확인된다. 진흥왕 이전 200여 년 동안에 중국에 사신을 보낸 것은 모두 다섯 차례에 불과했다. 그것도 대부분이 고구려나 백제의 양해와 협조를 받거나 다른 나라 사신을 따라가야 하는 굴욕을 견뎌내야 하는 참담한 현실에 있었다. 독립적인 국제 관계를 맺을 수 없는 약점을 가진 것이다. 치명적인 약점의 극복만이 국난으로부터 일어설 수 있는 기틀이라고 생각한 신라는 모험을 강행했다.

진흥왕 때 서해로의 길이 열리면서 신라의 대당 외교와 교역은 활기를 띠게 된다. 신라가 한강 하류 지역을 차지하고 길을 연 100년 동안에 중국으로의 사신 파견은 43회나 된다. 엄청난 변화였다. 문화와 기술과 사람이 오가면서 신라는 활기를 찾게 되었다. 대외 외교를 하면서 이웃나라인 고구려와 백제에 허락을 맡고 통과해야만 하는 수모에서 벗어나 독자적인 외교를 수행하게 되었다. 진흥왕이 한강 하류 지역을 점령하고 서해 진출의 전진 기지로 삼은 곳은 당은포였다. 지금의 경기도 화성군 남양만이 있던 당항진이었다.

당은포는 항구로써 천혜의 조건을 갖추었다. 무엇보다 중국과의 왕래에 좋은 위치였다. 안보적인 측면에서도 상당한 이점을 누릴 수 있었다. 중국과의 왕래가 잦아짐에 따라 대당 외교에 활기를 띨 수 있었고, 고구려와 백제를 분리할 수 있었다. 한강 일대가 신라의 국토로 편입되면서 고구려와 백제의 교통로가 신라에 의해 차단되었다. 안보 군사적인 문제에서 유리한 위치를 점하게 되었을 뿐만 아니라 경제적인 실익도 컸다. 문무왕은 선부서를 격상시켜 선부로 하고, 일급 중앙관서로 만들었다. 바다를 장악해야만 국가 간의 협조는 물론 부를 창출할 수 있다는 믿음에서 나온 조치였다. 새로이 바다를 장악한 신라에 기회는 찾아왔다. 제해권은 신라가 삼국을 통일하는데 중요한 역할을 했다.

삼국 통일과정에서 한강 유역을 신라가 차지함으로써 고구려와 백제를 차단해 연합을 막을 수 있었고, 당과의 협공이 가능하게 한 요소가 되었다. 당과 신라가 연합하면 백제는 완전 고립이 되었다.

또한, 삼국을 통일하고 신라는 함께 연합했던 당과 한 판 승부를 다시 시작해야 했다. 고구려와 백제의 땅을 당이 모두 차지하려 한 것은 물론 신라마저 정복하려 했다. 어제의 동지가 오늘의 적이 되었다. 국제사회는 적과 동지가 오늘의 일일 뿐 내일을 기약할 수 없다. 내일은 내일의 일이 기다리고 있었다. 이때도 신라 선부의 역할은 컸다. 당과 바다에서 접전을 벌였다. 문무왕 11년의 일이었다. 『삼국사기』 신라 본기에 이렇게 적혀 있다.

당이 우리의 터전을 공격하여 수만의 군사를 파견하였으나, 병선은 푸른 바다를 덮어 배의 머리가 강어귀에 줄을 이었다. 저들 웅진을 독촉하여 우리 신라를 공격하려 하고 있다. 겨울 10월 6일, 당나라 조운선 70여 척을 공격하여, 낭장 겸이대후와 군사 백여 명을 사로잡았다. 물에 빠져 죽은 자는 이루 셀 수가 없었다.

문무왕 16년의 기록에서 재차 확인되지만, 당은 신라를 다시 공격했다.

겨울 11월, 사찬 시득이 수군을 이끌고 설인귀와 소부리주 기벌포에서 싸우다가 패하였으나, 다시 크고 작은 20번의 전투에 나가 승리하고 4천여 명의 머리를 베었다.

신라는 당의 공격을 여러 차례 물리쳤다. 신라가 독자적으로 삼국을 통일하고 일어서는데 수군의 역할이 컸다. 서해의 주도권을 노리기 위한 보이지 않는 전쟁은 계속되었다. 고구려의 고토에 발해가 일어섰다. 한반도에 남북국 시대가 열렸다. 서쪽으로는 당이 버티고 있었다. 당과 신라는 적대적인 관계를 곧 청산하고 다시 연합을 했다. 발해의 등장에 당과 신라는 위협을 느끼지 않을 수 없었다. 한반도의 대동강 이남의 영토를 인정하고 신라와 당은 손을 잡고 발해를 견제해야 했다. 이제는 연합을 해서 발해를 견제해야 하는 새로운 과제가 생긴 것이다.

때마침 발해왕 대무예가 해로를 이용하여 당의 교통로였던 산둥반도를 공격했다. 당의 입장에서는 상황이 매우 급해졌다. 당의 조정에서는 신라왕에게 '영해군사'라는 관작을 별도로 내렸다. 서해에 대한 당과 신라의 연합 공동 방어선 구축을 시작한 것이었다. 성덕왕은 발해의 남부를 공격했으나 성과를 거두지 못했다. 영해군사 관작은 나당 연합 공동 방어 전선을 구축함에 있어 신라왕에게 내려진 관작이었다. 영해군사의 책봉은 계속되었다. 경덕왕, 선덕왕, 헌덕왕, 흥덕왕으로 이어졌다. 장보고가 신라 왕권으로부터 청해진 설진 허가를 받으면서 대사라는 관작을 받은 것은 이와 관련이 있음을 이미 언급한 바 있다. 장보고에게 자치권이 주어지고, 군사 1만 명의 운영권을 준 것은 아주 이례적이고도 모험이었다.

신라의 왕이 가졌던 관작과 유사한 관작을 장보고에게 내렸다. 서해의 지배권을 가지려면 그에 합당한 인물이 필요했다. 장보고는 준비했다. 기회가 왔을 때 준비되어 있지 않으면 잡을 수 없다. 신라와 당을 연결하고, 신라와 일본을 연결해서 상선을 출항시켰다. 그의 이름은 이미 삼국에 파다했다. 당나라에 세운 적산의 법화원은 그의 이름과 명성을 삼국에 전파하는 전진기지였다. 신라 조정이 그를 찾았고, 흥덕왕이 그를 찾았다. 양민 출신이었던 장보고는 자신이 태어난 신라의 지존인 왕을 독대할 기회를 얻었다. 이미 장보고에 대한 조사는 끝나 있었다. 어쩌면 신라에서 더 간절하게 장보고를 원했을지도 모른다. 장보고는 이에 응낙하는 절차를 밟았을 가능성이 크다. 그만큼 장보고의 지명도는 높았고, 전략적으로 필요하게 만들었다. 신라와 당이 필요로 하는 것을 장보고는 꿰차고 있었다. 장보고는 그것을 충족시켜 줄 수 있다는 것을 보여주었다.

장보고는 자신의 사람들을 얻기 위해 직접 배를 타고 신라와 일본을 오고 갔다. 상대를 찾아오게 하려면 상대가 필요한 것을 가지고 있어야 한다. 그것이 준비된 자의 몫이다. 큰 기회를 위해서 장보고는 착실하게 준비했었다. 결국, 그는 신라의 왕으로부터 초대받은 자리에서 그의 웅대한 꿈과 포부를 전했다. 장보고를 절실하게 필요로 한 것은 오히려 신라의 왕이었다. 청해진은 그렇게 만들어졌다.

하지만, 청해진의 출발이 동북아 전체를 지배하게 될 줄은 누구도 예측하지 못한 사건이었다. 바다는 준비되어 있었다. 서해는 장보고를 받아들일 준비가 이미 되어 있었다. 장보고는 곧바로 상선을 띄워 삼국 간의 거래를 시작했고, 만들어 놓았던 전진기지를 가동했다.

제7장

청해진의 출항

청해진은 오지에 마련된
해로의 중심지였다

새로운 역사가 기다리고 있었다. 신라의 청해진에서 시작된 역사는 급물살을 타며 전진하고 있었다. 청해진의 출항은 동북아시아를 새로이 열어가는 활로가 되기 시작했다. 큰 꿈이 큰 역사를 만들어 낸다는 것을 증명한 획기적인 사건이었다.

우선 장보고는 천혜의 요새에 말뚝을 박았다. 보기에는 한반도의 남쪽에 진을 설치한 것이지만 그곳은 절묘한 곳이었다. 청해진을 배를 타고 찾으려면 리아스식 해안의 들고남이 주는 변화무쌍한 곡예를 경험한 후에야 가능했다. 물 또한 들고남의 변화가 커서 물때를 잘 모르면 개펄에 갇히기 십상이었다. 청해진은 그곳의 특성과 지리를 모르면 찾아내기 힘든 곳이었다. 청해진을 설치한 장도와 주변 섬은, 섬 속에 또 다른 섬이라고 할 수 있었다.

그곳이 청해였다. 지금의 완도다. 장보고는 삼국을 통한 무역을 하면서 직접 항해를 하며 체험했다. 직접 일본을 오가고, 신라의 해역을 익히고, 당의 해로를 익혔다. 보고 익힌 것들을 종합해서 찾아낸 곳이 청해진이었다.

청해진은 조류의 흐름을 읽어야만 운항이 자유로울 수 있다. 해로가 복잡하기도 했지만 변화가 심했다. 이 지역을 꿰찬 신라인들이 아니고서는 항로를 제대로 읽어낼 수가 없었다. 이 지역을 벗어나 공해상에서 운항하기에는 위험했다. 그리고 조류의 흐름이 무역을 하기에 아주 적합한 곳이었다.

서해는 해류가 아주 복잡한 바다다. 보통 해안의 조수 간만의 차이가 1미터 안팎이지만 서해는 최고 8미터까지 차이가 크다. 밀물과 썰물의 차이가 이처럼 큰 서해에 무조점이 네 개나 있다. 무조점이란 조수 간만의 차이가 나타나지 않은 곳을 말한다. 조류는 대마도 북쪽 동해 입구에 있는 무조점을 중심으로 동해 방향과 동지나해 방향으로 각각 12시간 흘렀다가 되돌아온다. 서해 남쪽의 바다에서는 조류가 동에서 서쪽으로 흐른다. 서해는 특히 변화가 많은 바다다. 서해는 해저가 보이지 않을 만큼 탁하기까지 해서 바다의 깊이를 파악하기가 어려웠다.

완도 청해진은 동북아의 중심이기도 했지만, 중국과 아라비아 상인들의 주 항로인 남양 항로와 연결되었고 한반도와 일본을 잇는 교통로였다. 5,6월에는 완도 앞바다에서 범선을 띄우면 저절로 서해도 해역으로 북상한다. 서북풍이 부는 계절에는 뱃머리를

중국 양쯔강 쪽으로 향해 놓으면 순풍에 자동 항해가 된다. 신라
인들은 이처럼 변화 많은 바다를 기막히게 읽었다. 지형과 지물
을 절묘하게 파악하고 있었다. 장보고 선단의 사람들은 선박 건조
기술과 항해 능력이 뛰어난 사람들로 구성됐다. 그리고 나·당·일
삼국을 고려하고, 신라인들의 연합을 구축하고, 항해와 안전을 고
려한 가장 절묘한 위치를 찾아냈다.

　장보고는 드디어 구상해 왔던 원대한 꿈을 실현할 수 있는 장소
로 청해진을 정했다. 청해진은 웅대한 역사가 시작되는 발원지였
다. 청해진이 동북아에 불던 바람의 방향을 바꾸게 하는 원동력의
중심지가 되었다. 신라, 당나라, 일본으로 이루어진 삼국의 바다
인 서해가 청해진에 의해 꿈을 꾸고 현실이 되기 시작한 그 발원
지가 청해, 곧 완도였다.

　완도는 장보고가 태어난 곳이라 그곳에 설진하였다는 설도 있
지만, 다음과 같은 면을 고려해 지정되었다고 보는 것이 더 타당
하다고 할 수 있다. 첫째, 청해진은 발해의 위협을 방어하기 위해
신라와 당나라의 방어선을 구축하기 위한 것만이 아니라 신라와
당 그리고 일본과의 교역을 염두에 둔 장소였다. 국방과 안보상
의 문제만이 아니라 무역을 하기에 더없이 좋은 장소이기도 했다.

　둘째, 안정적인 해로를 고려했다. 당시의 배는 돛배였다. 크기
도 작았다. 거칠고 험한 바다를 항해하기에는 많은 제약이 있었
다. 안전한 해로를 찾아야 했다. 섬을 끼거나 내륙을 끼고 항해를
하면 위급 상황이 왔을 때 기착할 수 있는 이점이 있다. 청해진이
설진되었던 완도는 섬과 섬 사이에 있다. 어찌 보면 호수 같은 느

낌이 들기도 하고 어찌 보면 강 같은 느낌이 들기도 한다.

셋째, 청해진은 적의 공격을 받았을 때 대처하기도 좋다. 다도해로 이루어져 복잡한 해안선과 미로 같은 해로를 가졌다. 이곳을 택한 이유는 그러한 여러 가지 상황을 고려한 것이었다. 항해하는 사람으로서는 찾아내기 어려운 해로와 하루에도 두 번씩이나 물이 들고 나 물때를 정확하게 알지 못하면 길을 잃을 수도 있었고, 개펄에 갇혀 꼼짝 못하게 될 수도 있는 곳이었다. 내륙에 접한 곳에 청해진을 설진할 수도 있었을 텐데 왜 이런 곳에 장소를 마련했을까. 우선은 방어적인 측면을 적극적으로 고려했으리라 보인다. 당에서 생활의 근거를 마련했던 장보고에게 신라 조정은 어쩌면 낯선 곳이었다. 신라의 누구에게도 위탁할 수 있는 위치에 있지 않았다. 더욱 독립적인 장소를 고려했으리라 보인다. 신라 조정과 장보고가 서로 간섭하지 않는 절충된 장소이기도 했다.

넷째, 무엇보다 청해진을 설진한 완도를 말할 때 지정학적인 고려를 했다. 당시 신라의 무역품을 운송하기에 육로보다는 해로가 여러 가지 면에서 유리했다. 서해안에 자리한 한강 하구나 남양만의 당은포는 육로를 이용해야 했다. 당시의 도로 사정이 쉽지 않았을 것이다. 또한, 백두대간을 넘어야 하는 어려움이 있었다. 이보다는 해로를 통해 경주까지 가는 것이 편리했다. 육로로 이동할 수 있는 양보다 선적량도 비교되지 않을 만큼 배에 많은 양을 적재할 수 있었다. 해류와 삼국 간의 거리를 고려했다.

신라 경주와 청해진 간의 해로가 있었음을 보여주는 내용의 기록이 있다.

김우징이 배를 타고 청해진으로 왔다.

왕위 쟁탈전에서 패한 김우징이 경주에서 도망하여 바다에 숨겨 놓은 배를 타고 동해를 통해 남해를 거쳐 청해진에 도착했을 것이다. 당시 짐을 옮길 경우 백두대간을 넘는 험준한 육로보다는 바다를 이용한 해로가 유리했을 것이다. 경주는 당시 신라의 수도였다. 물동량이 많았을 신라의 수도를 고려하지 않았을 수가 없었다. 다각적인 검토 끝에 청해진은 구축되었다. 큰 틀에서 발해를 염두에 두고 신라와 당의 연합적인 해상권 확보였지만 부분적인 것들도 적극 고려되었다. 상품을 교역하는 무역항으로서의 역할과 여행하는 사람들의 편의를 위하여 마련되었다. 일본의 견당사를 이동시켜 주는 역할과 일본으로 가는 상품을 실어 나르기에도 적합한 장소였다.

청해진은 무역에 기반을 둔 자치적 경영조직이었다

청해진의 성격을 규정하는데 특별한 점이 있다. 신라의 군사조직이나 행정기구에 편입되어 있지 않았다. 독립적이었으나 신라의 허가에 의해 취득하였기에 완전히 독립적인 것도 아니었다. 청해진은 정치적인 결과물이었다. 앞서 기술한 바와 같이 직접적인 이유는 해적 소탕에 초점을 맞추었지만 깊은 뜻은 숨겨 놓았다고 보아야 한다. 발해를 해상 봉쇄하려는 신라와 당의 협약이 있었다. 신라와 당의 숨겨진 약속이었다. 또 다른 하나는 장보고 개인의 의중이 깊이 개입했다. 상업에 이미 발을 들여놓은 장보고는 이를 활성화해야 1만 명이라는 조직을 이끌어 나갈 수 있었다. 신라와 당으로부터의 지원을 요청할 수 있는 처지가 아니었다. 그리고 당과 신라 모두 장보고를 지원하기에는 사정이 그리 여의치 않았다. 당은 중앙조직이 와해되어 번진이 할거해 난을 일으켜도 중앙 조정은 이들을 통제할 수가 없었다. 신라도 마찬가지로 내분과 외환으로 복잡한 상황에 부닥쳐 있었다. 그리고 그러한 능력이 있었다면 당과 신라 모두 직접 군사를 동원해 해적 소탕은 물론 발해의 견제를 해결했을 것이다.

이러한 복잡한 상황을 극복하고 해결하는 방법을 장보고에게서 찾았다. 결국, 능력 있는 장보고에게 군사 1만 명을 거느릴 수 있는 권한과 영토 일부를 제공해주는 대신 상업 활동을 묵인하였을 것이라는 추측이 가능하다. 상업 활동은 일종의 양해 사항이었고 장보고는 이미 신라와 당 조정으로부터도 인정받는 인물이었다.

장보고는 최초의 군軍, 산産, 민民으로 묶은 협력체계를 완성했다. 군軍은 안보와 해적소탕을 위해서 필요한 부분이었다. 안전항해를 위해서도 군은 필요했다. 그리고 가장 중요한 신라와 당의 암묵적인 사항인 발해 견제를 위한 해상권 장악에 꼭 필요한 존재였다.

산産은 청해진을 중심으로 한 주변을 생산기지화한 것이었다. 중계무역뿐만이 아니라 강진 일대에 도자기 생산기지를 만들었다. 중요 수출품 중에 하나였다. 중국 절동과 한국의 완도에서 출토한 도자기가 서로 일치한다. 당시 당의 월요에서 생산한 도자기가 청해진으로 옮겨졌고, 이 도자기는 다시 일본으로 수출되었다. 장보고는 이를 현지화하고. 도자기를 자체적으로 굽기 시작했다. 고려청자의 원형은 이렇게 시작되었다.

민民은 당 일대에 거주하는 신라인들을 하나의 연결망으로 묶어 협력체계를 만들었다. 신라방, 신라촌, 신라원 같은 신라인들의 거주지와 산업을 연결했다. 이들의 직업도 다양했다. 운수업과 선박수리업은 물론 한일 간의 통역업무까지도 담당했다. 일본도 한반도에서 건너간 사람들이 다수 있었다. 고구려와 백제의 유민뿐만이 아니었다. 이들은 협력자이면서 장보고의 청해진의 조직에 필요한 사람들이었다. 서로 필요한 존재로 만들었다.

장보고의 청해진은 독립적이면서도 자치적인 운영을 했다. 서해 해상의 운영권을 가졌다. 신라와 당의 양해 아래 이루어진 서해 해상을 장악하는 권한을 부여받았다. 장보고는 피흘리지 않고 해상을 장악했다. 삼국의 물품은 장보고에게 집결되고, 장보고를 통해서 분배되었다. 삼국의 왕래 또한 장보고 선단에 의해 이루어졌다. 이미 장악된 바다는 평화로웠고, 해적이 들끓던 해상에는 물건들이 활발하게 오가는 길이 열렸다. 막혔던 길이 열리고, 안전이 보장되었다. 사람과 물품이 오가면서 장보고의 역할은 증대되었고, 청해진은 꿈틀거리는 도약의 발판이 되었다.

작은 출발이었지만 거대한 변화를 만들어내고 있었다. 변방이었던 신라는 서해의 중심으로 일어서고 있었다. 한 사람의 힘이 세상을 바꾸어 놓고 있었다. 꿈을 꾸고 실행하지 않으면 몽상가가 되지만, 꿈을 꾼 것을 실천하면 혁명가가 된다. 한 사람이 꿈꾼 것을 만인이 함께해 주면 영웅이 되고 국가 전반이 일어설 수 있다. 청해진이 그랬다. 한반도의 남쪽 섬, 완도에서 일기 시작한 바람은 점점 커지더니 이내 거대한 폭풍으로 변해 서해를 석권했다. 청해진은 삼국의 중심이 되었고, 발전은 비약적이었다. 시대를 읽고, 세상을 읽고, 길을 찾아 앞서 갔다. 세상이 원하는 것을 찾아내는 것이 큰 길을 가고자 하는 사람이 먼저 할 일이었다. 장보고의 위대함은 세상이 원하는 것을 알아내고는 그것을 충족시켜 준 것에 있었다. 성공은 그곳에서부터 시작되었다.

제8장

청해진을 성공으로 일으킨 요인

바다를 몸으로 익힌 신라인,
서해에 적합한 선박을 만들다

청해진을 만든 사람들은 신라인이었다. 바다를 몸으로 익힌 사람들은 바다를 장악했고, 바다를 몸으로 이해한 사람들은 바다를 다루는 일에 단연 앞섰다. 신라는 작았지만, 해상 강국이었다. 바다를 염원한 국가답게 해상에 많은 노력을 기울였다. 선부를 설치한 것도 이와 같은 맥락에서 보아야 한다. 중국과 일본보다 한 단계 높은 관서를 만들어 배를 관리하도록 했다. 그만큼 신라는 해상권에 많은 관심을 기울였다.

장보고는 신라인의 기질과 능력을 알았다. 당과 일본에 거주하는 신라인들은 독립적인 생활을 영위해야 하는 사람들이었다. 토착적인 기반을 가지지 못한 그들은 땅을 일구는 일보다는 변화가 쉬운 일을 선택했다. 고향에 대한 향수도 남아 있었다. 더 적극적이고 진취적인 일을 해야 했다. 불안정한 미래를 위해서는 직접 현금과 물품이 오가는 곳이 적당했다.

신라인들은 스스로 강해야만 했다. 그들은 힘이 든 일을 마다하지 않고 했다. 상업적인 거래와 배를 만들고 수리하는 일에 손을 댔다. 모두가 힘이 들고 모험적인 일이었다. 몸으로 직접 뛰어야 하는 일들이었다. 상업적인 일은 현장에서 바로 결정하고 실행해야 했다. 매번 결정할 때마다 많은 정보와 판단이 필요했다. 한반도를 떠나 남의 나라에 사는 이들은 이 일에 적당했다. 상권을 조금씩 가지게 되었다.

선박제조나 운행 그리고 수리하는 일도 이들의 몫이었다. 장보고가 출현할 즈음 세상은 뒤집히고 있었다. 안정에서 혼란으로 치닫고 있었다. 당은 안사의 난 이후 번진 세력이 힘을 얻어 일어섰다. 중앙 조정의 힘이 그들에게 미치지 않았다. 조정의 발언권은 서지 못했다. 독립적인 지방 세력이 일어서기 시작했다. 신라도 하대에 들어서면서 내부 갈등이 커졌고 부패와 낭비가 심해졌다. 굶어 죽는 백성이 늘어났다. 해안지방에서 해적이 신라인을 납치해서 파는 상황에 부닥친 것도 이러한 일들이 원인이었다. 국가는 국토를 방위하고 백성을 보호할 힘이 부족했다. 일본도 별다르지 않았다. 율령국가가 쇠퇴하면서 나·당·일 삼국이 공무역을 제대로 시행할 수가 없었다. 나·당·일 삼국이 비슷하게 중앙 조정의 힘이 지방까지 미치지 못하자 물자의 공급과 배급이 원활하게 이루어지지 못했다. 물품이 필요했다. 물품이 오가기 위해서는 배와 사람이 필요했다. 바다는 여전히 두려움의 대상이었다.

장보고는 이러한 현상을 먼저 알아챘다. 자신의 할 일이 무엇인가를 알고는 준비했다. 성공은 준비된 자만을 찾아간다. 청해에 진을 설치하고는 조직을 정비하고, 배를 만들었다. 배는 바다를 아는 신라인들에 의해 만들어졌다. 신라인들은 바다를 누구보다 잘 알았다. 신라인들은 서해 해상에 맞는 배를 만들었다. 그리고 일본까지 오가는 배를 만들어야 했다. 한반도는 삼면이 바다였지만 바다의 특성이 모두 달랐다. 서해는 간만의 차이가 크고 황하로부터 흘러 들어오는 진흙의 퇴적으로 갯벌이 넓고 수심이 낮다. 밀물과 썰물에 의한 바닷물의 높이가 심한 곳은 무려 8m 이상을 기록하고 있다. 남해는 수심이 깊고 섬이 많다. 다도해라는 이름에 걸맞게 미로 같은 길은 항로를 이용해야 항해가 가능하다. 동해는 섬과 갯벌이 없는 탁 트인 바다로 깊다. 한 나라에 세 곳의 바다는 각기 다른 특징을 가지고 있었다. 신라는 바다에 관심을 기울여 온 나라였다. 고구려와 백제가 무너진 다음 고구려와 백제의 고도를 놓고 당과 한 판 싸움을 벌일 때 수군의 역할은 컸다. 신라의 수군은 당의 수군을 격파했다. 당이 신라에 고구려와 백제 땅 일부를 내어 주고 물러간 것은 신라 수군의 역할이 중요한 작용을 했다. 『속일본후기』에 이러한 기록이 보인다. 장보고가 활동하던 시기인 839년의 일이었다.

대재부에 명해 바람과 파도를 능히 감당할 수 있는 신라 배를 만들도록 하였다.

일본의 꿈은 신라의 배와 같은 배를 만드는 것이었다. 신라의 배는 다른 나라의 배와는 다른 특징을 가지고 있었다. 신라 삼면의 바다는 서로 달랐다. 신라의 배가 가진 특징은 삼면의 바다가 가진 특성을 고려한 배였다. 삼면의 바다에 모두 맞는 배를 만들어야 했다. 신라의 배는 바다를 직접 몸으로 체험하고 나서 만든 배였다. 이듬해인 840년에 다시 대재부에서 비슷한 건의가 들어왔다.

> 대재부에서 대마도의 관리가 말하기를, "먼 바다의 일은 바람과 파도가 위험하고 연중 바치는 조물과 네 번 올리는 공문은 자주 표류하거나 바다에 빠진다고 합니다. 전해 들건대 신라 배는 능히 파도를 헤치고 갈 수 있다고 하니, 바라건대 신라 배 6척 중에서 1척을 나누어 주십시오." 라고 하였다. 이를 허락하였다.

신라 배는 거친 바다를 능히 헤치고 갈 수 있다고 하였다. 신라 배는 무엇이 달랐을까. 한반도의 지리적인 면과 지형 조건에 적합하고 변화에 적응할 수 있는 배가 필요했다. 신라의 배는 배 바닥이 편평해야 하고 안정성이 있어야 했다. 우리나라에서는 뗏목과 같은 편평한 선저를 가진 평저선이 지형에 맞게 발달했다. 그래야만 편평하고 넓은 갯벌이 펼쳐져 있는 서해안과 일부 남해안에서 밀물 때 해안이나 포구로 들어온 배가 썰물 때에는 배가 그대로 갯벌 바닥에 내려앉을 수 있다. 다른 나라 배의 형식인 V자형일 경우에는 물이 빠진 갯벌에서 옆으로 기울어진다.

한국식 배의 특징은 첫째, 사각 돛을 달아 올려 바람을 받아 나아간다. 순풍을 받게 되면 돛을 좌우로 활짝 펴서 최고의 속력으로 나아간다. 바람이 앞에서 불어오거나 옆에서 불어올 때 갈지자로 나아갈 수 있다. 명나라 화옥이 지은 『해방의海防議』라는 책에 이순신 장군의 거북선에 대한 글이 적혀 있다.

"조선의 구선龜船은 돛대를 세웠다가 누이기를 마음대로 하고 역풍이 불거나 썰물에도 갈 수 있다." 라고 하였다.

이는 조선시대에 사용한 돛의 운용법이 이미 고대 신라에서 물려받은 돛의 운용 방법임을 알 수 있다.

둘째, 배의 앞부분인 선두판船頭板이 횡으로는 편평하지만 선두판 상부에서 선저까지는 원형으로 원만하게 이루어져 있어 바닷물 위를 미끄러지듯 파도를 타고 앞으로 나아간다. 이는 V자형의 배에 비해 물의 저항을 많이 받지만 커다란 파도가 칠 때 바닷물 속으로 처박히지 않고 물을 타고 올라가 침몰을 막아주는 역할을 한다.

신라의 배는 이외 다른 특징이 많이 있지만, 무엇보다 가장 큰 특징은 지형적인 면을 적극적으로 받아들인 배의 밑바닥이 편평하다는 것이다. 신라의 배는 서양 배의 V자형이나 중국의 U, V자형 선형과는 다른 독특한 배의 양식이다. 평저선 형식의 배는 우리나라의 지리와 지형적 조건에 가장 알맞은 배였다. 몸으로 바다를 익혀 온 사람들에 의하여 발전하고 적응해 온 배로써 지형과 풍토에 잘 맞는 배였다.

반면 일본의 배는 선수가 뾰족해 물을 가르고 나아갈 때 저항을 덜 받지만, 강풍이나 풍랑이 심할 때 선수가 바다 속으로 들어가 침몰하는 약점이 있었다. 거대한 파도가 밀려올 때 신라의 배는 바닥이 편평해 파도를 타고 오르지만, 일본의 배는 선수가 파도 속으로 파고들어가 거친 파도와 먼 거리를 항해할 때는 적합하지 못했다. 그리고 서해의 바다에서는 평저선은 갯벌에 안착했다. 이러한 예를 보여주는 기록이 있다. 엔닌 일기에 배 바닥이 편평한 평저선이 유리한 점을 간접적으로 보여주는 글이 있다.

동·서에서 밀려오는 파도는 서로 부딪혀 배를 기울이게 하였다. 키 판이 바다 밑에 닿아 선박의 뒤쪽은 곧 부서질 듯하기에 돛대를 자르고 키를 버리니 배는 곧 큰 파도를 따라 표류하였다. 파도가 동쪽에서 밀려오면 배는 서쪽으로 기울고, 서쪽에서 밀려오면 동쪽으로 기울어 파도가 배 위를 휩쓸어가기를 헤아릴 수 없이 하였다. … 스며들어 온 흙탕물이 넘쳐 흘러 배는 끝내 가라앉아 모래 위에 얹혔다.

그리고 신라의 배는 선재가 두껍고 무거우며 선체가 길고 컸다. 전투함의 경우와 먼 바다를 항해할 때 적응력이 컸다. 일본의 배는 선재가 얇고 가벼웠으며 짧고 작았다. 배를 만드는 비용이 적게 들고 배의 운용이 쉬웠지만, 먼 바다용으로는 적합하지 못했다.

신라의 배는 장보고가 청해진을 설진하고 신라와 당 그리고 일본을 아우르는 해상 왕국을 만드는데 중요한 역할을 했다. 신라인의 몸에 익은 배를 만들었고, 신라의 바다를 닮은 배를 만들어 서해를 장악했다. 바다에서 일어나는 전반적인 일들을 소화할 수 있는 배가 중요한 역할을 했다. 바닷물의 흐름과 바람과 토양을 온몸으로 받아들인 배는 어느 배보다도 강했다.

신라인의 항해술과 선박 건조술

신라의 배는 중국의 배처럼 크지 않았다. 한반도의 바다가 가진 특성 때문에 큰 배를 운용하기는 불편했다. 반면 바닥이 편평하고 그리 크지 않은 배여서 바다와 강을 동시에 오고 갈 수 있었다. 내륙 깊숙이까지 배를 타고 들어갈 수 있었다. 간편하고 날렵하면서도 지형에 적절한 배를 만들었다. 신라인은 신라의 강과 바다에 맞는 배를 만들었다. 신라인의 몸에 맞는 배를 만들었다. 그리고 신라인들은 신라 토양에 맞는 배를 타고 운행하면서 바다를 신라인의 바다로 만들었다. 신라인은 바다에 적응하는 법을 배웠고, 바다는 신라인에게 친숙해졌다. 가까운 바다를 주로 이용한 고대에는 더욱 바다의 특성에 익숙해야 했다. 그 부드러운 받아들임으로 거친 파도와 가까운 바다를 넘어 먼 바다를 극복해갔다.

신라인은 항해술이 뛰어났다. 이는 엔닌 일기에 기록되어 있는 것을 보아도 부분적인 파악이 가능하다.

838년 6월 17일, 한밤중에 산에서 바람이 불어와 돛을 올려 뱃머리를 움직이며 노를 저어갔다.

838년 6월 22일, 다시 배를 정박시킬 후미를 찾지 않고 어둠을 헤치며 나아갔다.

야간 항해를 했다는 것을 알 수 있다. 바람과 노를 이용해 항해할 수 있는 돛배를 가지고 야간에 항해하는 일은 쉬운 일이 아니었다. 바다에 익숙하지 않으면 할 수 없는 일이었다. 지형에 익숙해야 하고, 조류의 흐름을 이용해야 하는 일이었다. 얼마나 지형이나 물길, 바람길을 정확히 알고 있었는가를 헤아릴 수 있다. 신라인들은 바다에서 일어나는 일들을 몸으로 느끼고 거의 동물적인 감각으로 헤쳐나가고 있었다. 바다는 신라인들에게 생활공간이고 터전이었다. "돛을 올려 뱃머리를 움직이며 노를 저어 갔다."라는 글에서 확인할 수 있는 것은 돛을 세우고 바람을 이용해 항해하는 방법을 보여주고 있다. 바람이 측면이나 정면에서 불어올 때에는 뱃머리를 움직여 주행하는 방법을 쓰고 있음을 알 수 있다. 돛을 조정하는 방법도 있지만, 뱃머리를 틀어 바람을 이용해 전진할 수 있는 것도 방법이었다. 노를 저어 갔다는 것은 순풍이 아님을 보여준다. 바람을 제대로 받으면 노를 저을 필요 없이 방향키만 잘 잡고 있으면 순조롭게 앞으로 나아간다. 하지만 옆바람이나 앞바람은 노를 저어야 항해할 수 있고, 돛이나 뱃머리를 움직여 가며 바람을 잘 이용해야 전진할 수 있다. 이는 전문적인 기술이 있어야만 할 수 있는 일이다. 바람이 몸에 익어야 뱃머리를 원하는 방향으로 유지할 수 있다.

838년 6월 23일, 동북풍이 불고 밤이 되어 어둠 속으로 나아가면
서 두 배는 불빛으로 서로 연락하였다.

어둠 속에서 항해를 하면서 불빛으로 교신을 하고 있음을 볼 수
있다. 불빛만으로 의사를 전달하고 지시할 수 있다는 것은 상당한
수준의 항해사임을 알 수 있다. 선원들 간에 이미 양해된 신호체
계가 있어야 가능한 일이었다. 대선단을 거느린 청해진은 이미 숙
련되고 안정된 체계를 가지고 있었음을 보여준다.

838년 7월 3일, 물길을 앞세워 굴항정으로 나아갔다.

물길을 제대로 만나지 못하면 몇 배로 힘이 들고, 갯벌에 갇히
거나 항로를 제대로 유지할 수가 없었다. 물길을 익히기는 직접
경험해 보아야 한다. 신라와 당의 거리는 멀다. 한두 번의 항해로
물길을 익힌다는 것은 거의 불가능하다. 오랜 숙련이 필요한 능력
이다. 오랜 기간 같은 항로를 반복해서 다녀 본 사람만이 물길을
제대로 파악할 수 있었다.

많은 아쉬움이 있다. 장보고의 행적과 신라인들에 대한 기록이
중국과 일본의 기록에 대부분 의지하다 보니 우호적인 글을 만나
기가 쉽지 않다. 엔닌 일기는 그래도 상당히 객관적인 입장에서
기록하고 있다. "839년 1월 4일, 신라인 통역 김정남의 청으로 구
입한 배를 수리하기 위하여 도장, 번장, 성공, 단공 등 36명을 초

주로 떠나게 하였다."라는 기술을 다시 언급하지만 배를 구입해준 것도 신라인 통역 김정남이었다. '김정남의 청으로'라는 말에서 느껴지는 것은 남의 배를 사들여 주었을 수도 있지만, 김정남이 직접 배를 만들어 팔았을 가능성도 있다. 장보고의 산하 현장에서 배를 만들었음을 보여주는 기록이 있다.

> 장 대사는 지난해 겨울부터 배를 만들기 시작하여 올해 2월에 이르러 일을 마쳤다.

장 대사는 장영을 말한다. 역시 엔닌 일기에 따르면 적산의 법화원을 관리하는 신라 압아 장영을 말한다. 그는 장보고가 임명해 적산 법화원에서 일하는 사람이다. 장보고의 수하에서 일하는 장영이 배를 만들었다고 하면 본진이 있는 완도의 청해진에서는 상시 배를 만들고 수리를 담당하는 곳이 있었을 것이다. 신라, 당, 일본을 아우르는 바다를 오가는 대선단을 거느린 청해진이었다. 당에서 배를 만들 수 있는 정도라면 청해진은 더 크고 상시적인 관리 전담 기구가 있었을 것이다.

얼마 만한 규모의 배였다거나 어떤 형태의 배라는 언급이 없어 정확히는 알 수 없지만 공해 선상을 오갈 수 있는 배라면 상당한 크기의 배였을 것이다.

앞서 언급한 내용에 엔닌 일행을 태운 9척의 배에 "신라인으로 바다를 잘 아는 60여 명을 고용하여 선마다 7명 혹은 6명, 5명을 배치하였다."라는 기록에서 알 수 있듯이 이 당시의 배는 신라인들이 중심이 되어 운행되고 있었다.

바람은 바뀌지 않았으나 제1선의 신라인 선원과 키잡이가 배에
서 내린 뒤 아직 돌아오지 않아 여러 배는 억류되어 출발할 수
가 없었다.

제1선이 선두로 지휘와 항로를 열어 가는 배였음을 알 수 있다.
이곳에 탄 '신라인 선원과 키잡이'라는 기록에서 보는 바와 같
이 신라인이 배의 항로를 책임지거나 배의 운행을 주도하는 사람
임을 알 수 있다. 배를 만들고 수리하는 일부터 배의 운행에 대
한 전반적인 일을 신라인들이 하고 있었다. 당시의 서해를 중심
으로 한 무역이나 운송 그리고 여행은 신라인들이 주도하고 있었
다. 청해진을 중심으로 해서 신라인과 신라의 배는 바다를 장악
하고 있었다.

제9장

청해진의 정치·경제적 관계와 지정학적 위치

청해진이 섬에 설진된 이유는 무엇일까

　과연 장보고란 존재는 누구인가. 그가 한 역할은 무엇이었을까. 그리고 어떻게 사무역이 가능했을까. 대사라는 직함에서 신라 조정이나 당으로부터 특별한 존재였음을 이야기했으나, 그가 진정 해적을 소탕하기 위해 나·당 간에 합의로 완도에 청해진을 설진하게 되었는가.

　발해를 견제하기 위한 나·당 연합 성격의 청해진 설치라면 왜 신라인인 장보고에게 그 임무를 맡겼을까. 당시의 세력 분포로 볼 때 당의 기득권이 우선이었을 것이다. 신라는 조공을 바치는 나라였고, 당은 조공을 받는 나라였다. 그만큼 위상의 차이가 있었다. 이러한 이유가 우선이었다면 분명 당의 조정에서는 그들 나라의 사람을 책임자로 앉혔을 것이다.

　장보고가 청해진을 설진하게 된 이유는, 아마 발해의 남하 시 방어 전략의 하나인 서해 해상권 장악과 맞물려 있고, 또 신라에서 강제로 사람을 끌어다 당에 팔아 넘기는 해적과 관계가 있었기 때문에 피해국인 신라에 설진하게 되지 않았을까 싶다. 신라와 당 모두에게 필요한 부분이었지만 장소가 신라의 남쪽 섬, 완도인 것은 이러한 이유 중 하나가 아니었을까 싶다.

1만이라는 대군을 거느리게 될 장보고에게 동해의 어느 곳이나, 내륙의 어느 지점을 선뜻 내어 주기는 어려웠을 것으로 보인다. 국가적인 차원에서 필요한 일이었으나, 신라로서는 큰 모험이었다. 필요는 하되, 마음이 놓이지 않는 일이기도 했다.

당시로써는 오지인 신라의 가장 남쪽인 섬을 주었다. 당시 다른 곳의 진은 내륙에 근거를 두고, 바다로 나아가는 형태였다. 배를 만들고, 정박시키고, 수리하는 곳은 내륙의 포구에 설치하는 것이 여러 가지 면에서 쉽다. 운송이나 인원의 왕래뿐만 아니라 짐의 선적과 하역에도 절대적으로 유리하다. 당시나 지금이나 모두 포구의 중심은 바다에 연한 내륙에 본진을 설치하는 것이 일반적이다. 관리 운영상 이로운 점이 많기 때문이다.

청해진은 달랐다. 섬에 근거지를 두었다. 서해에는 섬이 많아 이미 전략적인 포구가 있었지만, 남해안에 근거지를 둔 전략적인 포구는 없었다. 그만큼 서해가 중심 역할을 했다.

완도는 신라에서도 남쪽 변방인데다 다도해로 언뜻 그곳이 포구로써의 역할을 멋지게 하리라고 생각하기는 쉽지 않았을 것이다. 장보고 자신은 배로 당과 일본을 오가면서 교역을 하고, 근거지로서 섬인 완도가 무난한 것을 알았겠지만 앞서 말한 발해의 견제와 해적의 제거라는 면에서는 동의하기 어려운 부분이 있다.

발해의 남하와 해적의 소탕을 위하여 진을 설치한다면 서해안이 더욱 적격이었을 것이다. 발해의 남하를 방어하기에는 아직도 돛을 이용한 항해를 하던 시기라 서해와 남해의 거리 차이는 컸다. 서해안의 한 곳에 수군을 배치하여 공격에 대비하는 편이 남해에서부터 올라오는 것보다 훨씬 효율적이다. 해적의 소탕을 위해서라고 하기에도 궁색하다. 당의 기록과 신라의 기록에서 모두 서해안에서 해적의 출현을 막기 위해서라고 했는데 굳이 남해에 설진할 이유가 없다.

장보고를 견제하기 위해서와 일본을 염두에 둔 설진이라면 완도가 좋은 곳일 수도 있다. 그것보다는 여러 가지 정황상 신라 조정의 견제 때문이 아니었을까 싶다. 당시 1만이라는 군사집단은 막강한 힘을 가진 세력이었다. 그러한 강력한 군사집단을 서해안 어딘가 설진한다면 두려울 수가 있었다. 그리고 장보고는 신라의 체제 안에 있는 사람이 아니었다. 신라에 장보고가 필요했지만, 그에 대한 믿음은 그리 크지 않았다. 신라 조정은 반란으로부터 어느 정도 견제해야할 필요성을 느꼈을 것이다. 장보고로서도 어쩌면 더욱 독립적으로 운영하는데 자유로울 수 있다는 장점 때문에 완도를 생각했을 것이다. 그리고 일본을 겨냥해 무역했을 때 완도는 적정한 위치였다. 신라의 수도 경주로의 항해도 고려했을 것이다. 장보고로서는 섬이라는 불리한 곳에 설진하는 것이 운영상 불편하지만, 간섭이 배제되는 근거를 마련할 수 있기도 했다.

이러한 근거에는 청해진의 설진을 허가한 흥덕왕이 서해안에 신라 관제의 체제 안에 들어 있는 진을 별도로 포진한 데에서도 알 수 있다. 한강 하구 아래에 있는 남양만에 당성진을 설치했다. 당성진은 신라의 관제와 병제에 의하여 설치된 진이었다. 당성진은 당으로 통하는 항로를 통제하고 대당 외교에 더욱 신속하게 대처하기에 적당하고 가까운 곳이었다. 당성진은 이러한 목적 외에 남해의 청해진을 견제하기 위한 목적도 있지 않았을까 싶다. 828년 청해진에 설진 허가를 내리고, 그 다음 해인 829년에 당성진을 설치 한다. 당성진은 신라 왕의 명이 바로 전달되고 통하는 곳이다. 반면 청해진은 신라의 왕이 통제하기에는 일정 부분 한계가 있는 외인부대였다. 신라로서는 장보고가 필요한 존재이면서도 껄끄러운 존재였다. 장보고의 힘을 필요로 했지만 장보고의 영향력이 신라에 미치는 것은 원하지 않았다. 장보고를 이해하는데 가장 중요한 단서가 될 부분이 입국 과정이다. 그리고 청해진의 설진에 가장 중요한 단서가 들어 있다. 조금 더 내막을 들여다보면 청해진은 국제적인 감각과 시대적인 요청에 맞춰 절묘하게 제안한 내용이었다. 일종의 모험이었다. 받아들이고 안 받아들이고는 신라 왕의 선택이었지만 받아들일 수밖에 없는 조건을 만든 사람은 장보고였다. 신라 왕 앞에 내놓은 내용은 거부할 수 없는 제안이었다. 거부하기에는 너무 확실한 이익이 그 내용 안에는 들어 있었다.

국가의 중대 현안이었던 해적 소탕을 하지 못하는 어려움이 있었다. 백성으로부터 원망을 듣고서 군대를 파견했지만 해결하지 못하고 있었다. 신라의 군대는 이미 힘을 잃어가고 있었다. 지휘 계통은 무너지고 있었다. 지방 호족들이 들고 일어나는 반란을 해결하기에 급급했다. 방치할 수 없는 상태까지 이르고 있었다. 신라로써는 발해 견제와 해적 소탕이라는 두 가지 문제를 일시에 해결할 수 있는 제안을 무시할 수가 없었다.

그럼에도 신라 조정에서는 논의가 있었고, 치열하게 찬성과 반대가 오갔을 것이다. 전례에 없던 일이었고, 신라 조정의 혁명적인 발상의 전환이 있기 전에는 불가능한 일이었다. 신라의 처지에서 볼 때 이러한 일은 다시 일어나서는 안 되는 일이었다. 왕권의 분열을 일으킬 수 있는 누수 현상으로 받아들일 수도 있었다.

신라 땅의 어디든 왕의 땅이 아닌 곳이 있을 수 없었다. 신라 땅의 어디에 감히 왕의 신하가 아닌 사람이 있을 수 있겠는가. 용납할 수 없는 일이었다. 고민했고, 숙의했고, 그럼에도 결정할 수가 없었다.

대사천장원년도일본국, 회시부선각귀당국

大使天長元年到日本國, 廻時付船却歸唐國

장 대사는 천장 원년(824년)에 일본국에 도착했다. 돌아갈 때 함께 배를 탔다가 당으로 와 버렸다. 장보고가 일본에 갔다가 예정을 바꾸어 당나라로 돌아왔다는 내용이다. 여기에서 관심을 두어야 할 내용은 '각귀당국却歸唐國'이라는 표현이다. 각却자는 '그러나' 또는 '당초의 의도와는 반대로' 라는 의미를 가지고 있는 글자다. 문장 후반부를 직역해서 번역하면 '돌아가는 배에 올랐으나 당나라로 왔다.' 가 된다. 장 대사의 목적지가 당나라가 아니라 다른 곳이었는데 당나라로 돌아왔다면 장대사가 갈 곳은 자연스럽게 신라가 될 수밖에 없다. 왜 장보고는 신라로 가지 못하고 당나라로 왔을까. 자신이 계획했던 것과 맞지 않아서 항로를 변경했을 것이다.

여기에서 확인할 수 있듯이 장보고는 이미 알려진 사람이었다. 장보고 자신의 배가 이미 있었다. 일본과 당나라를 왕래할 능력과 조건을 갖추고 있었다. 당시에 신라와 일본 그리고 당나라를 왕래하는 것은 작은 소규모 집단으로서는 감히 상상하기 어려운 항해였다. 장보고는 상업적 목적이었든 정치적인 목적이었든 신라와 당 그리고 일본을 오갈 정도로 체계와 조직을 갖춘 인물이었다.

신라 조정에서 확실한 신분과 성향을 알지 못하는 장보고에게 엄청난 파괴력을 가진 1만 명이라는 군사 운영권을 내어주는 일은 있을 수 없었다. 당연히 신분사회인 신라에서는 반대도 있었을 것이다. 대사라는 직함은 앞서 언급했듯이 당나라와 신라의 협력 관계를 상징하는 직함이다. 신라 왕이 가졌던 직함을 장보고에게 주어야 한다는 어려움이 있었다. 신라 왕과 조정은 엄청난 파괴력을 가진 상황을 받아들여야 하는 결정을 해야 했다.

장보고는 신라 조정에 알려진 인물이고, 영향력이 있음을 인정받았다고 해도 장보고에게 1만 명이라는 군사 운영권을 내어주는 일은 엄청난 모험이다. 다른 영향력이 있는 성골이나 진골 출신의 사람들이 장보고의 예를 들며 드러내 놓고 사병을 조직하고 키울 수도 있다. 그럴 때 신라 왕으로서는 반대할 명분을 내세울 수 없게 될지도 모를 일이었다. 이 일은 장보고가 배로 일본에 들른 824년 이후의 일이었다. 얼마를 머물렀다 갔는지 구체적이진 않지만 적어도 청해진 설진 몇 해 전의 일이다.

여러 가지 면에서 신라 왕의 사람이 아닌 제삼국에서 활동하는 장보고에게 청해진 설진 허가를 내어주는 것은 국가적인 모험이었다. 언제 터질지 모르는 시한폭탄을 짊어지는 것이었다. 위험을 동반했지만 당장 해결해야 할 중대 사안을 무시할 수가 없었다. 신라 왕은 신라가 해결할 수 없는 사안들을 일시에 해결할 장보고의 제안을 받아들일 수밖에 없었다. 청해진의 설진은 역사 기록에 적혀 있는 대로 단순히 신라 흥덕왕이 장보고에게 군사 1만 명을 내어주어 해적을 소탕하라고 만들어진 것이 아니다. 역사책은 언제나 강자의 편에서 써졌다. 『삼국사기』에 있어서는 더욱 그렇다. 어떤 학자는 『삼국사기』의 존재는 역사에서 존재해야 할 이유보다 존재하지 않아야 할 이유가 더 많다고 술회한 것에서도 그렇다.

장보고는 이러한 어려움을 극복하고 청해진 설진 허가를 신라 왕에게서 얻어냈다. 장보고에게 가장 큰 희열과 기쁨을 안겨준 날이었을 것이다. 그토록 바라던 신라로 환국할 수 있게 되었다. 그동안 당나라에서 거둔 성공은 언제 물거품이 될지 모르는 불안한 성공이었다. 당나라는 아무래도 낯설었고, 마음을 주기에는 신라 땅이 그리웠다. 조국을 위해 해적을 소탕할 수 있는 조건을 가진 자신에게 조국을 위해 헌신할 기회가 왔다. 그리고 자신이 구상해 온 해상 왕국이 현실로 다가오는 첫 실마리였다. 청해진은 자신의 모든 젊음과 인생을 쏟아 부은 결정체였다. 꿈을 현실로 바꿀 수 있는 장보고의 터전이었다.

한국인으로서 최초의 세계인, 장보고

신라와 당 그리고 일본 모두에 바다를 방어하기 위한 수군이 있었다. 그들은 자국의 바다를 지키고, 배의 입출항과 사람의 출입을 통제하는 역할을 했다. 당성진의 설명에서와 같이 전형적인 군사적인 업무와 연안 관리에 중점을 두었다.

하지만, 청해진은 달랐다. 신라 관제를 따르지도 않았고 국가의 지원 없이 독자적으로 운영했고, 반대로 세금을 거두지도 않았던 것으로 보인다. 독립적인 지위를 부여한 데에는 분명한 이유가 있었을 것이다. 확실하게 밝혀지지는 않았지만, 독립적이고도 자주적인 역할을 준 것만은 분명한 듯하다. 이러한 일은 우리 역사에서 아주 특별하고도 전례가 없었다. 이후에도 이러한 사례를 찾아볼 수가 없다. 더구나 독자적인 집단에 군사를 주어 관리하게 했다는 것은 있을 수 없는 일이었다. 청해진은 나·당 간의 서해를 총괄할 수 있는 역할을 적어도 묵시적으로는 인정받은 집단이었다. 거기에다 일본의 해역까지 자유로이 오갈 수 있었다. 무력을 가진 국제적인 감시기구가 탄생한 것이다. 삼국이 공식적인 허가를 해 준 것은 아니라 할지라도 비공식적으로는 묵인되었다. 삼국의 바다를 저항 없이 넘어다닐 수 있는 권한을 가진 집단은 당시 어디에도 없었다. 유례가 없는 특권이었다. 더구나 무력으로 출발한 청해진의 위치를 생각해 보면 특이한 조치이기도 했다.

해적을 소탕하자 삼국의 공동 공간인 서해에는 평화가 찾아왔다. 왕래가 자유로운 길이 열렸다. 감시기구의 역할이었으나 청해진은 무력으로 이루어 낸 것이 아니라 무역이라는 자유로운 활동을 통하여 이루어 냈다. 해적이 난무하는 폭력의 바다를 피를 흘리지 않고 평화의 바다로 만들었다.

이때까지 사무역은 인정되지 않았다. 나라와 나라의 거래인 공무역만이 이루어지던 때였다. 한 나라의 모든 땅과 생산물이 제왕의 것이었던 때였다. 살아 있는 모든 것들은 제왕에게 머리를 조아리고 감사해야 하는 시대였다. 공물만이 정당한 거래였다. 천황과 왕이 국가를 소유하고 주무르던 시대였다. 이 같은 시대에 배타적인 완도를 중심으로 국제무역을 실행한 장보고는 여러 가지로 시대를 앞선 사람이었다. 일본은 이러한 장보고에 대해 인정하지 않으려는 경향이 있었다. 어쩌면 당연한 시선이었다.

840년 12월, 대재부에서 말하기를, "번국蕃國 신라의 장보고가 사신을 보내어 토산물을 바쳤는데, 곧 진의 서쪽에서 쫓아버렸습니다. 신하 된 자로서 바깥 나라와 교류할 수 없었기 때문입니다." 라고 하였다.

아직은 개인이 나라를 달리하는 지역에서 물건을 사고파는 것이 인정되지 않았던 시대였다. 신하 된 자로서 바깥 나라와 교류할 수 없었다. 사무역이 철저하게 금지된 시대였다. 사신을 보내었다는 것만으로도 장보고가 청해진을 독립적인 체제로 유지하였음을 알 수 있다. 적어도 무역은 신라의 간섭없이 독자적으로 운영했음을 알 수 있다. 그리고 일본에서 장보고가 가지고 간 물품들이 얼마나 인기 있었는가를 확인하는 글이 남아 있다.

841년 2월, 무진 태정관이 대재부에 명을 내려, "신라인 장보고가 작년 12월에 말안장을 바쳤는데, 장보고는 다른 나라의 신하로 감히 공물을 바치니 옛 규범을 상고해 보면 정당한 물건이 아니다. 마땅히 예로써 거절하여 조속히 물리쳐 보내도록 하라. 다만, 백성으로 하여금 물건을 주매하는 값을 어기고 앞다투어 가산을 기울이지 않도록 하라. 또한, 후하게 도와서 노정의 식량을 지급하되 전례에 따라서 하라."라고 했다.

『속일본후기』에 기록되어 있는 내용이다. 장보고가 공물을 바친다는 것은 거래를 더욱 활성화하기 위한 선물이었을 텐데 당시로써는 이를 받아들일 수가 없었다. 장보고가 독자적으로 보낸 선물을 공식적인 나라 사이의 공물로 받아들이고 있었다. 당시 일본국의 처지로써는 나라와 나라 사이의 상업적인 개인 거래를 공식적으로는 인정할 수가 없었다. 장보고의 그러한 독자적인 행동에 반감을 품고 있었지만, 그가 가지고 온 물품의 거래에 있어서는 인정했다. '주매하는 값을 어기고 앞다투어 가산을 기울이지 않도록 하라.' 라고 지시를 내리기까지 했다. 얼마나 인기가 있었으면 서로 앞다투어 가산을 기울이지 않도록 하라는 지시까지 내렸을까. 그만큼 그가 가져간 물품들은 필요한 것들이었다. 장보고의 청해진에 대한 정체성을 문제 삼기는 했어도 장보고가 싣고 간 물품은 받아들이는 기현상까지 생겼다.

'예로써 조속히 물리쳐 보내도록' 하라는 지시를 내리면서 가져온 물건들에 대해서는 거래를 인정하고 있음을 볼 수 있다. 더불어서 또한 '후하게 도와서 노정의 식량을 지급하라' 라는 앞뒤가 맞지 않는 지시를 내리고 있다. 관원의 도움을 받고 식량까지 지급받으면서 무역을 했음을 보여주는 기록이다.

장보고 선단은 필요한 것들을 날라 보급해 주는 역할을 했다. 그의 배가 가는 곳에서 도리어 반기고 있음을 볼 수 있다. 무역을 하면서 구석구석까지 나가 있는 조직원과 상업적 거래망을 통해서 정보망을 가동시켰다. 지역 정보는 물론 국가의 정보까지도 일부는 장보고의 귀에 들어왔다.

청해진은 신라 조정보다도 어떤 면에서는 훨씬 앞선 정보를 수집할 수가 있었다. 정보가 집합하는 곳으로 사람이 모이고, 세상의 상품들이 모이는 곳으로 부가 쌓여가는 것은 당연한 원리다. 정보와 부가 쌓이면 힘이 생긴다. 삼국을 통한 무역으로 부를 축적한 장보고는 더욱 활력을 얻어 청해진을 키워 갔다. 청해진 설진 이후 신라 사회가 부로 넘쳐난 것을 보게 된다. 이는 청해진의 영향과 무관하지 않았으리라 믿어진다.

청해진은 나·당·일 삼국을 왕래하는 상선들을 직접 만들고, 소유하고, 운영했다. 그리고 서해를 중심으로 한 무역을 독점했다. 배타적인 무역권을 가지고 있었다. 경쟁할 만한 집단이나 개인도 없었다. 당은 지방에서 일어난 새로운 세력을 관리하는 것도 벅 찼다. 신라도 마찬가지였다. 지방 토호 세력들은 반란을 일으켰 고 그들을 진압하기에도 급급했다. 일본도 비슷한 처지였다. 중앙 권력이 무너지고 지방 세력들이 일어나 힘겨루기를 하고 있었다.

삼국이 자체적인 문제를 해결하지 못하고 힘들어할 때에 장보고 는 바다를 안마당처럼 누비며 무역을 했다. 한 나라에 머물지 않 고 삼국뿐만 아니라 멀리는 아라비아까지도 거래했다. 신라에 넘 쳐난 중동과 인도 그리고 동남아시아 지역의 상품들을 살펴보면 이를 알 수 있다. 심지어 신라 조정에서는 외국산 상품들을 조목 조목 들어 물건에 따라 사용할 수 있는 품계를 정하기까지 했다. 기록된 물품들을 보면 얼마나 무역이 먼 거리까지 이루어졌는가 를 짐작할 수 있다.

공작꼬리, 비취털, 슬슬전, 대모玳瑁, 자단, 침향구수, 구수, 탑 등...

이들은 모두 우리나라에서 생산되는 것들이 아니다. 비취털은 새의 일종으로 동남아산이고, 슬슬전은 타슈켄트산으로 하늘빛이 나는 보석이다. 자단은 대만과 동남아 일대에서 나는 나무이며, 침향은 중국 남부 및 동남아에 분포하는 향기로운 나무다. 구수와 탑등은 페르시아에서 나오는 양모로 만든 직물이다. 페르시아에 서 동남아시아, 다시 동남아시아에서 중국에 이르는 각종 산물이 신라사회에 깊이 파고들었음을 보여준다. 계급에 따라 사용이 금지될 만큼 사치스럽고 다양한 물량이었음을 알 수 있다.

장보고 선단의 상품 거래는 아시아는 물론 중동 지역까지 오가고 있었다. 장보고를 한국인 최초의 세계인이라고 하는 데에는 이러한 이유가 있다. 장보고는 시대를 뛰어넘는 위대한 역사를 써나가고 있었다. 공무역의 시대에 사무역을 실시했다. 국내에 갇혀 있던 시대에 국제적인 감각으로 세계를 향하여 나아갔다. 삼국에 나가 살던 유랑민 같던 민족들과 손을 잡고 세계를 열어갔다. 세상이 할 수 없다고 했던 일들을 장보고는 개척했다. 세상이 어둠에 갇혀 있을 때 장보고는 빛의 세계로 나갔다.

대륙은 실크로드를 잃고 단절되어 가던 때에 장보고는 바다를 통해 길을 열었다. 장보고는 한국인으로서 국제적인 감각을 가지고 세계를 상대로 무역한 최초의 사람이었다. 닫혀 있는 사고에서 뛰어나와 더욱 진취적이고 활달하게 세상으로 나아갔다.

기술자와 전문가 집단으로 구성된 현장중심체제의 운영을 했다

　장보고는 현장을 발로 뛰는 지도자였다. 신라에서 당으로 건너갈 때의 마음으로 살았다. 적진을 향해 말을 달리던 기세로 세상과 대적했다. 직접 몸으로 부딪혀 해결했다. 전장에서는 누구의 도움으로 살아남기보다 자신의 힘으로 살아남아야 한다. 모든 해결은 자신의 손에서 나온다는 것을 몸으로 체험한 사람이었다. 장보고는 무인이었다. 무인으로 다져진 패기로 세상을 만났다. 현장에서 모든 일은 결정하고 판단해야 하는 자세로 세상과 만났다. 장보고는 무령군 군중소장이 되면서 지도자의 역할과 책임을 느꼈다. 세상을 바라보는 눈도 넓어졌고, 세상을 받아들이는 마음도 커졌다. 장보고의 유연성은 군중소장을 그만 두고 상업에 발을 들여놓으면서부터였다. 새로운 세계에 대해 적응력을 키웠다.

　현장의 상황을 가장 잘 아는 사람은 현장에 있는 사람이다. 현장에 있는 사람에게 판단할 수 있도록 권한을 주어야 가장 정확한 판단이 나온다. 책임을 물으려면 권한을 주었을 때 가능하다. 책임 없는 권한은 행사하려 하지 않는다. 복지부동이라는 말은 이러한 때에 일어나는 행동양식이다. 장보고는 현장 책임자에게 현장의 일을 모두 맡겼다.

> 838년 12월 8일, 신라인 통역관 김정남은 경당 사신의 귀국 선박을 위하여 초주로 향해 떠났다.

> 839년 윤정월 4일, 신라인 역어 김정남의 청으로 구입한 배를 수리하기 위하여 도장, 번장, 선공, 단공 등 36명을 초주로 향하여 떠나게 하였다.

엔닌이 적산의 법화원에서 있었던 일을 적은 일기 내용이다. 장보고의 휘하에 있던 김정남이 청해진의 업무를 당에서 해나가는 것을 보여주는 대목이다. 통역관이면서 귀국 선박을 관리하기 위하여 초주로 떠나고, 일본 승려 엔닌에게 배를 팔기도 했다. 그리고 배를 수리하기 위한 편의를 엔닌에게 제공해주고 있다. 또 도장, 번장, 선공, 단공 등 36명을 수배하여 초주로 보내기도 했다. 일인다역을 하고 있음을 확인할 수 있다. 청해진의 장보고에게 이를 일일이 허가받고 처리하기란 불가능하다. 그리고 일을 이처럼 쉽게 처리할 수 있다는 것은 전권을 가지지 않았다면 불가능하다. 신라의 청해진은 당에서 한참이나 멀었다. 오랜 시간을 걸려야 도달할 수 있는 거리에 있었다. 현장 책임자가 모든 일을 결정하고 계획하는 것이 필요하다. 현장에 있는 사람이 현장을 제일 잘 안다. 상부로부터 지시를 받은 사항보다 스스로 계획하고 결정한 일은 목표의식이 더 강하고, 실현하려는 의지도 더 강해진다. 현장 책임자인 역어 김정남의 행동 하나하나는 현장에 있는 자신이 결정했다.

839년 6월 7일, 적산 법화원은 신라 통사 압아 장영 그리고 임 대사, 왕훈 등이 도맡아 관리하고 있다.

당에 자리한 적산 법화원의 관리도 그 곳의 법화원의 책임자인 사람들이 독자적으로 관리하고 있음을 간접적으로 확인할 수 있다. 관리와 목표 설정은 현장체계로 이끌어가야 한다. 권한은 아래로 위임하고 문제는 위에서 해결해주는 체계가 필요하다. 남자는 자신을 믿어주는 사람을 위해서 죽을 준비가 되어 있는 사람이라는 이야기가 있다. 충성은 믿음에서 나온다. 실수를 눈감아줄 때 충성하고픈 마음이 든다. 권한과 책임의 원칙은 냉정해야 하지만 조직에서 냉정만으로 다스리려 하면 큰일을 그르치게 된다. 곤경에 처했을 때 남아서 충성할 사람이 없어진다. 사람에게는 언제나 실수가 따른다. 그 실수를 끌어안아야 할 때는 과감히 끌어안고 재기를 도와주어야 하는 것이 앞서가는 사람의 태도다.

사람은 권한을 가진 만큼 일을 한다. 권한을 준 만큼 책임을 물으면 된다.

장보고는 지역마다 그 지역의 상권을 장악한 사람들과 친분을 맺었다. 지역의 지배권을 가진 관리들과도 개인적으로 친분을 맺었다. 그것도 직접 찾아갔다. 그리고 그들을 통해 무역을 했다.

> 고향을 떠나올 때 엎드려 축전 태수의 서신 한 통을 기탁받아 대사께 전해 올리려 했습니다. 그런데 홀연히 배가 얕은 바다에 가라앉아 물건들은 떠내려가고 기탁받은 서찰도 물결 따라 흘러가 가라앉고 말았습니다.

당나라 방문 중에 편의를 받은 것에 대한 고마움으로 엔닌이 장보고에게 보낸 편지에 담은 내용이다. 엔닌이 일본에서 당으로 건너갈 때 일본국의 공전 태수가 당에서의 여행 편의를 장보고에게 부탁하는 편지를 보냈으나 유실되었다. 장보고와 공전 태수의 친분이 없었다면 장보고에게 편지를 써서 여행 편의를 부탁할 수가 없었을 것이다.

장보고가 청해진을 설진하기 4년 전에 일본에서 당으로 건너간 기록을 통해서 알 수 있듯이 장보고는 이미 당과 일본을 오갔다. 현장을 직접 찾아가는 지도자였다. 사전에 준비하고 나서 기회가 찾아왔을 때 망설임 없이 공략했다. 자신의 존재를 알리려면 내용이 있어야 한다. 준비되지 않은 사람이 세상에 자신을 알린다는 것은 무모하고 어리석다. 결국 무능력함만을 알리게 되기 때문이다.

먼저 준비하라. 그리고 실행하라. 그 실행이 이루어졌을 때 세상에 알려라.

　가장 어려운 것은 실행 단계다. 누구나 꿈을 꾼다. 누구나 희망하는 세상이 있다. 그 세상을 이루고 못 이루고는 실행에 있다. 성공의 열쇠는 실행에 달려 있고, 그 실행의 열쇠를 쥐고 있는 사람은 바로 자기 자신이다. 닫힌 문을 열고 나갈 수 있는 열쇠는 자신 외에는 아무데도 없는 것이다. 그 문을 열고 나가야만 길은 열린다. 모두 다 성공하는 것은 아니다. 세상에는 냉혹한 바람이 분다. 성공과 실패가 기다리고 있다. 그렇다고 실내에 안주한다면 살아야 할 이유가 없어진다. 작은 일이든 큰 일이든 늘 벌어지는 세상으로 걸어나가야 한다. 누구의 도움도 바라지 말아야 한다. 사람이란 존재는 의지 없이 서 있도록 만들어진 존재가 아니다. 의지가 없으면 쓰러지게 되어 있다. 사람의 직립 구조는 허약한 관절로 이루어져 언제고 꺾이도록 되어 있다. 의지가 없다면 자신의 몸을 일으켜 세워 목표한 곳으로 걸어가는 것 조차도 힘든 구조다. 사람은 스스로 일어서서 자신의 길을 걸어가야 한다.
　장보고는 어려서부터 사람은 결국 혼자일 수밖에 없음을 깨달았다. 혼자 일어서야 하고 혼자 개척해 나가야 하는 것이 인생임을 알았다. 세상은 지식으로 열리는 것이 아니다. 지식은 행동을 위한 보조 자료다. 사람이 살아가는 지상에서 직접 육체적인 행동이 따르지 않고 이룰 수 있는 것은 아무것도 없다. 이를 누구보다도 잘 아는 사람이 장보고였다. 가진 것 없고, 든든한 후원자도 없는 맨몸으로 출발한 장보고로서는 몸이 재산의 전부였다. 직접 현장을 누비며 인맥을 만들고 남보다 한발 더 뛰어 현장 파악을 정확히 해야 했다. 현장의 말단에서 체감하는 것이 더욱 구체적이고 현실적이다. 한 조직을 파악하는데 말단에서 보고 느낀 것을 먼저 확인한다는 것은 전체의 흐름을 이해하는데 중요한 역할을 한다. 현장을 무시하면 조직은 밑에서부터 썩어 간다. 상부에서 하부로의 지시사항이 타당한가를 확인하는 것도 말단에서 해야 한다. 더 중요한 것은 그 말단의 현장에서 일하는 사람들이다. 이들이 가진 정보와 지식은 진정으로 커서 이들을 무시해서는 안된다. 예를 들어, 배의 성능을 개선하는 데에 절대적인 역할을 하는 사람은 배를 직접 만드는 목수로부터 나오고, 바다에서 배를 직접 운행하는 사람으로부터 나온다. 이들과 만나야 불편한 점이 바로 개선될 수 있다. 이들이 바로 청해진을 이끌어 간 사람이다. 큰 조직은 상부조직으로 움직이는 것이 아니라 유기적인 관계망에 의해 움직이는 것이다. 무엇보다 현장의 소리를 경청해야 새로운 세계로 가는 지름길이 열린다.

　장보고는 내부적인 인맥뿐만 아니라 신라의 청해진과 당의 요소요소에 인맥을 만들어 놓고 조직망을 구축했다. 일본에도 상거래를 위한 인맥을 만들어 놓았다. 일본의 축전 태수도 그러한 사람 중의 하나다. 장보고가 신라의 왕 흥덕왕을 만나게 된 것도 누군가의 추천이 있었을 것이다. 그리고 당과의 관계가 끈끈해서 후원해주었기 때문에 청해진의 설진은 가능한 일이었다.

　살아가면서 사람만큼 큰 재산은 없다. 모든 길은 사람으로부터 나온다. 모든 길의 끝도 역시 사람에게서 멈춘다. 인맥은 행동반경을 넓혀주는 첫 관문이다. 한 개인으로서 출중한 능력을 갖춘 사람이다 할지라도 세상과의 일에는 한계가 있다. 내가 직접 뛰어 정보를 얻고 확인할 수 있는 폭은 좁다. 더 넓은 세상을 향해 나아갈 때 인맥을 통한 조직망은 우선되어야 할 내용이다.

제10장

청해진 왕국을 꿈꾸다

장보고의 꿈, 청해진 왕국

청해진은 장보고의 이상 국가였다. 장보고가 개척한 바다는 소통의 광장이었다. 무역을 위한 상품이 모이고 다시 분산되었다. 해적에 의해 닫혔던 바닷길이 다시 열렸다. 장보고의 꿈이 청해진에서 이루어졌을 때 나·당·일 삼국은 다시 꿈꾸게 되었고, 바다를 통해 하나로 열린 광장에서 장이 서고 길이 열렸다. 삼국은 필요한 물품들을 구할 수 있게 되었고, 가고 싶은 곳을 갈 수 있게 되었다. 청해진을 통해서 바다는 열렸고, 열린 바다는 거대한 광장이었다. 물품이 오가고, 사람이 오가면서 활력을 다시 찾았다. 해적이 사라진 바다에 평화가 찾아왔다. 평화가 찾아온 바다를 통해 문화의 전파자 역할을 했다.

청해진은 종합적인 업무를 수행하고 있었다. 나·당·일 삼국의 공식사절단 안내 및 운송, 무역업무. 그리고 나·당·일 삼국의 언어를 익힌 신라의 통역사들이 삼국을 열었다. 선박의 건조와 수

리뿐만 아니라 군사와 민간인의 교량 역할을 했다. 청해진은 군민 합동 무역항이었다. 무엇보다 삼국을 하나로 통합한 제해권을 가지고 있었다. 청해진은 동북아 최초 국제해양감시기구의 창설이었다. 지금도 한·중·일 삼국 간에 이루어 내지 못하는 국제기구의 출발을 천이백여 년 전에 장보고가 이루어 내고 있었다. 반목과 평화를 반복하는 상황에서 장보고를 다시 되돌아볼 필요가 있다.

장보고가 청해진을 지금의 도시국가 형태의 독립국을 만들려는 야망을 품은 흔적이 보인다. 청해진의 본진이 있던 완도는 섬이었다. 청해진의 핵심기구가 설치되어 있던 곳은 전라남도 완도군 완도읍 장좌리에 있다. 장도將島라고도 하고 장군도將軍島, 장군섬이라고도 한다.

마을에서 장도까지의 거리는 약 180미터쯤 되고 하루 두 차례씩 썰물 때는 바닥이 드러나 걸어갈 수 있다. 가까운 거리에 장도가 있다. 장도 섬 전체의 면적은 대략 3만 8천 평 정도로 작은 섬이다. 섬의 해발고도는 43.5미터이고 정상부는 현재 동백나무와 후박나무 숲으로 이루어져 있다. 섬의 북쪽과 동쪽 그리고 남동쪽은 절벽이 있어 외부로부터 접근이 어려운 지형이다. 반면 서쪽과 남서쪽은 비교적 완만한 지형을 이루고 있어 출입이 쉽다. 섬의 서쪽은 태풍이 불어와도 바람을 막아주는 만의 형태로 이루어져 있어 배의 정박에 적당하다.

장보고의 활동과 유적을 찾기 위한 발굴 작업은 아주 초기 단계에 있다. 장도와 법화사지에 대한 발굴이 이제 겨우 이루어졌다. 법화사지에서 출토된 주름무늬 병은 청해진 시대의 것이 확실시 되는 장도 유적에서 출토된 것과 기형과 문양이 같다. 햇무리굽 청자 역시 그러하다. 중국의 월주요에서 생산한 것으로 여겨지는 햇무리굽 청자는 중국에서 7세기경부터 시작하여 9세기 전반기까지 생산했다. 법화사지의 창건은 통일신라시대 청해진 운영시기와 일치한다.

장도에서 출토된 것과 역사기록에서도 일치하는 것을 확인할 수 있었다. 장도에서 출토된 철제와 청동제의 제사용기들이 이러한 사실을 뒷받침해 준다. 『삼국사기』잡지 제1, 제4조에 이런 내용이 있다.

청해진 조음도助音島에서 중사中祀를 지냈다.

조음도가 지금의 장도였음을 말해 준다. 장도에는 본진이 있었다. 1만 명이라는 군사와 배가 있었다고 보기에는 작은 섬이다. 장보고가 머문 본진이 있었던 섬이라고 보면 된다. 많아야 몇 백 명이 주둔할 정도의 섬이다. 장보고가 머문 청해진의 중심이었지만 행정적인 업무와 지휘를 위한 장소였을 것으로 추정된다. 장도의 크기로 보아 웅장한 규모의 건축물이 들어서기에는 작다. 실용적인 운영을 위한 건축물이 들어섰을 것이다. 장보고의 청해진은 삼국을 관장하는 원대한 꿈이 무르익는 전진기지였지만 그 중심지 장도는 작았다. 장보고는 역동적이고 활력이 넘치는 청해진을 분산시켜 관리했다.

청해진은 장도를 중심으로 완도 그리고 주변 섬들을 아우르는 거대한 기지였다. 내륙 일부도 장도와 긴밀하게 연결된 기지들이 있었을 것으로 보인다. 장도를 축으로 해서 주변 섬과 내륙은 긴밀하게 연결되었다.

우선 장도 주변은 신지도, 고금도, 약산도 등 크고 작은 섬들이 마치 울타리처럼 둘러쳐져 있어서 천혜의 요새인 데다 중국과 일본을 잇는 해상 요충지로서 일본으로 가는 길목에 자리 잡고 있다. 청해진의 중요 유적인 장도에 들어가기 위해서는 하루 두 번 열리고 닫히는 물길을 알아야 한다. 외성문과 내성문, 고대 등의 건물들과 장도 전체를 두른 토성의 흔적이 복원되었다.

외성문은 장좌마을에서 짧은 바닷길을 건너면 만나는 첫 번째 관문이다. 섬의 지리적 여건과 함께 동남북 면은 절벽으로 이루어져 있어서 외성문은 성을 연결하는 유일한 통로다. 만약의 사태로 외성문이 무너질 때 이차적인 방어벽이자 지휘를 할 수 있는 내성문과 성벽의 모서리나 돌출 부분에 세워 먼 곳을 관측하고 지휘하기 쉬운 곳에 설치한 누각인 고대가 있다. 고대에서는 신지도와 거금도, 그 사이에 있는 약산도가 보인다.

청해진은 완도에 설진되었다. 장도는 완도의 부속 섬이라고 할 수 있다. 섬 안에 섬을 청해진의 중심으로 삼아 그곳에서 장보고는 세상을 읽었다. 그리고 삼국을 오가는 사람과 선박을 통제했다. 장보고는 청해진을 모든 세상과 통하는 곳으로 만들려는 야망이 있었다. 신라와는 별개의 독립국을 가지려한 흔적이 보인다. 무역으로 세상과 만나려는 도시국가인 셈이었다. 정복국가 시대에 무역으로 세상과 만나고 나라와 나라를 연결하는 꿈의 국가를 만들려 했다. 『속일본후기』에 기록되어 있는 내용을 다시 살펴본다.

840년 12월 초하루 기사 ⋯ 대재부에서 말하기를, "번국 신라의 신하 장보고가 사신을 보내어 토산물을 바쳤는데, 곧 진의 서쪽에서 쫓아버렸습니다. 신하 된 자로서 바깥 나라와 교류할 수 없기 때문입니다."라고 하였다.

신라의 신하 장보고가 사신을 보냈다는 내용이 무얼 의미하고 있는가를 음미해 볼 필요가 있다. 신라의 신하 자격으로서가 아니라 장보고 자신의 이름으로 사람을 보내고 공물을 보냈다는 내용이다. 그리고 신하 된 자로서 바깥 나라와 교류할 수 없어서 쫓아버렸다고 했다. 청해진이 설진되는 과정에서도 알 수 있듯이 청해진은 신라 조정과는 별개의 특별 조직이었다. 형식적으로는 신라의 신하였지만 독립적인 운영을 했음을 알 수 있다.

장보고가 적극적인 활동을 했음을 여기서도 확인할 수 있다. 먼저 찾아가는 외교와 무역을 했다. 비슷한 기록이 하나 더 있다.

841년 2월 무진 태정관이 대재부에 명을 내려 신라인 장보고가 작년 12월에 말안장 등을 바쳤는데, 장보고는 다른 나라의 신하로 감히 문득 공물을 바치니 옛 규범을 상고해 보면 정당한 물건이 아니다.

　여기서도 장보고 자신의 이름으로 공물을 바친 것을 보면 신라 조정과는 무관하게 독자적인 활동을 했음을 알 수 있다. 일본에서는 아직 장보고를 독자적인 세력을 가진 독립국 형태임을 인정하지 않고 있다. 장보고는 신라 조정과 일정 거리를 두고 있었음을 알 수 있다. 장보고를 국가로 인정하게 되면 신라와의 관계는 더욱 소원하게 된다. 사무역이 드물었던 시대에 장보고가 일본 조정 입장에서는 그리 반가운 존재만은 아니었다. 그러한 사정은 공물은 받을 수 없지만 가지고 온 상품의 거래는 인정할 수밖에 없었던 속내를 보면 알 수 있다. 필요하지만 국가적으로, 공식적으로 인정할 수는 없었다. 아울러 기록에 '신라인 장보고'라고 못을 박고 있다.

　당시 사무역은 국가에서 통제하고 있었고 규모가 작았다. 국가 간의 공무역이 정상적인 상거래였다. 삼국 모두 나라의 모든 산물과 토지는 국가의 것이었다. 국가는 곧 왕을 상징했다. 나라 전체가 왕의 소유였고, 신하와 백성은 그것을 빌려 경작한다는 심정적인 거래가 있었던 시대였다. 개인의 재산이 부분적으로 인정되기는 했지만, 왕의 나라에 사는 백성으로 인식되었다. 나라 안의 것들은 모두 왕과 연결되지 않은 것이 없었다.

　개인의 인권과 토지가 인정되지 않았던 시대에 장보고는 상업적인 거래의 물꼬를 텄다. 그리고 국가 간의 상업적인 거래도 열어갔다. 삼국은 무역로가 열렸고, 산물은 오갔다. 서로에게 필요한 것들을 제공해주는 장보고의 선박과 선원들은 바빠졌다. 청해진은 활력을 얻어가고 있었다. 더 넓은 바다로 나아갔고, 더 먼 바다로 항해할 수 있었다. 청해진은 삼국의 무역을 독점한 세력이 되었다. 신라와 당과는 무관하게 독자적인 계획에 따라 서해를 장악하고는 영역을 넓혀갔다. 『속일본후기』에 그러한 근거를 말해 주는 내용이 있다.

어려계 등이 귀화하여 와서 "우리들은 장보고가 다스리던 섬의 백성입니다."라고 하였다.

청해진에 거주하는 사람들의 마음을 읽을 수 있는 내용이다. 신라 사람이 아니라 '장보고가 다스리던 섬의 백성'이라고 말하고 있다. 사신을 보내고, 공물을 보내고, 그곳에 사는 사람들의 마음도 장보고가 다스리던 섬의 백성이라는 것 모두가 청해진은 독자적인 길을 갔음을 보여주고 있다. 국가적인 면모의 일면을 갖추고 있음을 알 수 있다. 한반도에 최초로 무역을 기반으로 한 도시국가가 탄생하였다고 할 수 있다.

정복국가가 세상을 지배하던 시절에 무역으로 국가 간의 담을 허물고 자유왕래를 할 수 있는 토대를 마련했다. 세계 최초 무역국가의 탄생이었던 셈이다. 지금으로 보면 다국적기업과 국가의 연합이라고 할 수 있다. 아직도 무역만을 근간으로 한 국가는 탄생하지 않았다. 청해진은 한 도시국가 전체가 생산기지화되고, 국제화된 통역관을 양성하고, 선박을 제조 수리하는 거대한 무역기지였다. 장보고는 지구촌 경영을 한 최초의 한국인이었다.

장보고의 꿈은 미래로 향했다

국가가 해결해야 할 어려운 문제를 장보고가 해결해 주는 대가는 청해진이었다. 청해진은 어려움을 딛고 출항했다. 청해진은 장보고의 꿈의 기지였다. 장보고의 꿈은 청해진에서 출발했고, 청해진에서 마무리되었다. 세계로 가는 전지기지였고, 기항지였다. 한민족에게 세계로 가는 관문을 열어 준 최초의 큰 사건이었다. 누구도 엄두내기 어려운 일을 장보고는 만들어 가고 있었다.

당시에 국가에서 통제하는 무역은 존재했으나, 개인이 독립적인 지역을 배타적으로 지배하면서 무역을 하는 국제적인 기구나 단체는 없었다. 누구의 간섭도 없는 배타적인 무역권을 가지고 서해를 점령해 갔다. 신라의 해상과 당의 해상을 자유로이 항해할 수 있는 권한이 있었다. 일본의 해상도 자유롭게 드나들었다. 장보고 선박의 입출항을 통제하지 않았다. 공식적인 허가는 아니었지만 장보고의 청해진은 물품의 거래를 인정받고 있었다.

장보고는 더욱 적극적으로 무역했다. 직접 현장을 방문하기도 했고, 인간적인 유대도 만들었다. 장보고가 청해진을 설진하고 첫 번째 과제는 흥덕왕과 약속한 해적 소탕이었다.

장보고는 우선 과제인 해적 소탕을 무역을 통해서 제거했다. 해상로에서 자연스레 만나는 해적들을 제거하면 해적은 사라질 것이고, 해적들이 원하는 무역거래를 열어주면 해적들을 장보고 선단에 흡수할 수 있었다. 자연스레 해적 문제는 해결될 수 있었다. 해적들은 물품이 필요한 사람들이었다. 바닷가에 있는 양민들을 강제로 데려가 팔거나 하는 문제와는 별개로 생필품과 먹을 양식을 구하는 자들이었다. 그들은 대부분 필요한 물품들을 구하기 위하여 바닷가에 있는 마을에서 거래하고자 하는 자들이었다. 하지만, 이러한 행위는 금지되어 있었다. 나라 안을 함부로 들어오는 이들의 행위를 내버려두었다가는 국가 보안에 치명적인 일이 벌어질 수가 있었기 때문이다. 국가 위난을 걱정한 조정에서는 이들과의 거래를 금지하였다. 이들에게 거래는 생존권이 달린 문제였다. 거래를 용인해 주면 해적들은 상인이 되었지만 거래를 허락하지 않으면 노략질을 저지르곤 했다.

장보고는 무역에 눈뜬 사람이었다. 이들과의 소통이 어렵지 않았다. 그리고 소통이 되지 않고 계속해서 노략질하는 자들은 처단할 힘을 가지고 있었다. 군사와 상인으로 조직된 청해진이었다. 군사적인 역할과 상인의 역할을 동시에 할 수 있는 능력 있는 선원들도 있었다. 청해진은 군사와 민간인으로서의 역할을 동시에 수행해야 하는 집단이었다. 군민 합동 단체였다.

항해 중 해적이 나타나는 위난이 닥쳤을 때 대처할 수 있는 군사적인 역할을 누구나 수행할 수 있어야 했다. 장보고 선단은 전문적인 고도의 훈련을 받은 사람들이었다. 항해술과 선박 수리 그리고 위난 시 군사적인 역할까지 수행하는 종합적인 업무 수행을 담당했으리란 가능성이 농후하다. 해적이 들끓는 바다를 당나라와 신라에서도 해결하지 못했다. 국가에서도 여러 번 해적을 소탕하려 했지만 이루지 못한 일을 이루어 낸 것으로 보아 청해진 사람들은 고차원적인 전문가들이었을 것이란 추측은 힘을 받는다.

장보고는 큰 일을 성사시키면 작은 일은 자연스레 따라온다는 원리를 받아들였다. 해적 소탕을 위해 청해진을 가동시키기보다 국제무역을 활성화하여 해적의 출현을 막는 한 단계 앞서가는 전략을 구사했다. 하나를 해결하면 다른 것도 부차적으로 해결되는 전략을 선택했다. 장보고가 무역에 역점을 두고 활동의 폭을 넓혀갈수록 해적의 입지는 줄어들게 되었다. 배의 출항이 잦을수록 바다는 장악되었다. 장보고가 활동한 이후 서해에서는 해적들이 양민을 잡아다 파는 일이 사라졌다. 두목의 『번천문집』에는 장보고의 해상활동이 시작되고 나서의 상황을 이렇게 적고 있다.

해상에서 신라 사람을 파는 자가 없었다.

바다에는 평화가 찾아왔다. 신라는 오랜 숙원이었던 해적의 소탕으로 평화를 맞았다. 평화와 함께 번영도 찾아왔다. 삼국의 중심지는 청해진이었다. 청해진의 번영은 신라의 번영과 맞물려 있었다. 신라의 경주에는 문물이 넘치고 사치도 생겼다. 장보고는 더 큰 바다로 나아갔다. 사람들이 요구하는 물건을 실어 날랐다. 배의 출항 횟수만큼 물량과 정보가 쏟아져 들어왔다. 세상이 원하는 것을 누구보다 먼저 알게 되었다. 세상이 변하는 것을 누구보다 먼저 느끼게 되었다. 장보고의 영향력은 점점 커졌다. 삼국의 바다는 장보고를 향하여 열려 있었다. 때로는 정치적인 이유로 거부할 때에도 배에 싣고 간 물건들은 거래를 허용했다. 그만큼 장보고는 필요한 존재가 되었다.

장보고의 꿈은 컸다. 세계를 무대로 했다. 그리고 멀리 내다보았다. 장기적인 안목으로 일을 추진해 나갔다. 점점 바다는 열려 갔다. 더 크게, 더 확실하게 열렸다. 꿈이 실현되어 갈수록 바다는 장보고의 편이었다. 신라인들의 뛰어난 바다 장악력과 모험심은 삼국의 바다를 청해진의 품으로 끌어들이게 했다.

국제적인 도시 신라 경주, 그리고 청해진

바다를 통한 길이 열렸다. 장보고는 뛰어난 신라인들과 손을 잡고 바다를 정복해 갔다. 신라인들이 만든 배는 서해를 날렵하게 저어갔다. 갯벌에 잘 적응된 배였고, 거친 파도에 쉽게 침몰하지 않는 배였다. 서해에 가장 잘 적응된 배에 탄 사람들은 바다의 사나이들이었다. 신라인들은 바다에 강했고, 선박의 건조와 수리에 능했다. 그뿐만 아니라 나라와 나라 사이에 사람들을 연결해 주는 것이 언어인데 이를 통역해 주는 사람들이 신라인이었다. 신라인은 서해를 기반으로 한 세계무역의 주역들이었다.

신라인들은 배를 몰고 상품을 실어 날랐다. 삼국의 상품들은 청해진으로 모였고, 청해진에서 출발했다. 신라와 당나라 그리고 일본의 상품들이 주 품목이었지만 멀리 아라비아와 동남아의 물품도 들어왔다. 세계의 상품들이 청해진으로 실려 왔고, 실려 나갔다. 동아시아의 중심이었다. 물류기지였고, 상품을 실어 나르는 항구였다. 무역을 중심으로 한 동아시아의 중심 역할을 했다. 장보고의 배가 오가는 곳에는 평화가 찾아왔다. 평화의 바닷길이 열린 길로 원하는 상품들을 실어 날랐다.

상품의 종류와 양은 늘어갔다. 관영무역의 실태를 확인해보는 방법 밖에 없다. 관영무역 중에서 신라가 당으로 수출한 상품으로는 인삼, 우황, 복령 등의 약재와 말, 과하마, 개, 바다표범, 금, 은, 동과 공예품이었다. 각종 직류도 많았다. 여기에서 특별한 것은 말과 과하마, 그리고 개와 바다표범 같은 것이 신라에서 당나라로 수출되었다는 것이다. 과하마는 과일나무 밑을 지날 정도로 작은 말이란 뜻으로 고구려군의 주력 말이기도 했다. 키가 작지만, 지구력이 강하고 산악에 적응을 잘하는 장점이 있다고 한다. 그리고 바다표범을 수출했다는 것이 지금의 상황으로서 의아한 일이나, 당시는 그 정도로 많이 잡혔다고 한다. 지금은 백령도 근처에 소수의 바다표범이 서식하고 있다는 소식을 접할 뿐이다. 당에서 신라로 수출한 물품으로는 명주실, 의복, 생활 공예품, 차와 각종 유불선 경전들이었다.

관영무역에 해당하는 조공인 이들 무역품은 일반적으로 물량이 제한되어 있었다. 부정기적으로 이루어져 정치적인 교류의 왕래가 있을 때에만 일어나는 부수적인 거래행위였다. 물자를 원하는 사람은 많았지만, 국가에서 통제해 거래가 원만하지 못했다.

시대는 변하고 있었다. 역사의 흐름은 강자의 체제에 따라 이루어진다. 강자가 무너지거나 약화됐을 때 새로운 형태의 세상이 열린다. 신라와 당의 중앙집권적인 힘의 정치가 와해되어 가고 있었다. 반면 지방세력들이 일어서고 있었다. 이들 지방 세력들은 재원이 필요했다. 중앙 조정과 지방 세력은 경쟁 관계에 접어들었다. 언제 어떤 상황이 터질지 모르는 긴장이 흐르고 있었다. 강자가 약자를 잡아먹는 시대였다. 전쟁을 수행하려면 물자와 경제적인 재원이 필요했다. 이들은 상업에 뛰어들었다. 가장 쉽고도 많은 재원을 확보할 수 있는 방법이었다. 공무역이 무너지고 사무역이 그 빈자리를 잠식해 가고 있었다. 중앙 조정과 지방세력의 묵인 속에 사무역이 활성화되고 있었다. 당 왕조가 765년에 드디어 이러한 사무역을 관장하는 관청을 설치했다. 현실을 공식적으로 인정하는 관청이었다. 설치한 '압신라북해양번사押新羅北海兩藩使'는 바로 이러한 사무역을 관장하는 기능을 가지고 있었다. 여기서 사使는 평로절도사에 속해 있는 신라, 발해와의 항해 무역을 관장하는 기구였다. 당 조정에서 행정기구를 설치하였다는 것은 금지했던 거래를 인정하는 변화의 사례를 보여준 것이었다.

항로는 여러 갈래가 있었다. 해류를 이용하거나 바람을 이용해 항해 시간이 짧고 안전한 길을 선택했다. 한반도와 중국의 연안을 끼고 도는 북부연안항로, 중부항로, 남부항로가 있었다. 이들은 계절에 따른 해류와 바람의 영향을 고려해 항로를 수정하기도 했다. 실제로 운항했던 길은 때와 상황에 따라 달랐다. 이 길을 더욱 세분해서 여러 항로를 상황에 따라 선택할 수 있었다. 그것은 바다를 잘 아는 사람들만이 선택할 수 있는 경험에서 나오는 길이었다.

북부연안항로는 가장 오래된 항로였다. 작은 배로 안전하게 건 널 수 있는 항로였다. 하지만, 돌아가는 거리가 워낙 길어 신속한 내왕이 어려웠다. 이를 보완하기 위하여 항해술과 조선술이 발달 하면서 중부항로가 열렸다. 신라와 당이 지형적으로 가장 가까운 산둥반도와 서해안을 연결하는 항로다. 장보고 시대에 가장 많이 이용한 항로이기도 했다. 이 중부항로는 경로가 여러 곳에 있었 다. 해주, 등주, 연수 등에서 출발하여 신라의 서해연안과 서남해 안을 연결하는 항로다. 그리고 가장 남쪽에 있는 남부항로가 있 다. 남부항로는 신라와 명주를 연결하는 항로다. 영암 부근에서 출발하여 흑산도를 거쳐 상해 부근에 이르는 항로로 명주와 월주 요에서 만들어진 도자기를 운반했던 항로로 알려졌다. 엔닌이 적 은 일기에 이 항로에 대한 기록이 남아 있다.

지난날의 사례로 볼 때 명주에서 떠난 배는 바람을 따라 신라 로 들어갔다.

남부항로는 7, 8, 9월에는 서남풍을 타고 신라로 건너오고, 10, 11월은 동북풍을 타고 명주로 갔다. 일본으로 들어가는 길도 이 길을 선택했다. 그러한 예가 여러 건 있다. 남부항로는 명주에서 신라와 일본으로 가는 항로였다. 이 항로를 주도해서 이용하는 사 람들이 청해진과 관계를 맺고 살아가는 신라인이었다.

신라인들은 바다와 육로를 통해 활발하게 상업 활동을 했다. 많 은 신라인이 당의 국경을 넘나들었고, 당나라 내에 무역 거점을 마련하였다. 엔닌 일기에 보이는 신라인들의 활동상을 보면 신라인들이 무역과 선박에 관련된 일을 하는 광경들이 생생하게 그려져 있다. 중국에 지명으로 남아있는 신라소, 신라방과 신라서 그리고 신라산이란 것들이 신라인들의 활동 근거지였음을 확인하게 한다. 신라서와 신라산의 지명에 대한 유래가 전해 내려오고 있다.

> 신라서와 신라산이 있는데 이전에 신라 상인이 선박을 정박하는 데 이용하였기에 이름 붙었다.

이러한 기록에 의해서 신라인들이 근거지로 해서 살았던 지점임을 확인할 수 있다. 그리고 신라서나 신라방 그리고 신라산이 전해 주는 의미도 상업과 관계됐음을 확인하게 된다. 신라서는 신라인들이 살던 작은 섬이라는 뜻이고, 신라방은 신라인들이 살던 동네 또는 가게라는 뜻이다. 주로 바닷가에서 어업보다는 선박과 관련한 일을 했고, 그 주요 활동 내용은 상인이라는 것을 알 수 있다.

신라인들이 역동적으로 상업 활동과 선박에 관련된 일들을 하고 있었다. 성공한 신라인들이 생겨났다. 이때 장보고의 등장은 동아시아의 판도를 바꾸어 놓는 계기가 되었다. 기울어 가던 신라에 활력을 불러일으켰다. 동아시아에 활력을 불어넣어 주었다.

관영무역에서 사무역으로의 대전환이 시작되었다. 이 변화의 물결에 편승해서 신라에는 부가 이루어지고 있었다. 문화 수입의 주요 통로가 되었다. 장보고 선단이 싣고 가는 물건들이 얼마나 환영을 받았는가를 확인할 수 있는 글이 있다. 831년 일본의 태정관이 대재부에게 "신라인의 교역물을 검사하라."는 내용의 관부가 있다.

> 듣는 바로는 우둔한 백성이 가사를 털어서 경쟁적으로 물건을 사고 있다. 따라서 자산은 거의 탕진되었다. 박래품에 빠져 일본의 물건을 경시한다.

물품이 부족하던 시대에 진귀한 상품을 본 사람들은 열광했다. 박래품은 직역하면 다른 나라에서 배로 실어온 물품이란 뜻으로 장보고 선단에서 들여온 물품들을 말한다. 그만큼 장보고 선단의 상품들은 필요한 물건들이었다. 희귀성과 경제성을 가지고 있었다. 장보고 선단의 행동반경은 상당히 넓었다. 장보고 선단은 일본을 자주 드나들었다. 독점적인 권리를 가지고 있었다. 그리고 선단이 일본을 드나드는데 제재가 없었다. 장보고 선단이 활발하게 일본을 드나든 내용을 기록한 것이 있다. 같은 해 관부에 신라 상인들이 얼마나 자주 일본을 왕래하였는가를 보여주는 글이다.

> 지금 신라 상인의 왕래가 끊이질 않고 있다. 경계의 임무를 게을리해서는 안 된다. 바라옵기는 사생史生 한 명을 줄이고, 노사弩師를 두고자 태정관에게 요청합니다.

신라 상인의 왕래가 끊이지 않고 있음을 적고 있다. 이 기록은 잇키 도사島司가 신라 상인의 왕래가 잦으니 경계를 강화하기 위하여 문관인 사생을 무관인 궁사로 대체하자고 요청한 것이다. 여기서 알 수 있는 것은 신라 상인이 대재부뿐만이 아니라 잇키, 오도열도 등 규슈의 각 지역을 넓게 드나들었다는 것이다.

일본은 신라 상인들에 의해서 상품의 수입뿐만이 아니라 당으로 가는 견당사와 공부하러 가는 유학승까지 인적교류가 자유로워졌다. 갑작스런운 잦은 왕래의 선박과 많은 인적교류에 당황하고 있음을 볼 수 있다. 그러나 여러 가지 편의를 경험한 일본은 장보고 선단의 입국을 끊을 수가 없었다. 당황하여 견제할 필요성을 느끼고 있음을 본다.

일본이 이 정도라면 신라 본토는 훨씬 더 잦게 배가 드나들었을 것이다. 신라 경주는 사치품으로 넘쳐나고 있었다. 이슬람 상인에 의하여 공급된 것으로 보이는 고급 사치품이 범람했다. 장보고 선단은 세계 곳곳의 물건들을 들여와 거래했다. 공작꼬리, 비취모, 향, 페르시아 직물 등 이루 헤아릴 수 없는 진귀하고 처음 보는 물건들이 들어왔다. 왕은 이러한 세태에 강한 금지의 명령을 내린다. 흥덕왕 9년, 834년의 일이다. 장보고가 설진한지 6년 후의 일이다.

세속은 점점 경박해져 백성들은 사치와 화려함을 다투며 오직 기이한 물건의 진귀함을 숭상하고 도리어 지방 산물의 속됨을 싫어한다. … 풍속의 허물어짐은 오랑캐를 능가하기에 이르렀다. … 법을 어기면 형벌로 다스리겠다.

『삼국사기』에도 신분에 따라 사용하지 못하는 물품에 대해 적은 기록이 있다.

　　육두품녀의 소梳에 슬슬瑟瑟을 사용하지 못한다.

소는 빗을 말한다. 슬슬은 에메랄드를 말한다. 빗에 에메랄드를 장식한 것을 사치라고 막고 있다. 육두품은 계급이다. 계급에 따라 차등을 두어 사용금지 품목을 적고 있다. 에메랄드는 동아시아에서 나는 보석이 아니다. 서역 지방에서 나는 보석이다. 에메랄드가 신라 경주에서 많이 사용되니 사치로 여겨 이의 사용을 금한다는 것을 보아도 당시 외국 문물이 신라 땅으로 얼마나 수입되었는가를 확인할 수 있다. 신라 땅에서는 일찍이 경험하지 못하던 풍경이었다.

도자기 기술을 신라로 가져와
청해진을 산업 생산 기지화

세상을 읽을 줄 알아야 현재를 정확하게 파악할 수 있다. 오늘의 세계가 미래로 향하여 가는 길을 파악할 수 있는 거울이다.

장보고는 신라와 당으로부터 모두 필요한 사람임을 부각시켰다. 그리고 양국을 하나로 묶을 방안을 마련했다. 그 방안은 모두가 승리하는 방안이었다. 거부하기엔 미래가 보이는 혜안의 길이었기 때문에 신라도 당도 받아들일 수밖에 없었다.

장보고는 소리 없이 그러나 강하게 침투했다. 장보고가 행한 일은 무엇보다 국제적인 상업 거래의 길을 열었다는 것이다. 공무역만이 인정되던 시기에 대규모의 사무역은 일종의 혁명적인 일이었다. 장보고가 한 일은 무력으로 상대를 제압하는 일이 아니었다. 창과 칼은 뒤에 숨기고, 원하는 것을 제공해 주기 시작했다. 권력이 아니라 편익을 팔았다. 나라와 나라 사이에 연결망을 만들어 원하는 것을 제공해 주는 은혜로운 역할이었다. 장보고의 배는 칼과 창으로 무장한 군사들이 민간무역으로 상업적인 역할을 하면서 상품을 실어 나르는 상선이었다. 선원들은 전사 훈련을 받아 유사시에 해적을 격퇴할 수 있는 능력을 갖춘 사람들이었지만, 선원들의 복장이나 배에 실려 있는 물건들을 보면 분명 상선이었다.

장보고가 청해진을 설진하고 실어 나른 물품 중에서 주된 상품은 중국 도자기였다. 도자기는 당대 최고의 상품이었다. 지금의 반도체 기술과 비교할 수 있는 첨단 물품이었다. 당시에 중국을 제외하고는 어디에서도 도자기를 생산해 낼 수 있는 곳이 없었다. 도자기를 생산하려면 불의 온도는 1,350℃가 되어야 가능한 것이었다. 불의 온도를 1,350℃까지 올리는 기술을 가진 나라는 중국 외에는 없었다.

장보고는 자신의 고향 근처인 강진에 도자기 가마를 마련했다. 조국으로 당시 최고의 기술이었던 도자기 기술을 수입해 왔다. 도자기는 최고의 상품이었고, 최고의 기술이었다. 청해진을 산업 생산 기지로 만들어보려는 야심 찬 계획을 실행했다.

이 도자기가 한국 도자기의 자랑인 고려 도자기의 원형이라고 할 수 있다. 이 도자기 기술이 이렇게 한반도에도 전해져 고려시대에는 도자기 중흥시대가 열리게 된다.

유럽과 중동에서도 도자기 기술이 발달했지만, 중국과 한국 도자기 기술에는 미치지 못해 중국과 한국 도자기는 최고의 상품으로 대우를 받았다. 그들의 도자기는 낮은 온도에서 구운 토기 형태로 되어 물을 담으면 힘이 없이 부서지는 약점과 유약으로 납

성분을 써서 음식물을 담을 수가 없었다. 화려하기는 하지만 강도
가 약하고 독성분이 남아 있어 생활 도자기로 쓰지 못했다.

 장보고가 도자기를 주 상품으로 했다는 것은 중국의 절동과 한
국의 완도 두 곳에서 출토된 도자기가 일치한다는 사실에서 확인
할 수 있다. 당시의 도자기는 중국 절강성 지역에서 생산된 월주
요로 청자기가 주였다.

 장보고는 서해에 나타나 신라의 양민들을 납치하던 해적을 제
거하고, 더 먼 바다를 바라보았다. 활동영역을 넓혀갔다. 장보고
는 동아시아 무역의 역사를 새로 쓰고 있었다. 변방 신라는 세상
의 중심으로 서서히 이동하고 있었다. 신라라는 나라가 서역의 기
록에서도 나타난다. 그리고 당시에 외국인들이 신라의 경주 땅에
들어와 살고 있었다. 신라의 경주와 청해진은 국제적인 도시였다.

> 신라는 중국의 맞은편에 있으며, 산이 많고, 금이 풍부하며, 기후
> 와 환경이 좋아서 모슬렘이 많이 정착하고 있다. 인삼, 옷감, 안
> 장, 토기, 칼 등이 많이 산출된다.

 중국 상인은 물론 아라비아 상인까지 신라의 경주에 들어와 살
면서 상품을 거래하였다. 신라는 개방된 나라였다. 외국인들이 신
라의 경주에 와서 거주할 만큼 국제적인 도시였다. 열린 마음과
열린 개방적인 정치가 신라를 고립으로부터 탈출하게 하였고, 신
라에 번영을 안겨 주었다. 중동 지방의 아라비아에서 동남아시아
지역의 산물을 수입했다. 그리고 그곳까지 동남아시아 지역의 물
건을 거래했다. 공작꼬리, 비취모는 동남아시아 지역에 사는 새의

깃털이다. 비취모는 지금의 파키스탄에 사는 새의 깃털에서 생산되는 물건이다. 슬슬이 에메랄드는 지금의 중동지방에서 나는 보석이다. 이렇듯 장보고의 무역 품목은 제한 없이 다양하게 취급되었다. 특히 신라는 새로운 문화에 관심이 많았다.

통일 전까지 새로운 문화에 목말라 했던 신라였다. 당시 문화의 중심지인 당나라는 고구려와 백제로 막혀 있었고, 바닷길은 멀고 험했다. 백제를 거쳐야 도달할 수 있는 곳이었다. 통일이 되면서 문화와 과학적인 지식을 구하려는 적극적인 노력은 계속 되었다. 사절단의 일행인 사절단원과 유학생이 사들인 서적 비용을 국고에서 지급했다. 그만큼 신라는 외국에 대해 개방적이고 문화 수입에 적극적이었다. 고립으로부터 탈출하여 번영을 위한 신라 조정의 노력은 컸다. 고구려와 백제의 주변국으로 있을 때 고립을 뼈저리게 체감한 신라였다. 신라는 새로운 문화와 과학을 받아들이면서 진보를 꿈꾸고 있었다. 또한 지방 호족들이 힘을 불리며 일어서고 반대로 신라 조정의 힘이 와해되어 가는 과정에서, 왕권 강화를 위한 방법으로 해상에서 출발한 지방 세력의 성장에 제동을 걸 필요가 있었다. 해적 소탕과 함께 해상을 장악하려는 욕망 또한 컸다.

도자기가 다량으로 필요했다. 당 유학을 경험한 일본의 혜운이 쓴 『안상사가람연기자재장安詳寺伽藍緣起資財長』의 기록을 살펴보면 일면을 확인할 수 있다.

내가 옛날 대재부 강사 겸 축전국 강사로 있던 때, 신라인이 빈번

하게 왕래해 왔다. 나중에 진언도장을 건립하기 위하여 그들로부
터 많은 그릇과 접시를 샀다.

일본의 혜운이 대재부 강사로 임명된 것은 833년이었다. 혜운은
10년 가까이 대재부에 있었다. 위의 내용은 831년에 신라 상인이
들어와 교역을 했다는 내용을 적은 것이다. 거래 품목에 많은 그
릇과 접시를 샀다고 적고 있다.

다량의 수요를 충당하기에는 어려움이 있었다. 중국 당나라에서
청해진까지 운반해 오는 것은 여러 가지로 어려웠다. 무거운 도
자기를 배에 싣고 항해하는 것도 만만치 않았다. 당과 신라는 멀
었다. 당에서 신라로의 상품 수송은 모험에 가까웠다. 당에서 운
반해 온 도자기를 일본까지 나르는 일도 대단한 노력과 위험을 내
포하고 있었다. 장보고는 배가 자유롭게 드나들고 도자기의 원료
인 태토도 있어 장소로 적합한 강진에 도자기 생산 기지를 마련했
다. 강진은 청해진의 완도와 바로 인접하고 있었다. 오고 가는 길
목인데다 여러 가지로 도자기 생산 기지로 만족스러운 곳이었다.

이러한 사실은 최근에 밝혀진 내용이다. 한반도에 도자기 기술
이 장보고에 의하여 들여왔을 가능성을 높이는 논문이 잇달아 나
오고 있고, 일부는 상당히 신빙성 있는 내용이 보고되었다. 장보
고는 청해진을 더욱 확고한 생산 기지로 만들고자 시도했다. 월
주요청자越州窯靑磁의 수출항이던 명주 근처의 도공을 그의 근거지
인 청해진 근처의 강진에 초빙했다. 당대 세계 최고의 기술이며
수출품이었던 도자기를 직접 생산하기 위한 구상이었다. 이는 신
라사회 전체의 부와 문화의 질적 향상을 이룰 수 있는 기회였다.

사람만을 초빙해서 될 일이 아니었다. 도자기를 만드는 재료인 흙과 첨단기술이었던 가마를 만들어야 했다. 이것이 성공하면 도자기 수출국이 될 수 있었다. 도자기는 중국 외에는 어디에서도 만들어 내지 못했다. 어디든 가져만 가면 최고의 대우를 받는 도자기였다. 당시에 도자기를 만들려면 불의 온도를 1,350℃ 이상으로 올려야 하는 첨단기술이 필요했다. 가마를 만들어 불을 아무리 때도 1,000℃ 이상으로 올라가지 않았다. 온도를 높이려면 이중 연소를 시켜야 하는 기술을 깨우쳐야 하는데 이 기술은 중국만이 가지고 있는 것이었다. 장보고는 도자기 사업을 가난에 허덕이는 백성을 살릴 수 있는 기반으로 생각했다. 그러기 위해서는 중국에서 도자기 장인을 데려와야 했다. 중국의 도자기 사업은 국가적인 사업이었다. 기술 유출을 막기 위해 장인의 국외 이동을 막았다. 중국의 도자기 생산지는 신라인들이 많이 거주하는 곳 중의 하나였다.

신라에서도 장보고의 주 거래품이었던 도자기가 발견되는 곳이 여러 곳에 산재해 있다. 중국 월주요에서 생산한 도자기와 강진에서 발견되는 도자기의 모습이 너무 동일하다. 같은 기술과 같은 모양의 도자기 파편을 다량으로 발견할 수 있다. 장보고는 중국에서 생산하는 도자기를 국내에서 생산했다. 도자기를 굽던 신라인들을 신라 땅 강진으로 이주시켰다. 신라에 산업 생산 기지를 마련하기 위해서였다. 고려청자의 전 단계였던 도자기 기술은 장보고에 의하여 전수되었다고 볼 수 있다. 신라 말의 도자기 발달에 장보고의 청해진이 중요한 역할을 담당했음을 보여주는 실레다. 자체 생산으로 생산비 절감은 물론 유통비를 대폭 줄일 수 있었다. 무엇보다 당대 최고의 기술을 조국 신라로 가져와 생산 기지화했다. 신라를 세상의 중심으로 한발 더 다가서게 하는 계기가 되었다.

신라는 당시 거듭되는 흉작으로 먹을 것이 없어 떠도는 유민들이 늘어가고 있었다. 『삼국사기』의 내용을 통해 이러한 내용을 확인할 수 있다.

> 815년 8월, 서변의 주군현에 큰 기아가 있었다. 도적이 봉기하였으므로 군을 출동하여 이를 토벌하여 평정하였다.

> 816년 봄 정월, 흉작으로 백성이 굶주려 절동 지방으로 가서 먹을 것을 구하는 자가 170명이나 되었다.

이러한 내용은 신라 하대에 와서 많이 등장한다. 중앙 조정이 무너지고 지방 세력이 발호함에 따라 통제가 되지 않아 착취가 늘어나고 흉작까지 겹쳐 백성은 먹을 것이 없어 굶주려야 했다. 『삼국사기』에 나오는 절동지방은 중국 당나라를 말한다. 먹을 것을 찾아 중국과 일본으로 가는 유민들이 늘어나고 있었다.

장보고는 청해진을 생산 기지화하여 부가 따라올 수 있도록 도자기 생산 기지를 신라의 영토로 끌어들였다. 월주요 청자의 주요 거래항인 명주는 신라인들의 중요한 근거지였다. 유민 또는 노비로 끌려간 재당 신라인은 1만여 명으로 추정한다. 그 가운데 많은 사람이 월주요가 있는 절강성으로 유입되었다. 도자기 제작은 하층계급이 맡아서 했다. 신라 노비 가운데 도자기 제작에 종사한 도공들이 있었다. 도자기는 중국 이외의 나라에서는 감히 생각을 하지 못했다. 첨단의 기술, 최고의 품질로 세계인이 열광하게 한 제품이었다. 흙으로 빚은 빛나는 그릇, 예술성과 실용성이 돋보이는 제품이었다. 장보고는 중국을 제외하고는 엄두도 내지 못한 이 도자기 제작 기법을 알아내어 청해진에서 생산해냈다. 동북아의 패권으로 가는 단계를 착착 진행하고 있었다. 해상을 장악하고 다음으로 생산 기지화해 진정한 무역의 중심지로 청해진을 탄생시키고 있었다. 고도의 기술이었고, 중국만이 가진 기술을 장보고는 청해진이 있는 완도에서 가까운 강진에 도공을 데려와 가마를 만들고 도자기를 생산하도록 했다. 신라는 첨단 기술 보유국이 되었다. 장보고는 꿈의 생산물이었던 도자기 생산을 신라 내에 자체적으로 이루어 냈다. 세계로 수출하는 상품을 다량으로 생산했다. 부의 원천을 만들어가고 있었다.

장보고가 이룩해 놓은 첨단의 기술 단지는 이렇게 남도의 강진에서 발화되었다. 신라가 경제 부국으로 일어설 수 있는 토대를 마련하는 계기가 되었다. 하지만, 애석하게도 청해진의 몰락과 함께 도자기 기술이 끊어진 것으로 보인다. 세월이 많이 흐른 후 고려조에 들어와서야 다시 강진 땅에서 도자기 기술은 꽃을 피운다.

월주요에서 생산된 것과 강진 가마터에서 발견되는 도자기 파편이 같은 것으로 판명되었다. 그곳이 바로 강진군의 대구면과 칠량면이다. 이곳은 한국 도자기의 성지가 된 곳이다. 신라 내에서의 유통은 물론 수출까지 했음을 보여주는 논문의 내용을 소개한다. 일본의 길강원석이라는 학자가 쓴 『고려청자의 출현』이란 논문이다.

> 전년(1984년) 필자가 행한 유적에서 500점이 넘는 월주요 청자가 출토되었다. 이들의 파편 가운데 고려청자와 닮은 것이 있어, 경도대학에 의뢰하여 태토 분석을 하였는데, 한국의 대구면 용운리의 사목고대 청자요지와 동질의 청자가 존재하고 있다.

이는 장보고의 청해진에서 운영한 가마에서 생산한 도자기가 일본에까지 수출품으로 건너갔음을 증명하는 내용이다. 이뿐만이 아니라 다른 곳에서도 강진의 대구면 용운리에서 구운 태토와 같은 것이 일곱 군데에서 발견되었음도 밝혀졌다. 대량생산 체제를 갖추고 수출품 중 주요 물품으로 거래했음을 보여준다.

청해진은 군사적인 이유로 설진되어 서해를 같이하는 주변국들과 무역을 시행했고, 한발 더 나아가 청해진을 생산 기지화했다. 바다를 매개로 한 위험에서 벗어날 수 있었고, 생산을 직접 함으로써 물량을 확보하기 쉬웠다. 또한, 생산원가를 대폭 낮출 수 있었다. 장보고는 청해진을 무역기지에서 생산기지로의 변화를 시도했다. 청해진뿐만이 아니라 신라의 재정은 더욱 튼튼해졌다.

무역의 활로를 열기 위해 직접 뛰었다

장보고는 완도를 축으로 해서 주변 육지의 일부뿐만이 아니라 흑산도와 제주도까지 기지를 만들 수 있었던 것으로 보인다. 당시 제주도는 신라 땅이 아니었다. 신라에 조공을 바치기는 했지만 독립국이었다. 장보고는 신라는 물론 당나라와 일본 그리고 탐라국을 자신의 나라처럼 드나들며 무역을 했다. 이들 국가가 별달리 거부반응을 보이지 않고 장보고를 받아들인 것은 이례적인 일이었다. 서해를 중심으로 한 주변 국가들은 서로 이해관계가 얽혀 있었다. 서로 침공하기도 하고, 연합하기도 했으며, 때로는 적대관계를 유지하기도 했다. 하지만, 장보고는 이들 나라를 드나들며 무역을 했다. 자국의 배가 아니면 연안에 상륙할 수 없는 것이 이 시대의 일반적인 관행이었다. 허락 없이 자국의 연안으로 들어오거나 내륙으로 들어올 때는 염탐을 위한 침입자로 되어 처벌을 받았다. 장보고가 이들 나라를 자유로이 왕래할 수 있었던 것은 그가 가진 역량이 많았기 때문이다. 당에서의 성장과 신라인이라는 배경, 그리고 신라와는 일정한 거리를 두었던 것까지 영향을 미쳤을 가능성이 크다. 그리고 개인적으로 쌓은 인간관계가 작용했을 것으로 해석된다. 아주 이례적인 일이었다. 이러한 경우는 이전에도 없었고, 이후에도 없었던 일이다. 무역이 일반화된 지금도 이러한 일은 일어나지 않았다.

장보고는 그만큼 용의주도하게 많은 사람을 자신의 편으로 끌어들였다. 적극적인 노력을 기울인 흔적이 보인다. 『속일본후기』에 기록되어 있는 내용을 보면 장보고가 얼마나 무역을 하기 위해 노력했는가를 알 수 있다.

840년 12월, 신라의 신하인 장보고가 사신을 보내어 토산물을 바쳤다.

841년 2월, 신라인 장보고가 작년 12월에 말안장 등을 바쳤는데, 장보고는 다른 나라의 신하로 감히 공물을 바치니 옛 규범을 상고해 보면 정당한 물건이 아니다.

문은 두드려야 열린다. 하루 아침에 저절로 열린 것이 아니라 현장을 누비고 다니며 인맥을 쌓아 만들어낸 결과였다. 닫혀 있던 문을 열기 위해 장보고는 현장을 직접 지휘하고, 토산물이나 말안장 같은 것들을 선물하면서 거래를 열고자 노력했다. 또한, 당나라에서 맨몸으로 일어나 무역에 손을 대면서 구축해 놓은 인맥이 큰 상인으로 일어서는데 중요한 역할을 했을 것이다.

일본의 기록에 적혀 있는 것은 극히 일부분임에 틀림없다. 청해진을 설진하기 전에 이미 일본을 방문한 기록에서도 볼 수 있듯이 장보고는 적극적으로 판로를 개척했다. 토산물이나 말안장 등을 바쳤다는 것은 무역을 트려는 하나의 방벙이기도 했지만, 좋은 물건을 견본으로 활용해 보도록 하려는 의도이기도 했다.

장보고가 이런 정도로 직접 발로 뛰었다면 수하에 있던 사람들은 어떠했겠는가. 더 현장을 누비며 새로운 상품을 찾아내고 원하는 곳을 찾아다니며 물건을 팔았을 것이다. 이처럼 물건이 모자라던 그 시대에도 장보고는 적극적으로 시장을 개척하고 인맥을 구축했다.

장보고는 당나라에서 무역을 시작한 뒤 신라에 들어와 청해진을 설진하고 바다를 정복해 나가기 시작했다. 바다는 장보고의 수중으로 들어오기 시작했다. 장보고가 바다로 나아가자 바다를 어지럽히던 해적들은 사라지고 무역의 길은 열렸다. 무역으로 열린 길은 활기찼고 바다는 더욱 넓은 길이 되어 주었다. 장보고에게 한반도는 좁았다.

당시 신라의 국제 관계는 원만하지 못했다. 북으로는 발해에 막혀 있었다. 고구려의 후예를 자처한 발해는 만주 일대뿐만 아니라 바다로도 영역을 넓혀 갔다. 신라는 일본과 적대관계에 있었고 발해와도 적대관계였다. 발해에서 보면 신라는 자신의 나라인 고구려를 망하게 한 적국이었다. 청해진의 설진에도 발해의 존재가 작용했을 것이란 추측은, 앞서 언급했듯이 근본적인 문제로 말미암아 발해와 신라의 관계가 개선되지 않았기 때문이었다.

일본과도 마찬가지였다. 백제와 우호적인 관계에 있었던 일본은 신라와 가까이 하려 하지 않았다. 하지만 멀리있는 당과 발해와의 관계는 유지하려 했다. 백제와 특별한 관계를 유지해 왔던 일본으로서 백제를 무너뜨린 신라는 배척해야 할 존재였지만, 당으로부터 문물과 문화를 받아들이고자 했던 일본으로써는 신라를 무시할 수만은 없었다.

당시 일본은 신라의 해역을 통과하지 않고서는 당과의 관계를 원만하게 유지할 수가 없었다. 육지를 끼고 가는 항로는 덜 위험했지만, 공해상을 지나기에는 일본의 배는 약했다. 일본으로서는 신라를 멀리하고 싶었지만, 당과의 관계를 위해서는 적대적인 관계만을 유지할 수가 없었다.

이러한 입장을 잘 파악하고 있었던 장보고는 일본을 공략했다. 일본은 장보고의 배가 드나드는 것이 안보상의 문제점을 가지고 있음에도, 문화가 들어오고 새로운 과학이 들어오는 경로로 여겼다. 무역을 막는다면 일본으로서는 새로운 세계와의 접촉이 막혀 발전하기 어려웠다. 신라와의 접촉보다는 장보고 선단의 입항이 덜 껄끄러운 존재였던 것이다. 장보고는 일본을 비교적 자유로이 드나들 수 있었다. 공무역만을 인정하던 일본의 입장은 사회의 변천을 일부 수용할 수밖에 없었다. 고립으로부터의 탈출이기도 했고, 발전을 위한 고육지책이기도 했다. 문을 닫고 세상으로 나가는 길은 없었다.

타고난 모험심과 개척정신으로 무장한 장보고였다. 두려운 것은 세상이 길을 막아서가 아니라 두려워하는 마음 그 자체이다. 마음이 가는 곳에 길은 열리게 되어 있다. 길을 잃어보면 안다.

모든 길이, 길이 되는 진실을. 이 세상은 어느 것 하나 사람의 힘이 닿지 않는 건축물이 만들어진다거나 조직력이 생기는 일은 없다. 마음을 주고, 몸이 따라가야 조직력이 활성화되고 힘이 생긴다. 장보고는 원대한 포부와 계획을 세우고 직접 진두지휘하며 나아갔다.

장보고의 활동영역은 웅대하고 진취적인 면모를 가지고 있었다. 청해진을 핵심기지로 해서 여러 나라, 여러 곳에 무역항을 개발했다. 당나라의 동쪽 해안을 낀 산둥반도 일대를 비롯한 여러 곳에 신라인들이 머물고 있음을 확인했다. 일본의 대재부를 비롯한 해안 일대를 신라인들은 오고 갔다. 그의 출입이 자유로웠던 것은 시대적인 요청도 한몫했지만, 무엇보다 장보고의 외교적인 성과라고 할 수 있었다. 직접 현지의 사람들과 인맥을 쌓고, 엔닌이 장보고에게 전하려던 편지에서도 알 수 있듯이, 편의를 제공해 주며 관계를 두텁게 만들었다. 넓은 세상과 만나려면 많은 사람을 만나고 교류하는 것이 우선되야 함을 장보고는 몸으로 실천했다.

제11장

세계화 전략의 꿈과 실현

장보고는 미리 준비해 놓고
기회를 기다렸다

기회가 왔을 때 준비하는 자는 이미 늦은 것이다. 간절히 기도한다고 하여 원하는 것이 이루어지지는 않는다. 미리 준비하고 땀 흘리는 자만이 원하는 것을 이룰 수 있다.

　장보고는 언제나 미리 준비했다. 거칠고 황량한 세상으로 스스로 달려나갔다. 남들과 같아서는 남들보다 나아질 수 없음을 깨달았다. 남과 다르게 살아야 다른 삶을 만들어 낼 수 있다. 다른 사람이 흘린 땀 정도로는 성공할 수 없음을 알았다. 장보고는 여러 가지 여건이 좋지 않았다. 스스로 일어서지 않으면 무엇도 자신의 편이 되지 않음을 깨우쳤다.

　신라의 남쪽, 해도에서 장보고는 출생했다. 미천한 해도 출신이라는 멸시를 받으며 자라야 했던 장보고는 야망을 꿈꾸며 당나라로 향했다. 당나라에서 성공한 장보고는 다시 신라의 왕, 흥덕왕을 만나 금의환향했다.

장보고의 꿈은 청해진에서 무르익어 갔다. 오래전에 구상해 온 꿈이었다. 나라를 살리고, 백성을 살리고, 세상이 요구하는 자신의 존재를 만드는 거대한 계획이었다. 청해진을 근거지로 하는 원대한 구상은 착착 진행되어 갔다. 원대하고도 진취적인 구상은 모두가 승리자인 성공의 덧셈 법칙이었다. 성공은 성공을 부르고 실패는 새로운 실패를 부른다. 기회가 왔을 때 놓치면 다음번에 성공하기가 더 어렵다. 기회가 왔을 때 잡지 못하고 실패하면 주위의 사람들도 떠난다. 덧셈의 법칙은 성공할수록 기회는 더 찾아오고 도와주는 사람이 늘어난다. 반대로 뺄셈의 법칙은 실패하면 기회는 다시 다가오지 않으며 주위에서 도와주던 사람들이 외면하고 떠나간다. 세상은 자석과 같아서 힘이 강한 자에게 기회도 찾아오고, 도와 줄 사람도 찾아온다.

기회는 많지 않다. 기회를 잡기 위해 준비해야 하며, 기회는 준비해 놓고 기다리는 자의 품에 안긴다.

장보고는 준비했다. 당나라로 떠나기 전 무술을 익혔다. 말을 달렸다. 창술을 익혔다. 검술도 익혔다. 장보고는 군중소장으로 있으면서 자신의 사람을 만들었다.

신라 왕을 만나기 위하여 새로운 준비를 시작했다. 당나라 사람과 만나 인맥을 구축했고, 같은 피를 가진 신라인들을 만나 형제애로 끌어안았다. 장보고는 귀국을 준비하면서 신라 조정의 사람들을 사귀었다. 법화원을 매개로 해서 자신의 존재를 알렸다. 신라에 필요한 존재임을 전파했다. 장보고의 도움을 받은 견당사 일행과 유학생 그리고 유학승들이 장보고를 신라에 알렸다. 신라 상인들이 조국인 신라를 드나들면서 장보고의 성공을 이야기했다. 장보고는 귀국하기 전에 이미 신라에서 성공한 사람으로 평판이 자자했다. 장보고를 칭송하는 이야기들이 왕에게도 들어갔다. 왕은 이미 장보고를 알고 있었다.

등주 적산의 법화원은 소통의 장소였다. 장보고의 꿈을 전파하는 홍보의 근원지였다. 장보고가 청해진을 설진하기 이전에 장보고는 당나라에 법화원을 세웠다. 상당한 재력과 당나라에 영향력을 가지고 있었다. 장보고는 하나의 꿈이 실현되면 더 큰 꿈을 준비했다. 그리고 그 꿈이 실현되도록 자신을 독려했다. 그리고 세상에 그 꿈을 알려 다시 돌아오게 했다. 자신을 지치게 하지 않는 장치이기도 했다.

장보고는 어린 시절부터 스스로에게 꿈꾸도록 독려했다. 그 꿈이 자신 안에서 무르익었을 때 장보고는 그 꿈을 실현하기 위해 열정을 쏟았다. 땀을 흘리며 노력했다. 장보고에게 기회가 왔다. 인생에서 한 번 뿐일지도 모르는 기회였다. 그가 태어나고, 돌아가고 싶은 신라에서 연락이 왔다. 지존의 왕, 흥덕왕이 만나자는 제안이 들어왔다. 사실은 장보고가 구상한 원대한 계획이 신라 조정으로 들어가 흥덕왕에게 보고되고 고민 끝에 내려진 결과였다. 장보고는 꿈을 실현하기 위해 준비해 온 날들을 떠올렸다.

거칠고 황량한 세상을 살아온 장보고였다. 누구 하나 도와주는 사람 없이 일어선 인생이었다. 숱한 위험과 역경이 있었지만, 다시 일어서야 했던 삶이었다. 신라에서 당나라로 떠날 때, 타국에서 살아남을 수 있을까 두려웠지만 수많은 전투에서 공을 세워 인정받는 장수가 되었다. 군중소장까지 올랐다. 옷을 벗어 던지고서 다시 당나라에서 상인으로 일어서야 했다. 물 설고 낯선 타국에서 장보고는 다시 일어섰다. 넘어지는 것은 자연의 원리였고 일어서는 것은 사람의 의지였다.

장보고는 어디에 내놓을 만한 가문이 아니었다. 신라 조정으로부터 전폭적인 지지를 받기에는 어려움이 있었다. 스스로 일어선 의지와 그동안 쌓아온 성공의 업적만으로 평가받을 수밖에 없었다. 장보고는 세계를 품에 안을 꿈을 신라의 왕에게 보여주고 그 꿈을 실현할 장소와 협력을 이끌어 내야 했다.

장보고는 모든 열정과 인생을 바쳐 이룩해 놓은 성과를 바탕으로 신라의 왕을 설득시켜야 했다. 신라의 왕이 흔쾌히 받아들일 수 있도록 상호 승리자가 되는 구상이어야 했다. 신라의 왕도 승리자가 되고, 장보고 자신도 역시 승리자가 되어야 했다. 장보고는 신라가 해결하지 못한 고민거리의 들고 나섰다. 신라 양민들을 잡아다가 당나라에 파는 해적들을 소탕하는 일이었다. 이는 신라만의 고민이 아니라 신라와 당 모두의 고민이었다. 신라와 당나라는 자신들의 별다른 희생 없이 해적을 없앨 수 있는 장점이 있었다.

청해진을 설진하기 전, 장보고는 또 다시 준비했다. 청해진이 세계로 나아갈 길을 찾아야 했다. 장보고로서는 무역으로 발판을 굳혀온 여세를 몰아 더욱 안정적이면서도 더 크고 체계적인 조직을 만들고 싶었다. 모든 거래는 주고받는 원칙이 지켜져야만 합의에 도달할 수 있는 것이다. 일방의 이익만 요구될 때 거래는 성사될 수 없다. 일본 방문도 청해진을 설진하기 전에 이루어졌다.

장보고로서는 공식적으로 인정받는 자신의 땅에서 독립된 상권과 병권을 운영할 수 있는 권한을 갖게 된다면 큰 힘이 될 것이었다. 남의 나라인 당나라에서 상업의 토대를 이루었지만 언제 어떤 상황이 올지 예측할 수 없었다. 모든 것을 빼앗길 수도 있을 뿐만 아니라, 사업 전체를 포기해야만 하는 상황이 올 수도 있었다. 사업적인 기반이 튼튼하지가 않았다. 불안한 토대를 가진 장보고의 처지에서는 자신이 운영할 수 있는 땅과 배가 필요했다. 그곳으로 당나라는 적합한 곳이 아니었다. 자신의 고국인 신라에서 확고하고 배타적으로 지배할 수 있는 일정 지역을 확보하는 것이 필요했다.

장보고와 흥덕왕의 거래는 성공했다. 장보고는 배타적인 지역인 청해진을 운영하는 권한을 부여받았고, 흥덕왕은 그동안 걱정거리였던 신라 해안을 쳐들어와 분탕질을 일삼는 해적을 소탕할 방법을 찾았다. 서로에게 필요한 존재였다. 기회를 만났을 때 놓치지 않는 준비가 필요하다. 기회는 자주 오지 않는다. 장보고는 사전에 준비했고 기회가 왔을 때 전방위로 구축한 인맥을 총 가동해 일을 성사시켰다.

전문가 집단인 복합도시국가 청해진

청해진은 우선 과제였던 해적을 퇴치하고 나서 무역에 총력을 기울였다. 당시 동아시아 국가들의 권력은 무력에서 나왔다. 왕의 권한은 무력의 기반 위에서 나왔다. 왕권은 신성시되어 누구도 넘볼 수 없는 절대권력이었다. 왕과 백성은 동렬이 아니었다. 근접할 수 없는 층위가 존재해 왕과 백성은 애초에 다른 사람이었다. 왕을 지키는 힘은 백성의 지지가 아닌 지존의 영역을 지키는 군사력에 있었다.

군사력 일부를 양도한다는 것은 위험한 발상이었다. 하지만, 장보고는 담판으로 청해진을 만들었다. 거기에다 독립적인 지역의 관할권까지 일부 인정받은 장보고는 크게 도약할 수 있는 발판을 마련하게 되었다. 장보고의 자신감 있고 강한 추진력은 맘껏 발휘되었다.

"왕후장상의 씨가 다르더냐?"라고 외쳤던 훗날 이 땅의 만적이란 노비가 있었지만 장보고가 활약하던 때는 '씨'에 의해 삶의 모든 것이 달라졌다. 왕의 자식은 왕이 되었고, 노비의 자식은 노비가 되었다. 벼슬을 한 집안은 대를 이어 벼슬을 이어가는 사회구조였다. 태어난 신분에 따라 삶의 질이나 살아갈 길이 보였다. 사회체제는 강자가 강자를 만들어 내는 구조였다. 약자는 낮은 자리에서 힘든 일을 하며 강자의 뒷바라지를 하며 살아야 했다. 장보고는 해도 출신이란 비아냥거림을 받아야 했다. 그는 하류층에 속하는 사람들을 받아들였다. 장보고는 청해진을 설진하면서 그의 집단을 전문가 집단으로 만들었다. 첫째는 기술자 집단이었고 둘째는 상업에 발을 들여놓은 사람들이었다.

838년 12월 18일 오후 2시경에 신라인 통역관 김정남은 견당사신의 귀국 선박을 정하기 위하여 초주로 떠났다.

839년 정월 8일, 신라 사람 왕청이 찾아와 만났다. … 그는 일본어를 잘하였다.

외국어를 구사하는 많은 사람들이 청해진과 관계되어 일을 하고 있었다. 김정남은 당나라에서 활동하고 있었고, 왕청은 적어도 일본에서 활동하였거나 거주하는 사람이었다. 무역에서 언어 통역은 필수적인 요소다. 의사소통의 직접적인 역할도 중요했지만, 현지에서 본국 청해진으로부터 오가는 사람과 물자를 관리하여 원활하게 무역을 이끌어 가는 사람들이었다. 그뿐만 아니라 다양한 기술자들이 언급되고 있다. 장보고의 중간관리자 역할을 하던 신라인 역어 김정남 밑에서 일을 하거나 관련이 있는 사람들이 있었다.

> 839년 윤정월 4일, 신라인 역어 김정남의 청으로 구입한 배를 수리하기 위하여 도장都匠, 번장番匠, 선공船工, 단공鍛工 등 36명을 초주로 떠나게 했다.

> 839년 3월 17일, 신라인으로 바닷길을 잘 아는 60여 명을 고용하여 매 선마다 혹은 7명, 혹은 6명, 혹은 5명을 배치하였다.

선박을 만들거나 수리하는 기술자들이다. 그리고 장보고에게는 바닷길을 아는 전문가 집단이 있었다. 청해진은 물론 청해진에서 파견된 사람들이 당나라와 일본에서 활동하고 있었다. 이들은 전문가였다. 통역사 김정남은 귀국 선박을 정하는 관리적인 일과 통역 업무를 동시에 수행하고 있음을 알 수 있다. 그리고 김정남은 다시 엔닌 일행을 위해 배를 알선해주고 수리할 기술진을 파견하고 있다. 이들은 상황에 따라 여러 가지 일을 동시에 수행하면서 전천후로 청해진과 유기적인 관계를 맺고 있음을 알 수 있다.

두 번째 집단은 상업에 종사하는 있는 사람들이었다. 청해진의 장보고가 국제무역을 하면서 관계를 맺은 당과 신라의 상업 집단은 장보고에게 큰 힘을 주었다. 그들은 장보고 선단과 연결된 일들을 하고 있었다. 신라 상인들은 여러 곳에서 그리고 다양하게 활동하고 있었다. 기록에 보면 신라 상인들의 활동이 상당히 활발했음을 알게 된다. 오래전부터 신라 상인들은 터를 닦아서 기반을 잡고 있었다. 엔닌 일기 곳곳에서 신라 상인들의 활동 상황이 보이고 있다.

제12장

해상 실크로드의 마지막 길

바다의 마지막 길을 열다

두려움의 실체는 두려움이 어디에서 오는지 모르는 데서 온다. 실체를 알면 두려움을 이길 수 있다.

  바다가 두려운 것은 바다를 모르기 때문이었다. 바다의 근원이 어디인지, 어디에서 끝나는지를 몰랐다. 바닷가에서 태어난 장보고는 바다가 놀이터였다. 바다에서 아침을 맞고, 바다에서 저녁을 맞았다. 바다는 사람들에게 두려운 존재였지만 바다를 통해서 장보고는 꿈을 키웠다. 그리고 바다 건너를 동경했다. 장보고는 태어난 곳에서 자신이 꿈꾸어 온 포부를 실현할 수가 없었다. 여러 가지 장애가 장보고를 막고 있었다. 태어난 곳이 바닷가라는 것부터 장보고를 막고 있었다. 바다에서 태어난 것이 수치가 되는 세상이었다. 이미 망해 버린 망국의 땅에서 태어난 것도 장보고를 막았다. 백제가 망한 땅에서 태어난 사람은 신라인이었지만 받아들이지 않으려는 경향이 강했다. 타고난 신분이 장보고를 또한 장보고를 가로 막았다. 장보고에게 꿈을 이룰 기회의 땅은 자신이 태어난 신라가 아니라 신분과 출신에 상관없이 개인의 능력이 우선하는 당나라였다. 그곳은 문이 열려 있었다.

당시 세상에는 두 갈래의 길이 있었다. 땅으로 이어진 육로와 바다로 이어진 해로였다. 대부분의 이동 수단은 육로였다. 길은 땅에서 발원하고 땅에서 끝을 맺는 것처럼 생각했다. 육로는 있으나 길을 가기에 곤란이 따랐다. 그리고 길은 있으나 아직은 두려운 물길이 있었다. 물길은 배라는 도구를 이용해야 건널 수 있는 곳이었다. 돛과 노를 이용해 건너는 것이 일반적이었던 당시에는 바다는 여전히 미지의 세계였다.

그런 이유로 서해에 무역의 길은 열려 있었으나 여러 장애요소가 있어 활성화되지 못했다. 공무역이 무너지고 사무역이 이루어지고 있었으나 부분적이고 제한적이었다. 우선 사무역을 가로막은 건 해적의 출현이었다. 공개적으로는 사무역은 금지사항이었다. 중앙정부는 금지를 풀지 않았으나 지방세력들은 사무역을 비공식적으로 해 오고 있었다.

육로를 통한 상거래는 바다보다 더 많은 장애가 있었다. 갈등관계가 있는 나라를 통과하거나 지방을 통과할 때마다 번거로운 통과절차와 검문이 있었다. 이동 도중에 도적이나 지방 세력들에게 빼앗기는 일도 종종 일어났다. 높은 고원지대와 사막을 통과해야 했다. 험난한 길을 뚫고 가기에는 역경이 따랐다. 육로를 이용한 이동수단은 주로 낙타가 담당했다. 낙타가 실을 수 있는 물량은 적었다. 무역 대상품들은 가벼우면서도 가격이 비싼 물건이 주가 되었다. 그만큼 강탈당할 염려도 컸다.

바다도 거친 파도와 항해의 어려움으로 두려운 길이었지만 육로에서의 약탈이나 지방 세력들의 강탈보다는 오히려 안전했다. 해적에 의한 약탈도 육로로 가는 길보다는 덜 위험했고 그리 빈번하지 않았다. 낙타로는 운반하기에 어려운 물량의 수십 배에서 백 배 가까이 수송이 가능했다. 도자기와 같은 물건도 적재할 수 있었다.

낙타와 선박의 이동물량을 비교한 내용을 보면 바닷길이 얼마나 물량 수송에 장점이었는가를 실감나게 확인할 수 있다. 낙타 한 마리에 실을 수 있는 무게가 대략 300킬로그램으로 낙타 30마리에 실을 수 있는 무게는 9,000킬로그램 정도 된다. 약 10톤 정도가 낙타 30마리를 소유한 사람의 적재 능력인 셈이다. 반면 선박은 지금의 백 톤급 정도의 선박이었다. 화물 운송 능력이 60톤에서 70톤 정도인데 이는 낙타 약 200마리가 수송할 수 있는 물량이다.

육상 실크로드와 해상 실크로드의 차이는 컸다. 육로가 안전할 듯하지만 실제로는 위험요소가 훨씬 많았다. 해상 실크로드의 필요성이 강하게 대두되었고, 맞춤 도자기의 대량 생산이 가능해지자 해상 실크로드를 통한 물량 운송의 필요성은 더욱 커졌다. 바다의 장애를 극복한 자만이 거친 바다를 통과할 수 있었다. 두려움을 넘어서 장보고는 바다를 열었다. 거친 파도와 너울을 넘어서 닫혀 있던 바다를 향하여 나아갔다. 서해에 맞는 배를 만들고 점차 근해를 벗어나 먼 바다로 거침없이 나아갔다.

아라비아 상인들은 중국의 동쪽과 신라 그리고 일본까지 오지 않았다. 동북아는 해상 실크로드의 오지였다. 해상 실크로드가 더 나아가지 못하고 멈춘 중국의 남쪽 바다에서 장보고의 활동이 시작되었다. 그것은 해상 실크로드의 마지막 연결이었다. 신라와 일본의 연결이 세계의 연결 통로인 해상 실크로드의 마지막 부분을 완성하였다. 신라와 일본도 세계 속으로 나아가는 길에 편입되었다.

신라에도 일본에도 새로운 아라비아 상품과 문화가 드나들었다. 새로운 발전의 전기를 맞았다. 장보고의 활동은 국경을 자유롭게 넘나들고 활기찼다. 아직 제약이 남아 있었지만 장보고가 가는 길은 열어 있었다. 지중해에서부터 출발하여 아라비아를 거쳐 남중국까지 연결되어 있던 해상 실크로드는 신라와 일본이 연결되어 완성되었다. 장보고가 열어 놓은 길이었다. 장보고의 활동은 역동적이었다. 페르시아와 지중해 문화가 신라와 일본에까지 전달되었다. 동남아시아와 인도, 페르시아 문물이 들어오고, 지중해 연안의 문화와 상품까지 들어와 신라는 세계의 문화와 만나게 되었다. 반면 신라의 문물도 중동 지역까지 수출되었다.

당시 지구상에 해상 실크로드는 중국과 중동 지역을 연결하는 중심 역할의 해상 실크로드가 있었고, 중심 해상 실크로드와 연결되는 양쪽의 연결 해상 실크로드가 있었다. 하나는 동쪽으로 서해를 중심으로 한 서해해상권이 있었고, 또 하나는 서쪽의 지중해 해상권으로 연결되어 있었다. 여기에서 동쪽으로 연결된 서해 해상권을 잡고 있던 사람들이 청해진을 중심으로 한 장보고 선단의 선원들이었다.

해상 실크로드는 중국이 지배권을 가지고 있었으나 중국은 직접 해상 운영에는 손을 대지 않고 중국을 중심으로 이루어지는 이득을 챙기는 것으로 만족했다. 중국은 당시 최고의 상품이었던 비단과 도자기를 보유한 나라였다. 중국은 이미 화폐경제가 정착되어 있었다. 중국으로서는 최고의 상품과 자리를 빌려주는 것으로도 넘쳐나는 상품들을 주체할 수 없을 정도로 경제가 활성화되어 있었다. 해상 실크로드는 중국이 빠진 상황에서 이슬람 상인들과 아라비아 상인들이 운영했다. 이슬람 세력들은 포교와 상업 활동이라는 두 가지 목적을 가지고 동쪽으로 무역 길을 넓혀 왔다. 이슬람 문화권인 이들은 중동과 인도 대륙, 그리고 동남아 일대에 거대한 세력으로 포진하고 있었다. 이곳이 가장 활발하고 무역량이 많았던 해상 실크로드의 중심이었다. 서쪽는 지중해와 이탈리아 반도, 그리고 그 인근에 자리한 해양 국가들이 운영해 왔다. 동쪽은 장보고에 의하여 새로이 열려 가고 있었다. 청해진의 역량이 마음껏 커져가고 있었다. 새로운 서해 해상권은 신라 상인들이 직접 지배했다.

동서 교류사의 연구로 주목을 받은 무하마드 칸슈의 연구에 의하면 아랍권 제국의 고문헌 중에는 신라에 관한 기사가 자주 보인다고 했다. 신라가 해상 실크로드를 통하여 중동지역과 어떤 형태로든 교류했음을 확인할 수 있다. 중동권 국가와 신라는 바다를 통하여 상대의 존재를 확인하고 있었음을 증명한다. 그만큼 신라는 바다를 향하여 개방되어 있었다. 그 중심에 장보고가 있었다. 그는 세계로 가는 배를 서해에 띄웠다. 서해는 신라의 바다가 되었다. 더 정확히 말하면 청해진의 바다가 되었다.

신라는 장보고에 의해 세계로 향하여 나아갔고, 세계로 가는 길은 장보고에 의해 만들어졌다. 한반도 역사상 처음으로 세계를 향하여 문호를 개방하고 활달한 진군을 시작했다. 전쟁 선포의 나팔소리가 아닌 상품을 실은 무역선이 바다를 향해 노를 저어 갔다. 장보고 시대는 순전히 바람과 사람이 노를 저어 다니던 시대였다. 바람과 조류의 흐름을 이용하여 바다로 나간 범선 시대에 신라의 청해진에서 새로운 역사를 만들어나가고 있었다. 모험을 하지 않는 사람을 역사는 기억하지 않는다. 장보고는 한국인 최초의 열린 사고로 무역을 시작한 사람이었다.

장보고의 모험은 성공했다. 해상 실크로드의 마지막 지점에서 세계의 중심 무대로 나아간 모험가였다. 두려워하지 않는 모험심으로 바다를 개척한 사람이었다.

최고의 정보망과 유통망

장보고 선단의 조직은 당나라 체계를 받아들였다. 장보고 선단의 사람들도 당나라에서 활동하던 사람들로 보인다. 장보고가 당나라에서 활동하던 시기에 수하에 있었거나 같이 협력했던 사람들을 데리고 청해진을 창설한 듯하다. 이들은 신라에서는 사용하지 않던 성을 사용하고 있다. 당시 신라에서는 진골 귀족이나 중국에 유학을 다녀온 지식인들이 성을 사용했다. 일반 백성은 성을 사용하지 않았다. 장보고 선단에 관련한 사람들의 이름을 보면 모두 중국식 성을 사용하고 있다.

최　훈 :　장보고가 파견한 대당 매물사이면서 병마사란 직책을 가짐. 엔닌이 일본으로 귀국할 때 도와주기도 하고, 장보고에게 보내는 편지를 전달해 주기도 함. 장보고 사후 중국 연수현에서 망명생활을 함.

김정남 : 중국 등주 등에서 활약한 통역관으로 일본 승려 엔닌
에게 배를 구입해 주기도 함.

이창진 : 장보고 사후 염장을 죽이려는 반란을 준비하다 염장에
게 토벌당함.

이소정 : 장보고 사후 염장 편에서 일하며 일본에 사신으로 파
견 되기도 함.

이　충 : 회역사로 일본에서 활동하다 장보고 사망 후 일본에서
망명생활을 함.

양　원 : 장보고 휘하에서 이충과 일본에서 활동하다 장보고 사
후 일본에서 망명생활을 함.

장　영 : 장보고가 임명한 신라 통사 압아로 중국 등주의 적산
법화원을 관리함.

왕　훈 : 장보고가 임명한 대사로 장영과 함께 법화원을 관리함.

　장보고 선단의 사람들은 모두 중국 성을 가지고 직명도 중국 당
나라의 것을 사용하고 있다. 병마사의 경우 청해진에서는 국제무
역과 관계된 직책으로 사용되고 있다. 교역에 종사한 사람들은 회
역사廻易使·매물사賣物使라는 직함을 쓰고 있다. 선단을 총괄한 인
물이 병마사였던 것으로 보인다. 장보고의 무역 선단은 기본적으
로 군사적 조직이었다. 청해진에는 친위 상비군도 당연히 있었다.
　장보고는 상인, 군인, 정치가라는 복합적인 성격을 지닌 인물이
었다. 장보고 선단의 군사조직과 직제에서 무역은 병마사를 우두

머리로 그 예하에 회역사·매물사가 전담하였다. 이들은 장보고와 마찬가지로 복합적인 일을 두루 처리했다. 최훈의 행적을 보면 그러한 것들이 보인다. 엔닌 일기에 '장보고가 파견한 대당 매물사인 최 병마사'라는 기록이 있는 것으로 보아 병마사와 회역사가 겸직을 하기도 했다. 최훈의 업무 내용을 보면 귀국 선편을 마련해 주기도 하고, 엔닌의 편지를 전해 주기도 했다.

장보고 예하에 있으면서 무역에 직접 종사하거나 관련된 신라촌, 신라방, 신라소 사람들은 무역사무소를 두고, 압아·총관·촌장을 비롯한 관리와 뛰어난 선원과 기술자들을 보유했다. 우수한 선박도 다수 보유했다. 뛰어난 선박 기술과 통역관을 갖춘 장보고 선단이었다. 군사적인 특성이 있는 민간조직의 모습을 갖춘 이들에게 바다는 두려운 존재가 아니라 자유로운 활동 무대였다.

장보고와 관련된 신라인들은 널리 분포되어 있었다. 신라인들의 무역 조직망은 넓은 지역을 관장하고 있었지만, 연락망은 잘 정비되어 있었다. 그리고 신속했다. 장보고는 신라와 청해진은 물론 당과 일본에까지 긴밀한 정보망을 가지고 있었다. 오직 인편과 선박이 전부였던 시대에 긴밀하고도 신속하게 연락이 되었다.

장보고 선단은 개인의 서신까지도 전달하였다. 엔닌이 당나라에 머물면서 체재비를 송금받기까지 했다. 돈이 오가는 경우는 조직이 탄탄하고 믿음이 서지 않으면 어려운 일이다. 엔닌이 귀국하는 선편을 구하지 못해 고생하고 있을 때 명주에서 일본으로 건너가는 선박이 있다는 정보를 받는다. 여러 어려움을 이겨 내고 명주로 향하게 되고, 사정이 생겨 다시 산둥반도 근처에서 귀국선을 타게 되는 과정에서도 정보에 의존하고 있다. 명주로 가다가 다시 사정이 생겨 변경된 내용을 전해 듣고 다시 행로를 변경하게 되는 것도 모두 장보고 선단의 정보에 의한 연결망 덕분이었다. 거리로 보면 수천 킬로미터나 떨어져 있는 거리였다. 결코, 거리나 여건으로 보아 쉬운 일이 아니었다. 이동수단이라야 마차와 바람의 힘으로 가는 범선을 이용 하거나, 아니면 소나 말, 낙타를 이용한 원시적인 방법이 전부인 시대였다. 이렇게 더디고 자연에 의존한 이동과 연결이 전부였던 시대에, 일본에서 당나라에 머무는 사람에게 체재비를 전달할 정도로 정확하고 신용있는 조직망을 가질 수 있었다는 것은 놀라운 일이다. 이러한 일련의 일들이 가능해진 데에는 신라인들의 역할이 있었다. 장보고 선단은 개인적인 업무에서 공적인 업무까지, 그리고 물건의 이송에서 신용까지 담보로 하는 대단히 강하고 공신력 있는 집단을 만들었다. 당시로써는 상상하기 어려운 소임을 수행하고 있었다.

신라 상인들 간에 필요한 정보를 주고받으며 상업 활동을 했다. 보고체계와 정보전달체계가 확실하게 이루어졌음을 알 수 있다. 청해진에서 병마사로 있던 최훈은 엔닌이 적산의 법화원에 머물 당시 엔닌에게 귀국길에 연수현에 들러 편지를 전하면 일본으로 가는 귀국 선편을 마련하겠다는 약속을 한다. 최훈은 청해진의 병마사다. 신라의 완도에 있는 청해진의 병마사가 당나라에 있는 연수현에서 배를 마련하여 엔닌이 일본으로 가는 귀국선을 주선하겠다는 약속은 신라의 완도와 당나라의 연수현 간에 긴밀한 연대 관계가 있었음을 말해 준다. 후일 엔닌이 귀국길에 연수현에 들렀을 때, 최훈이 연수현에서 망명생활을 하고 있었다는 기록을 보면 당나라의 신라인 집단 사회와 청해진과는 아주 긴밀하면서도 조직적인 연대관계가 있었음을 증명해 준다.

정보는 한 집단의 미래의 성패를 좌우하는 요소다. 고급 정보를 알아야만 긴급한 상황을 극복하거나 미래 전략을 짜는데 중요한 길잡이가 된다. 장보고는 여러 곳에 정보망을 뻗어 요소마다 배치해 두었다.

> 839년 4월 20일, 이른 아침에 신라 사람이 작은 배를 타고 왔다. 곧 듣건대 장보고는 신라 왕과 마음을 같이하여 신라국을 벌하고 곧 그 왕으로 하여금 신라 국왕으로 삼았다고 하였다.

> 839년 6월 7일, 대당 천자가 신라로 파견하여 즉위한 왕을 위문할 사신인 청주 병마사 오자진, 최 부사, 왕 판관 등 30여 명이 절로 올라와 서로 만났다. 밤에는 장보고가 파견한 대당 매물사인 최 병마사가 절로 와서 위문하였다.

일본 승려 엔닌이 구도 여행 중 중국 적산의 법화원에 머무를 때 들었던 사실을 일기에 적은 내용이다. 신라에서 일어나는 일들이 법화원에서 다 공개되고 있다. 법화원은 정보의 보고라고 할 수 있다. 여기서 신라 왕은 김우징으로 신무왕을 지칭한다. 흥덕왕 사후 상대등 김균정과 그의 아들 김우징을 중심으로 한 세력과 흥덕왕의 조카로 집사성 시중으로 있던 김명 일파 간에 왕위 계승 쟁탈전이 벌어졌다. 이 싸움에서 김균정은 살해되고 아들 김우징은 청해진에 망명하여 장보고에게 의지하였다. 김명은 김제륭을 즉위시켜 희강왕으로 삼았으나 곧 자진케 하고 자신이 즉위하였다. 그가 바로 민애왕이다.

청해진에서 민애왕의 찬탈 소식을 들은 김우징은 복수의 기회로 삼고 장보고의 도움으로 대구 싸움에서 대승하여 민애왕을 살해하고 즉위하였다. 이가 신무왕이다. 이 소식을 엔닌은 법화원에서 신라인을 통하여 듣고 있었다. 장보고가 설립한 절과 현장에 있는 신라인들이 모두 정보원 구실을 하고 있었다. 현장에서 일어나는 일을 수시로 오가는 배에 전달하면 청해진에서 바로 받아볼 수 있었다.

장보고는 국가적인 사건에 대처하는 능력이 뛰어났음을 보여 준다. 장보고는 당나라에 상당한 영향력을 가지고 있었을 뿐만 아니라 위기관리 능력도 뛰어났음을 확인할 수 있다. 장보고는 중앙조정에 뜻하지 않게 관여하게 되는 일이 발생한다. 이미 언급한 내용으로 장보고가 아우 정년을 시켜 출병하여 민애왕을 죽이고 김우징을 신무왕으로 옹립하는 사건이다. 839년 윤달 1월의 일이었다. 헌데 같은 해 6월 28일 엔닌의 일기에 당나라에서 파견하는 새로운 왕 즉위 축하사절을 파견한 사실을 적고 있다.

왕의 즉위와 축하사절의 파견 사이가 불과 5개월 정도 차이가 난다. 5개월이면 신라 왕의 즉위 사실을 당나라에서 겨우 알았을 기간이다. 이 일이 어떻게 가능했을까.

신라에서 당으로 파견하는 견당사의 경우 보통 2개월에서 6개월이 소요된다. 보통 4개월이 소요된다고 가정해 보면 왕복으로 8

개월이 소요된다. 이 기간은 오고 가는 기간만 계산한 것이다. 신라에서 당으로 사신을 보내는 절차로 경과되는 기간을 계산하고, 당에서 다시 논의 과정을 거쳐 신왕 즉위 축하사절을 보낼 것인가를 결정하는 일이 그리 쉬운 일이 아니었을 것이다. 정상적인 신왕의 등극이 아니라 반란인 셈이다. 하지만 불과 5개월이라는 짧은 기간에 모든 일이 이루어지고 있음을 알 수 있다. 일사천리로 진행된 것을 확인할 수 있다. 이는 청해진 설진에 관여된 것으로 보이는 당 조정의 의견 결정이 쉬웠음을 반증한다. 당 조정에서 장보고에 대한 확고한 지지가 있었기에 가능한 일이었다. 그리고 장보고의 정보망과 신속한 연락 체계가 작동했음을 말해준다. 평소 견당사가 파견될 때의 속도와는 모든 면에서 판이함을 볼 수 있다. 장보고의 정보력과 정보의 전파속도는 당시로써는 쉽지 않은 빠른 속도였음을 알 수 있다. 비상 연락 체계가 확실하게 작동하고 있음을 보여 준다.

국외에 파견된 장보고 선단의 지휘 체계가 정립되어 정확하게 작동되고 있었다. 엔닌이 일본에서 당나라로 떠나면서 일본의 공전국 태수가 장보고에게 보내는 편지를 휴대하고 오다가 잃어버렸다. 이 내용을 짚어 보면 특이한 점이 발견된다. 일본에서 당나라로 가면서 편지를 장보고에게 전달하려 한 점이다. 장보고는 청해진을 거점으로 지휘본부를 운영하고 있었다. 헌데 당나라에서 장보고에게 편지를 전달하려 한 점이다. 이는 장보고가 당나라를 수시로 드나들고 있음을 보여 준다. 또한 서해를 중심으로 이루어진 제반사항에 대해서 장보고에게 바로 전달될 수 있는 연계체계가 작동하고 있음을 보여 주는 사례다. 조직력과 정보전달체계를 확립시켜 청해진은 서해를 장악할 수 있는 선단으로 성장했다.

범선으로 서해를 드나들던 시대에 당나라와 신라는 먼 거리였다. 일본과 당나라는 더욱 멀었다. 길이 멀어 일본에서는 당나라로 건너가는 일은 모험이었다. 풍랑을 만나거나 난파되어 엉뚱한 곳에 기착하는 일이 종종 있었다. 일본의 배로는 당나라까지 가기에는 어려워 신라 선박을 이용해야 할 정도로 바다는 두려운 존재였다. 이 멀고도 험한 항해를 하는 장보고 선단은 확고한 조직체계에 의하여 운영되고 있었다.

장보고 선단의 청해진은 힘차게 전진하고 있었지만, 내부적으로도 단속이 잘 되어 있었다. 신용과 신의로 두터운 체계를 구축하고 있었다. 『속일본후기』에 적혀 있는 내용을 보면 탄탄한 조직이었고, 나·당·일 삼국으로부터 얼마나 신망을 얻었나 확인할 수 있다.

축전국筑前國 문실조신文室朝臣 궁전마려宮田麻呂가 이충 등이 가지고 온 여러 가지 물건들을 빼앗았다. 그가 말하기를 "장보고가 살아 있을 때 당나라 물건을 사기 위하여 비단을 주고 그 대가로 물건을 얻으려 하였는데, 그 금액이 적지 않았다. 그런데 장보고가 죽어 예정된 물건을 받을 수 없게 되었다. 이 때문에 장보고의 사신이 가지고 온 물건을 빼앗은 것이다."라고 하였다.

선 결제를 한 후 상품 조달이라는 신용거래를 이미 실천하고 있었다. 신라 땅의 완도와 일본은 그리 가까운 거리가 아니었다. 언제 올지 정확하게 계산하기도 어려운 시절이었다. 바람으로 가는 범선을 가지고 일본을 오가면서 쌓은 신용의 결과였다. 요즘으로 말하면 신용카드 결제라고 할 수 있었다. 하지만 물건도 받지도 않고 값부터 치를 만큼 장보고 선단의 무역은 신용으로 탄탄하게 유지되고 있었다. 장보고는 나·당·일 삼국에서 필요한 존재로 자리매김되고 있었다.

제13장

장보고의 야망과 좌절

왕위 계승에 휘말린 장보고

장보고의 청해진은 발전하고 있었다. 더욱 확장되어 왕래가 빈번해졌다. 무역량이 늘어나고 신용도 쌓여 갔다. 청해진의 진로는 갈수록 안정되어 갔다. 청해진의 힘이 내외로 과시되었다. 해적을 소탕하고도 남는 힘이 있었다. 위세와 자신감이 보이기 시작했다. 하지만, 신라 조정의 사정은 달랐다. 왕권은 이미 땅에 떨어져 지방까지 미치지 못했고 왕권을 둘러싼 암투는 계속 이어졌다. 목숨을 건 사투가 벌어졌다. 죽이지 않으면 죽어야 하는 전쟁터와 별다르지 않았다. 내분은 더욱 불붙어 서로 적대적인 관계로 발전해 갔다. 그 불씨가 청해진으로 튀었다. 잠재되어 있는 불씨는 결국 불이 붙어 언제 예측할 수 없는 곳으로 번질지 모르는 긴장감을 안고 있었다.

사람이 독립하기 위하여 일어설 때마다 덮치는 것이 있다. 운명이다. 의지를 꺾고 무너지게 하는 것이 운명이다. 인간의 의지로 세상과 한바탕 전쟁을 치르다가도 힘없이 무너지곤 한다. 그러나 장보고는 타고난 운명을 개척하며 살아왔다. 장보고의 인생은 모험과 확장의 길이었다. 길이 없으면 만들어서 갔다. 길이 막히면 새로운 길을 뚫어서 넘었다. 장보고는 마음이 시키는 일을 실현해 갔다. 남들이 꿈 꾸고 있을 때, 허황된 꿈이라고 놀리고 있을 때, 장보고는 꿈을 실현하기 위해 몸을 던졌다. 새로운 미개척의 영역이 장보고의 앞을 가로막았다. 신라 중앙 조정과의 한 판 승부였다. 긴장이 감돌았다. 새로운 모험이었다.

귀족국가가 해체되는 시기였던 신라 하대는 왕실 친족 집단에 의해 권력이 집중되는 정치구조였다. 이들 간의 왕위 다툼이 계속되었다. 이들은 사병을 가지고 있어 더욱 이러한 반란과 왕위를 쟁탈하기 위한 치열한 다툼이 끊이지 않았다. 백성은 만성적인 굶주림에 허덕였고 곳곳에서 도적들이 창궐하고 국가의 기강은 흔들렸으나 이들 간의 전쟁은 그치지 않았다.

장보고에게 새로운 도전이 시작되었다. 골품 귀족들 간의 분열에 가담하게 되는 계기를 맞는다. 『삼국사기』에 장보고가 중앙 조정 혈족들 간의 싸움에 발을 담그게 된 내용을 적고 있다.

837년 5월, 희강왕 때 우징이 화가 미칠까 두려워 그의 처자식과
함께 황산진 어구로 달아나, 배를 타고 청해진 대사 궁복(장보고)
에게 가서 위탁하였다.

왕위 결정전에서 밀린 김우징이 가족을 데리고 청해진의 장보

고에게 숨어든 것이다. 장보고는 이들을 받아 주었다. 이들을 받아들인다는 것은 신라의 중앙 조정과 한바탕 격돌을 예고하는 것이었다. 중앙집권세력의 피신은 신라가 양분되는 것을 의미했다. 장보고가 정치에 한 발을 담그게 된 것이다. 이에 김우징의 입장을 지지하고 있던 김양이 군사를 모아 청해진으로 들어왔다. 신라 전역은 전운이 감돌았다. 장보고가 왕권 경쟁에서 밀려난 김우징과 김양을 연속해서 받아들였다는 것은 현재의 신라 왕에게 선전포고를 하는 것과 같았다. 장보고가 이들을 받아들일 수 있었던 것은 청해진이 신라를 상대로 대적할 수 있음을 보여 주는 사건이었다. 이미 저질러진 일이었다. 어떻게든 일은 수습되어야 했다.

　이때 장보고와 당나라에서 함께 전장을 누볐던 아우 정년이 장보고를 찾아왔다. 정년은 사나이다운 사람이었다. 배짱도 있었고 싸움에도 능했다. 정년은 당나라에서 힘들게 생활하고 있었다. 군영생활을 그만두고 구차한 생활을 이어가고 있었다. 한때 같이 생활했던 장보고가 이미 신라에서 성공했음을 정년은 알고 있었다. 나이는 장보고가 많았다. 그럼에도, 장보고는 정년을 경쟁상대로 여겼다. 그만큼 장보고는 야망과 투지를 가진 사내였다. 정년 역시도 야망과 투지는 장보고에 뒤지려 하지 않았다. 두 사람은 경쟁관계 속에서 성장했다. 군중소장 시절부터 두 사람의 우정과 경쟁은 계속되었다.

　장보고의 나이는 서른 살이었고 정년의 나이는 열 살이 젊은 스무 살이었다. 정년은 장보고를 형이라고 불렀다. 정년은 바다 속으로 50리를 헤엄쳐 가면서도 물을 내뿜지 않았다. 그 용맹과 씩씩함에 있어서는 오히려 장보고가 정년에 미치지 못하였다. 장보고는 나이로, 정년은 기예로 항상 맞서 서로 지지 않았다.

젊은 패기가 넘치는 정년과 장보고는 무령군 소속의 소장이었다. 이들은 중국 역사에 남을 만큼, 그것도 중국 정사에 기록이 남을 만큼 활약이 대단했다. 당나라에서 당시에는 신라를 변방으로 보고 있었다. 조공을 받는 나라였다. 그러한 나라에서 온 사람을 자신들의 역사 기록에 남기는 일은 거의 없었다. 얕잡아 보는 풍토가 있었다. 그러한 신라에서 건너온 장보고와 정년을 두고, 두목이 지은 『번천문집』에 "함께 싸움을 잘 하였고, 말을 타고 창을 휘두르는데 나라와 서주에서 능히 대적할 사람이 없었다." 라고 적고 있다.

장보고의 나이가 정년보다 열 살 위였다. 나이가 열 살이나 위였음에도 격의 없이 형이라고 불렀다. 젊은 나이에 10년이면 큰 차이다. 직위가 같다고 하여도 무시하기에는 서른 살과 스무 살이라는 나이는 적은 차이가 아니다. 형이라고 하기에는 10년의 차이가 젊은 혈기를 가진 사람이라면 받아들이기에 쉬운 일이 아니다.

장보고와 정년의 사이는 같은 신라 사람이라는 동향 의식이 작용한 우정과 경쟁이 함께 맞물린 사이였다. 헤어지기 직전에 둘 사이는 상당히 금이 가 있었다. 두 사람이 만나게 되면 반감으로 죽일 수 있을 정도의 원한이 생겼던 것으로 보인다. 기록에는 없지만 깊은 원한을 가질 만큼 큰 사건이 두 사람 사이에 있었음이 분명하다.

장보고는 이미 귀하게 되었는데 정년은 직업을 잃고 배고픔과 추위를 무릅쓰고 당나라 연수현에 있었다. 하루는 연수현에서 수비하는 장부 빙원규에게 말하기를, "정년은 동으로 돌아가서 장보고에게 걸식하려 한다." 하니 빙원규가 "그대와 장보고와의 사이가 어떠한가? 어찌하여 가서 그 손에 죽으려 하는가?" 하였다. 정년이 "배고픔과 추위에 죽는 것이 싸워서 기꺼이 죽느니만 못하다. 하물며 고향에서 죽는 것이랴."

얼마나 깊은 원한이기에 만나면 죽일 만큼이었을까. 전장에서 죽을 고비를 맞았음에도 도와주지 않고 방관했다든가, 큰 고비를 맞은 장보고에게 뒤통수를 치는 일을 저지르지 않았다면 죽음을 당할 정도는 아닐 것이다. 형과 아우 사이가 어느 날 무슨 일이 있었기에 서로 만나면 죽일 정도까지 되었을까. 어디에도 이에 대한 언급을 찾아볼 수가 없다. 살인까지 할 수 있는 관계로 악화되었다면 필시 큰일이 있었을 것이다. 그것도 정년이 장보고에게 죽임을 당할 일이라면 정년이 잘못했을 가능성이 크다. 빙원규는 당나라 사람으로 정년의 친구였다. 당에서 활약할 때 사귄 사람으로 보인다. 속내를 드러내고 이야기할 만큼 가까운 사이였다.

정년은 남아였다. "배고픔과 추위에 죽는 것이 싸워서 기꺼이 죽느니만 못하다. 하물며 고향에서 죽는 것이랴." 라고 답을 하고 있다. 사나이가 굶어 죽는 것은 용납할 수 없다. 전장에서 싸우다 죽거나, 당당하게 세상과 한판 붙다가 죽어야 한다. 전장에서 두려울 것 없이 거칠게 살아온 정년은 성공한 장보고를 찾아갔다. 남아다운 정년에게 싸우다 죽는 일은 있어도 굶어 죽는 일은 용납되지 않았다.

고향을 떠나 죽음과 삶의 경계에서 치열하게 살아온 그는 고향을 그리워하고 있었다. 신라를 떠나올 때 기댈 곳이 없었듯이 고향, 신라로 돌아가면서 정년은 의지할 곳이 없었다. 한때는 형과 아우로 지냈던 장보고에게 찾아가는 마음은 참담했다. 지금은 원수 같은 사이가 되어 있었다. 자신을 만나면 죽일지도 모른다. 하지만, 정년은 장보고를 찾아갔다. 설령 장보고에게 죽임을 당하더라도 타향에서 굶어 죽는 것보다는 나았다. 마지막 소원이 고향에 묻히는 것이었다. 마지막 한 가닥 남은 실낱같은 희망으로 장보고를 만나러 가는 정년의 마음은 긴장되었다. 이러한 긴박하고도 막막한 순간을 중국의 역사 기록에는 아주 간단하게 적고 있다.

> 정년은 당나라를 떠나 장보고를 만났다. 장보고는 함께 술을 마시며, 마음껏 즐겼다.

사실적인 상황만을 적었다. "정년은 당나라를 떠나 장보고를 만났다." 참 단순 명쾌한 기록이다. 만나는 순간의 감정이나 상황에 대해서는 언급이 없다. 그리고는 "장보고는 함께 술을 마시며, 마음껏 즐겼다." 기록의 전부다. 서로 죽일지도 모르는 서먹하고 적의에 찬 사이였음에도 장보고는 정년을 맞아 술을 마시며 과거의 정을 확인했다. 마음 한 번 돌리니 세상이 달라 보인다는 말이 있듯이 마음 한 번 다르게 먹으면 용서 못 할 일도 없다. 죽음의 계곡을 같이 넘나들던 시절이 떠올랐다. 장보고는 자신을 찾아온 정년을 끌어안았다. 장보고 자신은 성공했고, 정년은 실패로 좌절하고 있었다. 실패한 정년을 장보고는 받아 주었다. 적의를 풀고 술을 함께 했다. 남자들의 세계에서 술은 상대방을 받아들인다는 것을 말한다. 술을 함께 마셔봐야 친구가 될 수 있다. 술은 몸과 마음을 열어 놓고 마실 수 있어야 취할 수 있다. 술은 사람을 완전 무장해제시키기 때문이다. 적과 술을 마시면서 취할 수는 없다. 술에 취한다는 건 믿음을 전제로 한 한바탕 풀어헤침이다. 두 사람은 과거에 가졌던 원망도 술에 부어 마셨다. 두 사람 모두 큰 사람이었다. 서로에게 가졌던 미움을 거두어들이고 다시 끌어안 았다. 술로 새로이 세상을 복원하는 자리였다.

당시 장보고의 청해진에는 왕위 쟁탈전에서 패한 김우징과 김 양이 몸을 피해 장보고에게 의탁하여 살고 있었다. 왕 한 자리를 놓고 김명과 김우징의 아버지 김균정이 싸움을 벌였다. 김균정은 죽고, 그의 아들 김우징은 가족을 데리고 몸을 피해 장보고의 청 해진으로 숨어들어 목숨을 부지하고 있었다. 장보고로서는 모험 이었다. 김우징과 적대관계에 있는 신라 왕실과 정면으로 대적하 게 되는 일이었다. 신라 조정과 장보고는 서로 견제하고 있었지 만, 군사를 움직이지 못하고 있었다. 서로 두려운 존재였다. 장보 고의 영향력이 크다고 하지만 1만의 군사력으로 신라 조정과 한 판 승부를 거는 것은 무리였다. 신라 조정의 입장에서도 장보고 의 군사가 1만이라고 하지만 그 폭발력은 다른 군사 1만과 비할 바가 아니었다. 견제가 계속되었지만 어느 한 편도 먼저 일어서 지 못하고 있었다.

이때 김우징의 아버지 김균정을 죽이고 들어선 희강왕을 다시 김명이 죽이고 민애왕으로 등극하는 사건이 발생했다. 장보고가 오랜 친구 정년을 맞아 거나하게 술에 취해 있을 때였다. 술자리가 끝나기도 전에 신라 조정으로부터 날아온 소식 하나, 『번천문집』에 이렇게 적고 있다.

장보고는 정년과 함께 술을 마시며, 마음껏 즐기는데 술자리가 끝나기도 전에 경주에서 사자가 이르렀다. 나라가 어지러우며 임금이 없다고 하였다.

신라 조정의 일들이 시차가 없이 장보고에게 보고되고 있었다. 이에 김우징은 장보고에게 일어서 줄 것을 간청했다.

838년 2월, 민애왕 원년에 김양이 군사를 모아 청해진에 들어가 우징을 찾아 뵈었다. 아찬 우징은 청해진에 있으면서 김명이 왕위를 빼앗았다는 소문을 듣고 청해진 대사 궁복에게 말하였다.

"김명은 임금을 죽이고 스스로 왕이 되었습니다. 이홍利弘은 임금과 아버지를 억울하게 죽였으니 같은 하늘 아래 함께 살 수 없는 자들입니다. 바라건대, 장군의 군사를 빌어서 임금과 아버지의 원수를 갚게 해 주시오."

김우징으로서는 원수를 갚을 수 있는 절호의 기회였다. 그리고 명분이 있었다. 왕을 죽이고 제멋대로 등극한 김명을 처단한다는 명분이었다. 김우징의 요청은 간절했다. 신라의 국권을 놓고 싸우다 쫓겨나 장보고에게 의지하여 살고 있던 김우징으로서는 다

시 얻기 어려운 기회를 놓치고 싶지 않았다. 도박이었다. 운명을
건 한 판 승부였다. 역적과 충신, 둘 중의 하나를 선택해야 하는
일대 결전이었다. 장보고는 김우징의 청을 받아들였다. 궁복(장
보고)이 말하였다.

> "옛사람의 말에 의로움을 보고도 실행하지 않는 자는 용기가 없
> 는 사람이라 하였으니 내 비록 용렬하지만, 명령대로 따르겠습
> 니다." 드디어 군사 오천 명을 나누어 그의 친구 정년에게 주면
> 서 "그대가 아니고서는 이 환란을 평정할 수 없다."고 하였다.

장보고는 도박을 선택했다. 그리고 당에서 청해진으로 찾아온
오랜 친구 정년에게 이를 부탁했다. 이때 장보고가 정년에게 이
어려운 환란을 평정해 달라고 부탁하는 장면을 『삼국사기』에서
는 이렇게 적고 있다.

> 장보고가 정년의 손을 잡고 눈물을 흘리면서 "그대가 아니면 환
> 난을 평정할 수 없다."

다시 장보고와 정년 두 사람은 손을 잡았다. 사나이로서 다시 손
을 잡고 의기투합했다. 장보고는 정년에게 청해진의 군사 1만 명
의 반인 군사 5천을 내어 주었다. 장보고와 정년 모두 용기 있는
사람이었다. 도전에 허리 굽히지 않았다. 정면으로 맞붙었다. 정
년은 군사 5천을 이끌고 경주로 향했다. 이때 경주를 공격했던 장
수는 장보고의 아우 정년을 비롯해 김양과 훗날 장보고를 살해하

는 염장도 있었다. 경주를 공격하는 것에 대해 『삼국사기』에서는 비교적 자세하게 기술되어 있다. "김양이 동평장군이 되어 염장, 장변, 정년, 낙금, 이순행과 함께 군사를 거느리고 들어갔다."라고 적고 있다. 김우징의 입장에 선 연합군이 형성되었다.

장보고는 김양을 동평군의 장군으로 삼아 총지휘를 맡기고, 그 휘하에 정년과 염장 등 6명의 장수를 포진시켰다. 청해진을 떠난 동평군은 838년 12월 무주 철현, 지금의 나주 남평면에서 민애왕의 군사를 맞아 격파시켰다. 이 싸움에서 동평군은 군량미를 확보하고 839년에 민애왕의 주력부대인 10만 대군을 격퇴했다. 경주로 쳐들어가 민애왕을 살해하고 김우징을 새로운 왕으로 세웠다. 신무왕이었다. 장보고는 왕을 만든 절대적인 권력자가 되었다.

신무왕은 자신을 왕으로 만들어주는데 결정적인 공헌을 한 장보고에게 감의군사感義軍使란 직책을 내리고 식읍 2,000호를 내렸다. 식읍이란 수조를 위임한 가호를 말하기도 한다. 신라는 식읍을 내린 경우가 드물었다. 532년, 법흥왕 19년에 금관가야의 왕인 김구해가 항복해 오자 본국을 식읍으로 삼아 관리하게 했다. 김구해는 김유신의 증조부이기도 하다. 통일 전쟁 때 공을 세운 김유신·김인문에게 각각 식읍 500호, 300호를 내린 사례가 있다. 식읍은 국가 운명을 좌우하는 특별한 공이 있는 사람에게 내리는 것으로 죽어서 흥무대왕에 추존되기까지 한 김유신 같은 사람에게도 500호의 식읍을 내렸는데, 장보고에게는 2,000호의 식읍을 내렸다.

식읍 2,000호는 완도를 중심으로 한 청해진 진영이 있는 지역이었다. 이는 장보고에게 청해진의 실질적인 지배권을 인정해 준다는 의미가 있는 일이었다. 해상 무역국가의 면모를 갖추는 계기가 되었다.

감의군사 역시 신라 직제에 없는 특별한 직책이었다. 형식적으로 신라의 신하이면서 신라의 직위에 없는 직책을 주었다. 외양은 종속적인 모양을 띤 것이지만 실제적인 모습은 독립적이었음을 알 수 있다. 장보고는 청해진의 군권과 상권을 자의적으로 운영할 수 있었다. 생산과 교육 일체마저도 모두 자체 내에서 해결하는 사실상의 해상 국가였다. 이는 절묘한 청해진의 위상에서 나온 아주 특이한 정책적인 결과였다. 당과 신라 그리고 청해진의 삼각관계는 밀월과 견제적인 요소 모두를 가지고 있었다. 해적 소탕과 경제의 활력을 위해서는 밀월이 필요했고, 권력의 배분 관계에 있어서는 신라 조정과는 팽팽한 긴장 관계를 유지할 수밖에 없었다. 청해진의 위상은 누구도 건드릴 수 없는 힘의 생산지였다. 무역 거래량과 사람들의 왕래가 청해진을 통해서만 가능해지자 더욱 장보고의 힘은 커졌다.

장보고의 딸 납비 문제

장보고의 도움으로 왕이 된 김우징은 신무왕으로 등극했다. 신무왕은 자신이 위험에 처해 있었을 때 장보고의 청해진으로 피신을 와서 장보고의 전폭적인 지원으로 왕의 자리를 차지한 인물이다. 장보고의 도움을 직접 받기도 했고, 청해진에서의 피신 생활에서 장보고와는 특별한 인간관계를 가졌다. 이러한 일련의 과정에서 신무왕은 자신이 왕이 되면 장보고의 딸을 맞아들여 왕실의 가족으로 받아들이겠다고 약속했다. 하지만, 신무왕은 839년 정월에 왕위에 올랐으나 같은 해 7월에 죽고 만다. 6개월 만에 병사하고 말았다. 신무왕의 죽음은 영웅의 앞길에도 어두운 그림자를 드리우고 있었다. 신무왕이 죽자 그의 아들이 문성왕으로 즉위하였다. 그는 장보고의 딸을 둘째 왕비로 들이려 했다. 선왕의 뜻을 받들고 은혜를 갚는 일이기도 한 일이었다. 그러나 문성왕의 이런 뜻은 조정의 신하들로부터 강한 반대에 부딪히게 되었다. 신라의 근본 조직 체계를 흔드는 일이기 때문이다. 혈통으로 신분이 세습되던 신라의 조정은 해도에서 태어난 장보고가 왕실의 가족이 되는 것을 인정할 수가 없었다. 자신들의 신분마저 위태로울 수 있었다. 반대가 완강했다.

　"궁복(장보고)은 섬사람인데, 그의 딸이 어찌 왕실의 배우자가 될
　수 있겠습니까?" 이에 왕이 그 말을 따랐다.

　신라의 왕실은 성골과 진골 출신으로 이루어져 있었다. 철저한 신분제 사회였다. 장보고는 전례에 없던 인물이었다. 패망한 백제의 피를 가진 사람이었고, 섬 출신으로 명문가를 바라보기엔 먼 사람이었다. 또한, 장보고는 신라 조정의 입장에서는 두려운 존재였다. 현재의 왕을 만든 사람이나 진배없었다. 현 왕의 아버지인 김우징을 왕으로 만든 장본인이기도 했고, 그 뒤를 이어 등극한 문성왕에게도 장보고는 은인이었다. 장보고가 자신의 아버지를 도와 일어서지 않았다면 지금 왕의 자리는 자신의 것이 아니었다. 아버지 김우징이 왕위 쟁탈전에서 패해 가족과 함께 청해진에 들어와 살았을 때 자신을 포함해 자신의 가족을 돌봐 주고 생명을 지켜 준 은인이었다. 죽음에서 구해 준 사람에 대한 도리가 아니었다. 누구보다도 장보고를 잘 알았던 문성왕으로서는 고마움과 두려움이 함께 있었다. 장보고의 막강한 힘을 알았다. 자신이 왕이 되는 과정에서 도와준 대신들의 의견을 무시할 수도 없었다.
　문성왕은 고마움으로 장보고의 딸을 왕비로 맞아들여 장보고와의 관계를 돈독히 하고, 아버지인 신무왕과 장보고의 관계를 생각

해서 아버지의 유언을 따르려 했다. 사실 아버지 김우징이 왕으로 등극한 것은 장보고의 힘이 절대적이었다. 죽음을 무릅쓴 장보고의 도움에 감사하고 싶었다.

그러나 신라 조정은 들고 일어났다. 반대는 거셌다. 왕실의 권위가 서 있거나 힘이 있었다면 별문제가 될 일이 아니었다. 하지만, 장보고라는 존재는 대적하기 어려운 존재였다. 장보고를 적으로 만들면 신라 조정의 안위는 위태로울 수밖에 없었다. 문제를 만들어 놓고 스스로 문제를 해결하지 못하고 신라 조정은 떨고만 있었다. 신라 조정과 청해진의 관계는 서먹해졌다. 신라 조정에서는 어떤 방법으로든 해결하지 않으면 곤경에 빠지게 되어 있었다.

청해진의 입장이 어려운 것이 아니라 왕비로 삼겠다고 해 놓고 스스로 철회한 신라 조정의 입장이 어려웠다.『삼국사기』에는 신라 조정의 입장에서 기술한 내용이 전한다.

846년 문성왕 8년 봄에 궁복(장보고)이, 왕이 자기의 딸을 맞아들이지 않은 것을 원망하여 청해진을 근거지로 하여 반란을 일으켰다. 조정에서는 장차 그를 토벌하자니 뜻하지 않을 우환이 있을까 두렵고 그냥 내버려 두자니 그 죄를 용서할 수 없으므로, 근심하고 어떻게 할 바를 몰라 했다.

장보고를 얼마나 두려워하고 있었나를 알 수 있는 대목이다. 반란을 일으켰다면 토벌하지 않을 수가 있었을까. 반란이 일어났다면 어떻게 내버려 수가 있었을까. 그리고 뜻하지 않은 우환이 있을까 두렵다는 말은 앞뒤가 맞지 않는 말이다. 이미 장보고는 신라의 왕을 교체한 바 있는 무인이었다. 한 나라의 왕을 교체할 수 있다는 것은 신라에서 가장 큰 무력을 가진 사람임을 이야기 한다. 장보고는 전장에서 젊은 날을 보내온 사람이었다. 반란을 일으켰다면 신라 조정에서는 장보고의 군사를 막을 채비를 갖추어야 했다. 그리고 바로 조치에 들어갔어야 했다. 하지만 어디에서도 그러한 대목은 없다. 도리어 '내버려 두자니' 라는 대목에서 볼 수 있듯이 신라 조정에서 지레짐작으로 두려워하며 근심하고 있음을 알 수 있다.

제14장

동북아의 큰 별이 지다

장보고의 죽음

　장보고는 당시 절대 권력을 가진 사람이었다. 그것도 무력을 가진 존재였다. 청해진의 사람들은 평소에는 무역에 종사하는 사람들이었다. 선박 기술자들은 물론 다양한 업무를 하는 사람들의 집단이었지만 군사로 변할 수 있는 능력을 갖춘 사람들이었다. 이러한 능력으로 해적을 소탕했고, 당나라와 신라 그리고 일본의 바다를 정복하게 되었던 것이다. 이러한 능력과 힘을 신라 조정에서는 잘 알고 있었다. 잠재적인 불안 요소였다. 거기에다 납비 문제까지 더해져 신라 조정은 긴장했다.

　명분을 내세우며 언제나 그렇듯이 목소리는 크지만, 현실적으로 해결 능력이 없었다. 문성왕과 신라 조정의 당혹스러움은 여기에서 출발했다. 반란이 일어난 것도 아닌 것을 먼저 군사를 일으켜 장보고를 진압하기는 모양새가 아니었다. 또한, 장보고는 그리 호락호락하지 않은 벅찬 상대였다. 신라의 조정 내에서는 장보고를 대적할 능력의 장수가 없었다. 그렇다고 내버려둘 입장도 아니었다. 신라 조정의 근심은 컸다.

가장 큰 적은 언제나 가까운 곳에 있다. 가까이 있는 사람에게 잘해주지 않으면 언제 뒤통수를 맞을지 모르는 것이 세상이다. 가까운 사람이 가장 많은 약점과 비밀을 알고 있다. 문성왕 스스로 장보고의 딸을 아내로 맞겠다고 해 놓고 약속을 이행하지 못한 것은 정작 문성왕 자신이건만 상대가 두려운 존재라는 이유로 오히려 제거를 준비했다. 적은 가장 믿은 사람에게서 나온다. 문성왕으로서는 장인이 될 사람을 죽이는 형국이 되었다. 장보고를 처단하겠다고 나선 사람이 있었다. 염장이었다. 염장은 장수였다. 장보고가 아우인 정년에게 군사 오천을 내어 주며 출병시켰을 때 함께 경주를 공격했던 장수 중 하나였다. 무주사람이었다.『삼국사기』에는 염장은 용감하고 굳세기로 당시에 소문이 나 있었다고 적고 있다. 염장은 문성왕을 찾아 해결책을 제시했다.『삼국사기』에는 이렇게 적고 있다.

"조정에서 다행히 저의 말을 들어준다면, 저는 한 명의 병졸도 수고롭게 하지 않고 맨주먹을 하고서 궁복의 목을 베어 바치겠습니다."왕이 그에 따랐다.

염장은 장보고를 찾았다. 맨주먹이라고 적고 있지만, 출병이 아닌 자객들로 구성해서 몰래 잠입했을 것이고, 내부의 적을 포섭해 군사를 동원해 놓는 등 만반의 대비를 했을 것이다. 역사에서는 대단위의 군사동원을 하지 않은 것을 맨주먹이라고 표현했을 것이다. 염장 자신을 보호할 계책도 마련해 놓았을 것이다. 장보고의 처단은 국가의 대사였다. 문성왕 자신의 자리가 위태한 상황이었다. 만일 자객을 보내 장보고를 죽이지 못하고 실패한다면 문성왕 자신에게 화살이 날아올 것은 당연한 이치였다. 문성왕이 장보고 자신을 죽이려 했다는 것을 확인한다면 장보고로서는 거병할 명분이 서게 된다. 장보고의 제거는 한 치의 오차도 있을 수 없이 처리해야 하는 일이었다. 장보고는 너무 큰 존재였다. 염장이 장보고를 찾아가 술수를 써서 장보고를 만나는 장면을 『삼국사기』에서는 다루지 않았지만 『삼국유사』에서는 비교적 상세하게 적고 있다. 조정에서 장보고의 딸을 왕비로 삼을 것을 반대한 것에 대하여 거짓으로 말하고 염장 자신이 장보고에게 투항을 요청하는 상황의 기록이다.

> 염장이 청해진에 돌아가 안내자를 통해 말하기를, "내가 임금에게 적은 원망이 있어 공에게 투탁하여 몸과 목숨을 보전하고자 한다." 하였다.

염장의 거짓을 진심이라고 생각한 장보고는 염장의 투항을 받아들였다. 장보고는 당나라에서 함께 활동했던 아우인 정년과의 관계에서도 원한 관계를 청산하고 다시 받아 준 전례가 있었다. 장보고와 염장은 이번에 처음 만난 사이가 아니었다. 장보고가 동생인 정년에게 군사 오천을 내어 주며 경주를 공격했을 때에 염장은 그 전투에 함께 참여했던 장수 중의 한 사람이었다. 장보고의 수하에 있지는 않아서 직접적인 관계가 있었던 것은 아니었지만, 현재의 왕을 만드는데 협력했던 관계였다. 염장의 거짓을 장보고는 믿었다. 장보고는 술을 내어 염장을 대접했다.

염장은 거짓으로 나라를 배반한 것처럼 꾸며 청해진에 투항했다. 궁복은 장수를 아꼈으므로 의심하지 않고 불러들여 높은 손님으로 삼고 그와 더불어 술을 마시면서 매우 즐거워했다. 궁복이 술에 취하자 염장이 궁복의 칼을 빼앗아 목을 베었다.

위대한 한 인물 장보고의 마지막 장면을 이렇게 적고 있다. 『삼국사기』의 기록이다. 비교적 객관적인 기록이다. 역적에 대해 이처럼 비교적 관대하게 적었을 때는 그만한 이유가 있었을 것이다. 문성왕 8년으로 적고 있다. 846년이었다. 같은 장보고의 죽음을 『삼국유사』에서는 이렇게 적고 있다.

궁파가 그 말을 듣고 크게 노하여 말하기를, "너의 무리가 왕에게 간하여 나의 딸을 왕비로 들이는 것을 폐하고 나를 보려느냐?" 라고 했다. 염장이 다시 안내자를 통해 말하기를, "그것은 백관이 간한 것이요. 나는 그 꾀에 참여하지 아니하였으니 공은 나를 혐의치 마라." 하였다. 궁파가 이 말을 듣고 청사에 불러들여 말하기를, "그대가 무슨 일로 여기에 왔느냐?" 염장이 대답하기를, "왕의 뜻을 거스른 바가 있어 공의 휘하에 와서 해를 면하려 한다." 하였다. 궁파가 말하기를 다행한 일이라 하고 술을 나누며 매우 기뻐하였다. 그때에 염장이 궁파의 긴 칼을 빼어 궁파를 베어 죽였다.

동북아의 해상로를 열어 놓고 바다에 평화의 시대를 가져오게 했던 장보고는 이렇게 끝을 맺었다.

장보고의 죽음에 대한 또 다른 기록이 있다. 『속일본후기』에서는 장보고는 문성왕 3년, 841년 11월에 죽었다고 적고 있다. 그리고 엔닌의 『입당구법순례행기』에는 전 청해진 병마사 최훈이 국란을 당하여 845년 7월 당시에 중국 초주 연수현의 신라방에서 망명생활을 하고 있다고 하였다. 장보고의 휘하에 있던 최훈이 망명생활을 하고 있다면 여기서의 국란은 장보고의 암살 사건이었을 것으로 보인다.

『속일본후기』 권 8 인명천황편의 기록을 보면 장보고의 사망과 이후의 일을 짐작하는데 도움이 된다. 장보고와 염장에 대한 글이 나온다. 그리고 염장의 부하였던 이소정과 이창진, 이충, 양원 등의 이름이 나오는데 상황을 유추하는데 도움이 된다. 이소정은 장보고를 배반하고 염장에게 붙은 인물이다.

승화 9년, 정월 병신 초하루 을사 신라인 이소정은 40명이 죽자 대전에 도착하였다. 우두머리인 이소정이 장보고가 죽고 그의 부장 이창진 등이 반란을 일으키고자 함에 열하 염장이 군사를 일으켜 토벌하였다. 공경이 의론하기를, "이소정은 일찍이 장보고의 신하였는데 지금은 염장의 사신이다. 저 신라인은 그 마음가짐이 불손하고, 진술하는 바와 상황이 일정치 않다. 이소정은 염장에게 의탁해 있으면서 먼저 와 있던 이충, 양원 등을 붙잡으려고 '지난해 회역사 이충 등이 가지고 온 물건은 곧 죽은 장보고의 자손에게 남긴 것이므로 속히 보내주기를 청한다.' 라고 하였

다. 지금 들은 바대로 이충 등으로 하여금 이소정 등과 함께 가라
고 하면 그것은 길을 잃고 헤매는 짐승을 굶주린 호랑이에게 던
져 주는 것이다. 모름지기 이충 등에게 물어보아, 만약 이소정 등
과 함께 가기를 싫어하면 그가 바라는 대로 따르되 늦고 빠른 것
은 명命에 맡기자.”라고 하였다.

승화 9년은 842년이다. 842년에 이미 장보고가 죽은 것에 대
하여 구체적으로 적고 있다. 염장이 장보고를 살해할 때 내부의
적은 이소정과 그 일파들이 아니었을까 싶다. 청해진의 한가운데
서 벌어진 일에 염장 혼자서 처리할 수 있는 상황이 아니었다. 겹
겹이 쌓인 감시와 보호가 있는 상황에서는 더욱 그러하다. 염장
이 장보고를 살해하는 순간 염장과 함께 살해를 모의한 무리가
있었다. 내부의 적이었다. 그들 중 하나가 이소정이었을 가능성
이 크다.

이소정은 장보고의 죽음으로 일본에 망명하고 있던 이충, 양원
일행을 잡으러 왔다. 『속일본후기』에서는 이소정을 ‘마음가짐이
불손하고, 진술하는 바가 일정치 않다.’라고 적고 있다. 그러면
서 이소정이 넘겨 달라고 요구한 이충과 양원 일행을 보호하려는
마음을 읽을 수 있다. ‘이소정 등과 함께 가라고 하면 그것은 길을
잃고 헤매는 굶주린 호랑이에게 던져 주는 것’이라며 신변을 보
호해 주려는 것을 확인할 수 있다. 이미 죽은 장보고의 편에서 일
을 처리하고 있다. 장보고에 대한 인식은 일본 측에서도 상당히
호의적이었음을 보여 준다. 위의 기록을 종합해 보면 장보고가 암

살된 시기는 적어도 842년 이전이었을 것으로 보인다.

장보고가 정치적으로 개입되고 암살까지 당하게 된 원인인 납비 문제가 새로운 국면으로 접어들게 한 사건이 있었다. 김양의 딸이 장보고의 딸을 대신하여 왕비의 자리로 들어가게 된 시기가 842년 3월이었다. 적어도 장보고가 살아있을 때에는 이러한 일이 벌어지지 않았을 것으로 보인다. 장보고의 위세가 신라 조정이 안위를 걱정할 만큼 대단했을 시기에 이러한 상황을 만들어 내지는 않았을 것으로 보인다. 정황상 장보고를 굳이 자극하지 않았을 것이다. 그렇다면 장보고의 죽음은 일본 측의 기록대로 841년 11월일 가능성이 크다.

장보고의 죽음은 이렇게 허망하게 끝을 맺었다. 웅대한 사업은 한 인물의 죽음으로 끝이 났다. 한민족의 역사에서 바다를 열어 놓은 위대한 한 인물의 마지막이었다. 국가의 도움 없이 동북아의 실제적인 권력자로 부상한 인물이었다. 어느 나라의 역사에서도 국가의 적극적인 도움이 없는 상태에서 이처럼 웅대하고 역동적인 조직으로 넓은 지역을 지배한 유례를 거의 찾아볼 수 없었다. 그것도 평화적인 방법으로 환영을 받았던 예는 더욱 찾아볼 수 없다. 마찬가지로 우리 역사에서도 장보고처럼 가장 힘차고 발 빠른 대응을 해 가며 주도적인 역량을 발휘해서 한 시대를 도모했던 적이 없었다. 안정과 번영이라는 두 마리의 토끼를 잡은 드문 일이었다.

청해진은 해체되고 주민들은 벽골군으로 옮겼다

역사의 시작은 영웅에 의해 열리고 영웅에 의해 마무리되는 것을 역사는 증명하고 있다. 민중이 변화를 기다리고 있을 때 그 힘을 하나로 모아 이끌어 가는 것은 영웅이다. 영웅은 민중의 기대를 저버리지 않는 존재다. 영웅은 발화하기 직전의 상태에 있는 민중의 염원과 꿈에 불을 붙여 그 힘으로 추진력을 얻어 역사를 만들어 낸다. 위대한 역사는 민중과 영웅의 합작품이었다. 장보고는 신라인들이 갖춘 기발한 능력과 진취적인 정신을 꿰차고 그들과 함께 동북아의 해상왕으로 등극했다. 하지만, 그는 갔다. 완성을 보지 못하고 아쉬움으로 우리의 역사는 장보고의 꿈을 접어야 했다. 장보고가 사라진 청해진은 길을 잃었다. 장악했던 해로는 다시 막히기 시작했다. 청해진은 사라져야 했다.

문성왕 13년, 851년 2월에 청해진을 폐지하고 그 사람들을 벽골군으로 옮겼다.

『삼국사기』에는 이렇게 청해진의 소식을 적고 있다. 장보고와 청해진에 대한 역사적 사실의 마지막 기술이었다. 이렇게 해서 장보고의 청해진 14년은 끝이 났다. 장보고가 청해진을 설진하고 암살되기까지의 기간은 고작 14년이었다. 14년 만에 신라의 남쪽 완도 땅에 웅장하고도 미래지향적인 전략으로 청해진을 세우고, 나·당·일 삼국의 바다를 휘어잡았다.

벽골군은 지금의 전라북도 김제다. 적어도 5년에서 10년은 청해진을 폐하지 않고 운영해 왔던 것으로 보인다. 염장에 의해 운영된 청해진은 정상적인 운영이 어려웠다. 장보고 부하들의 반란이 일어났다. 하지만, 이미 때는 늦었다. 수장인 장보고의 죽음은 돌이킬 수 없는 일이었다. 장보고의 인적 통치를 기반으로 했던 청해진은 장보고 자신의 죽음과 더불어 청해진의 몰락으로 치닫는 약점을 가지고 있었다. 장보고가 없어도 조직이 계속 가동될 수 있는 기반이 미처 마련되지 못했다. 자신의 빈자리를 메워줄 후계자가 준비되지 않았다. 동생인 정년에 대한 언급이 기록에는 남아 있지 않다. 장보고의 죽음 직후 정년과 그의 부하들이 어떤 방법으로든 저항했을 텐데 제대로 저항하지 못했던 것으로 보인다. 그러한 장보고의 죽음의 순간에 펼쳐졌을 기막힌 일들이 모두 역사에 묻히고 말았다. 어느 기록에도 장보고의 죽음을 제대로 전하고 있지 않다. 동북아시아의 패권을 쥐고 있던 장보고와 청해진이 한 사람의 죽음으로 이렇게 쉽게 무너질 수 있는 것인지 역사의 속내가 궁금하다.

장보고를 죽이고 난 신라 조정은 남은 세력이 또 난을 일으킬까 봐 완도 주민을 모조리 지금의 전라북도 김제 땅으로 이주시켰다. 벽골제 공사에 투입되었다. 그것이 끝이었다. 청해진은 사라졌고, 주민은 이주당했다. 상황은 끝났다.

청해진에는 사람이 들어갈 수 없도록 조치되었다. 사람이 들어갈 수 없는 청해진은 무인도가 되었다. 무인도로 500년의 세월이 흘렀다. 세상은 변했다. 거친 역사의 수레바퀴는 쉬지 않고 돌았다. 장보고와 대적 관계에 있었던 신라는 망했고, 고려라는 새로운 정권이 들어섰다. 그리고도 청해진은 잊힌 채로 방치되었다. 나무와 풀들만이 자랐다. 사람은 여전히 오갈 수 없는 무인도로 내팽개쳐 있었다. 무려 500년 동안 섬에는 사람이 들어갈 수가 없었다. 사람이 다시 들어간 것은 새로운 정권인 고려마저 다시 무너져 가던 고려 말 공민왕 때였다. 1351년의 일이었다. 무려 500년 동안 금지의 땅이었던 청해진에는 다시 사람들이 들어갔다. 하지만, 장보고 때의 활력과 역동성은 다시 찾지 못했다.

청해진의 지금 이름인 완도莞島, 완도는 왕골이 많다는 뜻이기도 하지만 웃는다는 뜻의 완莞이기도 하다. 빙그레 웃는 섬, 완도가 다시 웃을 수 있는 날은 언제일까.

장보고는 거친 세상의 중심을 뚫고 나아가는 기상과 배짱이 있었다. 산다는 것은 바람을 피하여 걸어가는 것이 아니라 바람 속으로 걸어 들어가는 것이 인생이란 것을 보여 준 사람이 장보고였다. 두려움을 이겨 내고 변방에서 중심으로 자신의 생을 옮겨 갔다. 위기는 가장 큰 기회였다. 위기 없는 인생에서는 얻을 것도 없다. 위기의 극복만이 살아남을 수 있었고 위기를 통해서 성장할 수 있었다.

장보고에 의하여 열렸던 한민족의 위대한 바다는 여기서 막을 내렸다. 장보고가 개척한 바다는 한동안 그대로 열려 있었다. 장보고가 죽은 이후에도 신라는 기득권을 한동안 누렸다. 하지만, 장보고가 사라진 신라의 바다 장악과 활력은 점차 힘을 잃어 갔다. 장보고가 사라지고 나서 다시 해적은 바다를 어지럽혔고, 사무역은 힘을 잃고 다시 공무역으로 돌아갔다. 신라 말에 해적 문제는 다시 역사서에 언급되기 시작했다. 고려 말의 해적 창궐이나 조선조 때의 해적과 왜구들의 침입은 바다를 장악하지 못한 왕조들이 나라를 이끌어 가고 있었기 때문이었다.

국가와 위대한 개인이 함께하는
공존의 장을 만들어 내지 못한 장보고

　왕이 세상을 지배하던 시대에 위대한 개인은 어떻게 살아야 하는가. 어려운 숙제였다. 장보고는 이러한 숙제를 남기고 떠나갔다. 장보고가 개척한 세상, 청해진의 활로는 누구도 실험해 보지 못한 일이었다. 처음으로 세상에 발을 들여 놓은 시도였다. 당시로써는 전위적인 일이었다. 모험이었다. 대량 사무역의 시도, 군·민·산의 합동기지 건설, 종합상사 같은 운영체계를 천 년 전에 실시한 선구자였다. 왕권국가에서 독립적인 국제무역을 저항 없이 실시한 탁월한 사업가이도 했고, 해적을 물리치고 동북아의 해상권을 장악한 전략가이기도 했다. 어려움이 있을 때마다 새로운 구상과 방법으로 돌파구를 열어 갔던 인물이었다.

　무너져 가던 신라 사회는 장보고를 만나 생산과 무역을 통하여 지금까지와는 다른 발전을 시작했다. 상업적인 시각에 눈을 뜨지 못했던 신라는 공룡처럼 성장하는 장보고를 두려운 존재로 인식했다. 권력을 위협하는 존재로만 보았다. 세계 속에 일어설 수 있었던 신라는 세계로 나가는 기회를 스스로 포기했다. 경험이 없었던 신라는 세계로 편입되어 가는 것을 도리어 버거워했다.

새로운 상품이 넘쳐나고 새로운 문화를 두려움과 도전으로 받아들이는 상황에서 장보고는 질시의 대상이 되었고, 조정으로 끌어들여야 할 대상이 아니라 제거해야 할 대상으로 생각했다. 경주로 몰려드는 새로운 문물을 백성에게 제대로 분배하지 못하고 폐해로 받아들였다. 새로운 문화를 받아들이지 못하고 도전으로 인식했다.

> 거기車騎에 진골은 수레 재목은 자단, 침향을 쓰지 못하고, 대모를 붙일 수 없으며 … 진골 안장틀鞍橋은 자단, 침향을 금하고 … 6두품 여자는 안장틀은 자단, 침향 및 금으로 싼 것과 구슬 꿴 것을 금하고 … 5두품 여자 안장틀은 자단·침향·회양목·홰나무·산뽕나무를 금하고 4두품 여자에서 백성까지는 안장틀은 자단·침향·회양목·홰나무를 금하고 …

『삼국사기』의 기록에서 볼 수 있듯이 사치로 문제가 되고 있었다. 또한 신라 경주에는 금으로 옷을 입힌 금입택金入宅, 사절유택四節遊宅, 목장 등을 소유하고 있었다는 기록에서 확인할 수 있듯이 신라 상류층 사회와 경주를 중심으로 한 일부 지역에는 부가 넘쳐났다. 고급 물건들이 넘쳐났다. 경주에는 부가 넘쳐나고 있었음에도 경주를 벗어난 곳에서는 굶어 죽어가는 백성이 늘어나 민중이 들고일어나기도 했다.

신라의 왕과 조정 대신들은 공존의 길을 열어갈 방법을 몰랐다. 안타까운 일이었다.

장보고에 의하여 신라사회에 부가 오는 것을 실감하지 못했다. 장보고가 마련한 해상권을 이용한 무역거래가 신라를 번영케 하리라는 것을 당시의 신라인들은 몰랐다. 지금에서 보아도 장대한 일이다. 동북아의 상권을 한 손에 거머쥔 전례가 없었고, 앞으로도 있기 어려운 위대한 일을 신라 조정은 좁은 안목에서 바라보았다. 상업이 국가에 어떠한 부를 창출해 주고 미래를 열어가는 일인 줄을 몰랐다. 신라 조정에서는 왕권을 위협하는 점만 부각시켰다. 오히려 장보고 선단을 잘 이용하면 부국으로 가는 길을 열수 있었다. 국부를 통한 동북아의 강국으로 부상할 수 있는 기틀을 마련할 절호의 기회였다. 동북아의 바다는 이미 장악했고, 육지에서도 강병을 길러 낼 수 있었다.

조정의 대신들과 왕은 야생적인 장보고를 받아들이는 일이 벅찬 일이었다. 조정 대신들이 반대했다고 하지만 선왕이 약속한 것이었고 그의 아들이 다시 왕이 되어 납비 문제를 거론한 것으로 하등의 문제가 될 게 없었다.

납비 문제는 신라의 왕과 장보고의 관계를 돈독히 다지는 일이었다. 권력기반이 약한 문성왕으로서는 청해진의 힘을 등에 지고 안정적인 정치를 구사할 수 있었고, 장보고로서는 자신의 출생신분에 대한 약점을 보완하는 계기를 마련할 수 있었다. 상호 부족한 점을 보완할 기회이기도 했다. 어찌 보면 신무왕 때에 거론되어 이미 기본적인 입장이 결정되어 있었다. 하지만, 의지가 강했던 신무왕이 죽고 문성왕이 즉위하자 조정 대신들은 들고일어났다. 진골과 성골로 이루어진 신라 조정 대신들은 자신들의 세력 기반을 흔들어 놓을 수 있는 위험한 인물로 여겼다. 그리고 성골과 진골이 국가의 중심에서 벗어나 본 적이 없는 상황을 받아들이려 하지 않았다. 성골과 진골로서는 국가의 정통성을 지키는 일이기도 했다. 하지만 장보고의 처지에서는 문성왕의 결정이 섭섭했다. 조정 대신들이 반대한다는 명분을 활용하여 자신을 받아들이지 않는 격이었다.

> 궁파의 딸로 왕비를 삼으려 하니 여러 신하가 끝까지 간하여 말하기를, "궁파는 매우 미천하니 그의 딸로 왕비를 삼는 것은 불가하다." 라고 하자 왕이 그의 말을 따랐다.
>
> 『삼국유사』, 권 제2 기이 제2

> "지금 궁복은 섬사람인데, 그의 딸이 어찌 왕실의 배우자가 될 수 있겠습니까?" 이에 왕이 그의 말을 따랐다.
>
> 『삼국유사』, 권 제11 신라 본기 제11

성골 출신들이 유독 반대가 심했다고 역사는 전한다. 성골은 부모 양쪽이 다 왕족인 경우를 말하고, 진골은 한쪽만 왕족일 경우를 말한다. 이들의 반대가 심했다고는 하지만 아무리 봐도 앞뒤가 맞아떨어지지를 않는다. 장보고는 이미 감의군사라는 자리에 있었다. 왕의 일을 대신해 수행한다는 의미도 숨어 있는 자리였다. 선왕의 약속과 현 왕인 문성왕이 하고자 하는 일을 이렇게 강하게 반대한 이유가 미천한 섬사람이라는 이유가 전부였다는 것은 받아들이기 어렵다.

신라 왕과 조정 대신들은 장보고를 전혀 다른 세상의 사람으로 본 듯하다. 장보고의 입궐을 위기로 받아들였다. 맹수가 안정된 권력구조를 휘저어 놓을 것을 두려워했다. 왕권까지도 위협을 받으리라는 두려움이 있었다. 대단위의 민간 군사집단이자 일찍이 가져보지 못한 거대 상업집단을 보유한 장보고를 받아들일 수가 없었다. 야생의 활력을 가진 집단은 가축과 같이 안정만을 추구하는 신라 말의 조정에서 바라보기에는 이질적인 집단이었다.

신라 조정이 변화를 수용하지 못하고 다시 퇴행의 길을 선택해 함께 가지 못한 아쉬움은 크다. 장보고의 청해진은 여기까지였다. 벅차고 웅혼한 꿈의 실현은 활력을 받아 다시 한 번 발전의 도약을 하려는 순간에 청해진은 끝나 버렸다. 하지만, 영웅의 탄생은 한민족에게 바다를 향하여 나아갈 수 있는 용기를 주었다. 역사는 장보고를 통하여 한민족에게 도전과 성공을 가르쳤다. 그리고 미완의 역사, 청해진을 남겨 놓았다.

한민족은 두 개의 문화를 받아들여야 하는 숙명을 안고 있다. 자연환경이 그렇고 인적인 문화 전달의 과정이 그렇다. 한민족이 자리한 곳은 반도라는 이질적인 만남의 장소다. 육지에서 바라보면 거대한 대륙의 끝이고 바다로 나아가는 출발점이라는 극단의 입장에 서게 되는 곳이다. 충돌과 만남이 항상 있었으며 영원히 그

두 축에서 벗어날 수 없는 곳에 자리 잡고 있다. 힘이 강하거나 한 민족이 중심이 되면 더없이 세계로 나아가는 중심축이 되지만 반대의 관점에서 보면 항상 공격의 대상이 되었었다. 한 세력이 다른 세력, 다시 말해 육지의 끝이기 때문에 바다로 나아가려는 다른 세력에게는 공격의 대상이 된다. 반대로 대륙으로 나아가려는 해상 세력에게는 대륙 입문의 첫 저항지가 된다.

역사에서도 이러한 일은 계속되었다. 몽골이 일본을 치려고 했을 때 발판이 되기도 했고, 일본이 대륙을 도모하려 했던 임진왜란이 그랬다. 장보고의 위대함은 신라를 대륙 세력과 해상 세력의 필요성을 이용하여 한반도를 동북아의 중심으로 만든 것에 있다.

제15장

개인으로서 장보고의 도전과 성공

활보에서 궁복과 궁파로
그리고 다시 장보고로 바뀌는 이름

　한민족의 터전이었던 북방의 고구려 영토는 발해가 왕국을 다시 꾸리고 있었고 신라는 백제를 점령하고 있었다. 당과 신라가 손을 잡고 유대를 강화하고, 발해는 일본과 더 가까이 접근을 시도하고 있었다. 그리고 신라는 일본, 발해와 적대적인 관계를 유지하고 있었다.

　나라를 잃은 백제의 땅에 위대한 인물이 탄생했다. 패망한 백제의 땅, 그곳에서도 더욱 외진 완도에서 그는 태어났다. 그의 탄생을 역사는 기억하지 못한다. 그 아이의 이름은 활보였다. 활을 잘 쏘는 아이라는 이름의 활보였다. 활보를 한문으로 옮겨 적은 것이 궁복과 궁파다. 『삼국사기』에는 궁복弓福으로, 『삼국유사』에서는 궁파弓巴로 적고 있다. 장보고의 신라식 이름은 원래 활보였다. 앞서 설명한 바와 같이 궁복과 궁파로 다시 당나라로 들어가서는 장보고張保皐로 고쳤다. 일본에서는 장보고張寶高로 적는다.
이름의 변화가 장보고 개인의 역사에서 전환점이 되는 시기였다.
신분의 변화와 역량의 변화가 있었던 시기였다.

활보	어릴 적 이름으로 활을 잘 쏘아 활에다 사람에게 붙이는 '보'를 붙임
궁복弓福	한국의 『삼국사기』에 기록된 이름
궁파弓巴	한국의 『삼국유사』에 기록된 이름
장보고張保皐	중국의 『번천문집』, 『문헌통고』, 『당서』에 기록된 이름
장보고張保高	일본의 『속일본후기』, 『입당구법 순례행기』에 기록된 이름

　장보고는 망한 나라의 백성으로서 미래가 보이지 않았다. 어디
선가 불어오는 바람도 희망을 주기에는 토양이 척박했다. 바다는
다른 세계로 나아가는 길이기도 했지만 당시로써는 폐쇄의 공간
이기도 했다. 절망의 분위기가 짓누르던 시기에 장보고는 일어났
다. 그리고 도전을 시도했다. 장보고는 주도면밀하여 도전하기 전
에 먼저 자신을 단련하고 수련했다. 기회는 꿈꾸는 자에게 오지
않고 땀을 흘린 자에게 온다. 기회는 곰을 닮지 않았다. 여우를 닮
아 이미 준비된 자에게 안긴다.
　장보고는 활을 쏘고 말을 달렸다. 말갈기가 휘날리도록 달렸다.
완도는 섬이었지만 어린 장보고가 수련하기에는 그리 좁지 않았
다. 장보고는 섬에 갇힌 것이 아니라, 섬은 장보고를 더 넓은 곳
으로 나아가게 하는 수련장이었다. 바다는 야망을 실현할 대상이

었다. 먼저 섬을 벗어나기 위해서 할 일은 실력을 인정받기 위한 피나는 땀이 필요했고, 장보고는 주저 없이 땀을 흘렸다. 거친 먼지를 일으키며 내달리는 말발굽 소리를 들으며 하루하루를 보냈다. 활시위를 당기며 과녁을 노려보았다. 창술에도 노력을 기울였다. 신라에서는 꿈을 꿀 수가 없었다. 성공은 이미 권력을 가진 사람들의 몫이었다. 부모의 신분이 가장 중요했고, 어느 곳에 태어났느냐가 성공의 열쇠를 쥐고 있었다. 보이지 않는 질시와 차별이 작용하고 있었다. 패망한 백제와 고구려 땅의 사람들에게는 넘지 못할 벽이 있었다. 오르지 못할 신분이 이미 정해져 있었다.

장보고는 바다와 인연을 맺고 태어났다. 바다에서 자란 장보고는 당나라로 건너가 무장이 되었다. 장보고는 낯설고 말이 통하지 않지만 기회가 주어지는 당으로 향했다. 장보고의 나이는 십대 후반이나 이십대 초반이었다. 용기와 도전 외에는 가진 것이 없었다. 모험이었다. 도전이 없는 곳에서는 성취도 없음을 알고 있었다. 고난이 없는 곳에서는 성공도 없었다. 큰 산을 넘으면 너른 들판이 기다리고 있었다. 강을 건너야 강 건너편이 내가 직접 발자국을 낼 수 있는 현실의 땅이 된다. 장보고는 과감하게 배를 탔다. 젊음은 그렇게 미지의 땅인 당나라에 발을 내딛게 하였다. 당나라는 장보고를 위하여 기다려주는 땅은 아니었다. 장보고의 도전은 거친 전장에서 시작되었다. 지금으로 이야기하면 용병 같은 존재였다. 어디에도 기댈 곳 없는 개인으로서 장보고가 가진 것은 그동안 연마한 궁술과 말타기 그리고 창술이 전부였다. 실력으로 인정받지 못하면 지금까지의 모든 노력이 수포로 돌아가는 것이었다.

장보고가 선택한 것은 전사였다. 피가 튀는 살육의 현장인 전장에서 죽음을 무릅쓰고 싸워야 하는 것이 장보고가 택한 일이었다. 우선 살아남아야 하는 것이 급한 일이었다. 죽이지 않으면 자신이 죽어야 하는 절망의 끝이었지만 장보고는 달리고 또 달렸다. 싸우고 또 싸웠다. 멀리 보이는 희망 하나 잡으려 자신을 독려했다. 자신을 강하게 지키려고 해도 언제 어떻게 죽음을 맞을지 몰랐지만 장보고는 당당하게 전장에서 살아남았다. 군중소장으로 진급했다. 당나라에서 신라인으로서는 얻기 어려운 직책을 확보했다. 놀라운 전과를 올렸다. 감히 생각하기도 어려운 중국의 역사서에 장보고의 이름이 오를 만큼 장보고의 활약상은 컸다.

이때 어린 시절 이름인 궁복은 이미 장보고로 변해 있었다. 젊음은 무르익어 삼십대에 이르러 있었다. 여러 가지 정황으로 봐서 장보고는 당나라에서 결혼했을 것으로 추정된다. 장보고가 청해진을 설진하고 활약한 기간을 14년 정도로 볼 때, 그 시기에 납비문제가 있었던 것으로 보아 당시 결혼 적령기를 16세 전후로 보면 신라로 돌아가기 전에 결혼했을 것으로 보인다. 장보고는 당나라에서 결혼했다. 장보고는 청춘을 당나라에서 보냈다. 이국의 땅에서 장보고는 시련을 맞는다. 당나라의 감군정책에 의해서 뛰어난 장수였음에도 신라인인 장보고와 정년은 파직을 당한다.

당나라에서 뛰어난 장수였지만 외국에서 온 용병 그 이상은 아니었다. 당나라가 허용한 것은 군중소장까지였다. 그곳도 타국에서 온 이방인을 대우하지 않았다. 차별 속에서도 굳건하게 자리를

차지한 것은 당나라에서 받아 주어서라기 보다는 장보고의 뛰어
난 전투실력 때문이었다. 궁파와 궁복으로 불리던 이름이 당나라
에 가서 신라에서는 특권층에게만 주어졌던 성을 집어넣어 장보
고로 변신하는 과정만큼 장보고의 인생은 큰 변화의 중심에 서 있
었다. 이름을 고친 만큼 세상을 바라보는 시각도 달라져 있었다.
타국의 젊은이에게 당나라에서도 중책을 넘겨줄 리가 없었다. 자
국의 안위를 공고히 하기 위해 고위 장수직을 줄 리가 없다. 장보
고는 다시 출발해야 했다.

　바다는 장애지만 배는 장애를 극복해주는 역할을 한다. 배를 가
진 자에게는 장애가 힘이 된다. 장애에 부딪친 자들에게 배는 강
력한 힘이 되기 때문이다. 장보고는 어려운 상황을 기회로 삼았
다. 기회는 장애에서 온다. 장애를 두려워하면 좁은 세계에 갇히
고 말지만, 장애를 극복하면 새로운 길이 열린다. 용기 있는 사람
에게 장애는 힘이다.

　군중소장직에서 물러나 장보고는 그동안 사귀어 온 사람들과의
친분과 전투에서 발휘했던 지형적인 특성을 파악해 무역에 손을
댔다. 군중소장직에 있으면서 알았던 관직의 사람들과도 돈독한
관계를 맺어 영역을 넓혀 갔다. 상업에 종사하는 사람들과도 친분
을 쌓으며 부를 축적했다.

　장보고는 부를 축적만 하지 않고 풀었다. 큰 생각을 하는 사람은
큰 꿈을 꾼다. 장보고는 더 넓은 세상으로 나아가기 위하여 요지
에 개인재산을 털어 절을 지었다. 장보고가 역사적인 인물이 되는
계기는 멀리 내다보고 큰 꿈을 실현하기 위한 절의 설립에 있었

다. 절은 장보고를 일개 장수나 부를 축적한 장사꾼이 아니라 큰 인물로 부각시키는 역할을 했다. 상업에 문화적인 역량을 도입하여 엄청난 부각 효과를 만들었다. 장보고 자신도 이러한 파격적인 파문을 불러올지 몰랐을 것이다. 어떤 문화적인 방법보다도 종교가 주는 안정과 고차원적인 힘은 상상을 초월했다. 다른 부호들도 사찰에 돈을 기부하거나 사찰을 지어 기부하는 형식은 있었지만 장보고는 달랐다. 절을 지어 그곳을 관료들이나 상인들이 머무르면서 편히 쉴 수 있는 공간을 제공해주는 일을 하게 했고, 여행자들도 머무르면서 정보를 확인할 수 있는 곳이 되게 하였다. 그렇게 자연스럽게 장보고는 알려지게 되었고 그에 대한 인상은 더욱 격상되었다. 관료들을 통해서 당나라의 조정과 신라 조정에 장보고에 대한 좋은 인상이 전해지고 능력을 인정받게 되었다. 상인과 여행자들을 통해서 당나라와 일본 그리고 신라의 일반 백성에까지 장보고는 그 이름을 떨쳤다.

장보고에게 법화원은 모든 정보의 산실이었다. 삼국의 통로가 되면서 세상의 변화와 대응할 수 있도록 해주었다. 어느새 장보고는 삼국의 요충지를 장악한 사람이 되었고, 장보고에 대한 인식은 나날이 좋아지고 역량은 날로 확장되었다.

요로를 장악하라, 세계가 열린다

당나라 등주에 지은 장보고의 법화원은 삼국을 여행하는 사람은 꼭 들러야 하는 요충지가 되었다. 법화원은 관료로부터 수집하는 삼국의 정세와 상인들을 통해 들어오는 물품들에 대한 정보를 비롯해 많은 정보의 중심지가 되었다. 상인들은 장사하기 위한 편의를, 여행자는 여행지에 대한 정보를 사전에 입수할 수 있었다. 장보고 하면 법화원이 떠오르고, 법화원 하면 장보고가 연상되었다. 장보고는 법화원이 주는 상징성을 그대로 물려받을 수 있었다. 법화원이 주는 안정과 편익, 신라인이라는 인식이 자리 잡아 군중소장이라는 인식과 상업활동에 종사하는 사람이라는 인식은 점점 작아졌다. 법화원이 가진 종교적인 힘과 외교적인 업무수행, 쉬어갈 수 있는 곳이라는 안락함 등이 모두 장보고에게로 옮겨졌다. 장보고는 이제 군중소장이라는 딱딱한 군인의 모습이 아니었다. 장사를 해 이익만을 내려는 사람으로 비치지 않았다. 장보고는 어느 순간부터 문화적인 사람이 되어 있었고, 불교라는 종교의 큰 틀에서 베풀면서 조국 신라를 걱정하는 사람으로 인식되기 시작했다. 장보고는 신라와 당의 연결고리 역할을 하는 사람으로 사람들의 마음속에 뿌리내렸다. 왕래를 위해 배를 제공하고, 법화원에서 침식과 여행의 편의와 정보를 제공했다. 신라에서 온 사람이나 당나라에서 신라로 가려는 사람들이 법화원에 오면 여행에 대한 두려움을 없앨 수 있었다. 신라와 당나라의 관원도, 공부하러 온 학승이나 유학생도, 장사를 하러 온 장사꾼도 법화원에서 정보를 얻었고 업무 수행에 도움을 받았다.

장보고에게는 사람이 모였고, 정보와 편의를 얻기 위해서 찾아오는 사람들을 통해서 사업도 번창해 갔다. 법화원의 설립은 장보고를 전혀 다른 세계로 진입하게 하는 요술상자 역할을 했다. 문화와 종교와 무역의 중심이 되었다. 장보고 자신도 모르는 사이에 그 중심에 서 있었다. 상업에 문화적인 요소를 도입한 앞서가는 한국인이었다.

장보고의 특징 중의 하나는 역경이 오면 도리어 더 큰 세계로 달려가는 두둑한 배짱에 있었다. 자신이 속한 집단보다 더 큰 세상으로 달려나갔다. 완도에서 태어나 신라라는 벽을 만났을 때 당나라로 향했다. 위기는 장보고를 키우는 자양분이기도 했다. 군중소장직을 그만두었을 때는 무역업에 진출하여 성공을 이루었다. 무역을 시작하고 나서는 도박에 가까운 제안을 한다. 신라의 왕, 흥덕왕에게 해적 소탕을 전제로 청해에 진을 설치할 것을 제안했다. 신라와 당 모두에게 해적 소탕이라는 당근을 주면서 자신의 고향인 완도에 청해진을 설치하는 제안이었다. 불안정한 당나라에서 무역의 기반을 잡는다고 해도 이방인으로서 한계가 있었다. 당나라는 장보고에게 다른 나라였다. 자신이 태어나고 뼈를 묻어야 할 고향은 아니었다. 언제 어떤 상황에 닥칠지 몰랐다. 당나라에서 볼 때 장보고는 외국사람이었다. 당나라에서 그의 성장에는 분명히 한계가 있었다. 신라는 골품제라는 피의 상속을 대물림하는 어찌할 수 없는 신분사회였다. 신분의 한계를 받아들여야 하는 신라는 그래도 조국이었다. 그를 받아주는 신라 사회는 아니었지만, 고향에 돌아가서 큰 구상을 펼치고 싶었다. 당나라로서는 그들의 나라에서 기반을 마련한 친당인인 장보고가 해상을 장악해 발해의 견제를 막을 수 있고, 장보고의 상업활동 덕분으로 인한 경제적인 이익을 얻을 수 있었다. 신라로서는 해적 소탕을 해 민심을 수습하는 기회를 얻을 수 있는, 양쪽 모두에게 성공적인 정책이었다. 손해 볼 것이 없는 제안을 하는 장보고를 받아들일 수밖에 없었다. 신라로서는 해적 소탕이 무엇보다 선결할 문제였다. 결국은 흥덕왕으로부터 허락을 받아 꿈을 꾸었던 구상을 현실로 만들었다. 웅혼한 기상을 가진 사람이 아니었다면 감히 엄두도 내지 못할 일이었다. 세상을 먼저 파악하고 나서 상대에게 전략적인 이익을 주면서 자신의 계획을 실현하는 장보고의 역량은 탁월했다. 장보고는 전략가였다. 장보고에게는 미래가 있었다. 과거에 매달리지 않고 미래로 달려나갔다. 바다의 파고는 높았지만, 그는 두려워하지 않고 너 큰 바다로 항해해 나갔다. 더 큰 바다로 나아가려면 더 큰 위험을 감수해야 한다. 큰 꿈을 꾸려면 큰 고난을 이겨내야 한다.

꿈을 꾸는 사람만이 행동할 수 있고, 실천한 사람만이 꿈을 이룰 수 있다.

꿈을 실현할 수 있는 원동력은 땀이었다. 모험을 두려워하는 자는 꿈도 꾸지 못한다. 장보고는 이루었다. 해적을 소탕하고, 삼국의 무역을 독점하고, 생산기지를 만들어 생산과 무역을 병행하던 곳, 청해진을 만들었다. 완도는 장보고에 의해 삼국의 중심으로 자리 잡아 가고 있었다.

장보고의 꿈은 누구보다 웅대한 구상에 있었다. 해상 왕국을 만들려는 구상이었다. 청해진에서 장보고는 독자적으로 사신을 파견하고 군사를 움직였다. 신라 조정으로서는 그런 장보고는 잠재적인 두려움이었다. 왕위 쟁탈전에 참가한 장보고 군대의 힘을 직접 경험하기도 했다.

하지만, 장보고의 실험은 여기까지였다. 염장이라는 자객에 의해 허무하게 죽음을 맞았다. 그러나 그는 한민족의 역사에서 보기 드문 영웅이었다. 장보고의 삶은 역동적이었다. 한 편의 웅장한 영화 같다. 성공을 향한 한 사내의 파격적인 삶의 완성이었다. 하지만, 미완의 작품이기도 했다. 더 크고 웅혼한 기상을 세상에 펼칠 기회를 잃어버리게 되었다. 한반도에만 머물렀던 신라의 한계를 뛰어넘을 수 있는 발판을 마련하고 더 넓은 세계를 향

해 먼 바다를 건너려는 순간에 장보고는 죽음을 맞았다. 신라로
서는 세계로 나아갈 기회를 잃어버리는 안타까운 순간이었다. 신
라 조정과의 관계를 돈독히 하면서 청해진을 발전시키지 못한 아
쉬움이 매우 크다.

제16장

한민족에게 바다의 의미와 전망 그리고 청해진

대한민국을 중립국 형태의 문화대국으로

천 년을 넘고 다시 백여 년이 넘는 기간이 지났어도 장보고는 잊혀지지 않았다. 다시 주목받으며 살아나고 있다. 오랜 기간 군주의 시대를 살았던 한민족은 이제 자유와 활기가 넘치는 민주시대에 살고 있다. 장보고는 이 시대에 더 필요한 사람이다. 자본주의 싹이 트기 전에 일찍부터 그 가능성을 보여준 사람이었다. 지구의 한구석이었던 신라 땅이 세상의 중심으로 한 발짝씩 가까워질 수 있도록, 도전하면 될 수 있다는 것을 온몸으로 보여준 사람이었다. 도자기 기술을 수입하고 대량생산 체계를 갖추어 우리에게 산업 생산능력이 있음을 보여 준 사람이었다.

모든 것이 왕에게 귀속되던 시대에 독립적인 상업도시를 만들었다. 무력을 버리고 인근 국가와 무역으로 화해를 이끌어내기도 했다. 산업 생산 그것도 대량생산체계를 갖추고 한민족의 영역을 넘어 세계로 뻗어나갔다. 육상의 실크로드가 정상적인 가동을 하고 있지 못할 때 해상 실크로드를 통해 세계의 여러 나라와 무역했다.

청해진의 의미와 신라와 당의 역학관계 그리고 신라 조정의 입장을 조금 더 깊이 생각해 본다. 한민족에게 오늘날의 발판인 한국을 중립국으로 선언하는 방안을 생각해 본다. 한국은 사상의 감옥이었다. 자본주의와 공산주의의 첨예한 대립에 서 있었고, 지금도 그 대립은 계속되고 있다. 사상이나 이념의 새로운 싹이 트기에는 상황이 차갑다. 사상의 포로에서 벗어나 자유로운 사유와 성찰에 의해 새로운 사상을 만들어내고 받아들이는 일이 시급하다. 자본주의도 이제는 한계에 와 있다. 공산주의도 실험에서 실패했다. 새로운 사상과 이념이 절실한 때다. 사상의 동토지대인 한반도에서 우리가 살길은 무엇인가. 미국으로부터 배우기에는 지금까지 사용해 온 제도와 사상의 틀은 이미 낡았다. 서구 사회로부터 배운 제도의 운용으로 지금까지 발전도 있었다. 이제는 그 사상과 제도로는 발전에 한계가 있다. 새로운 모색과 실험이 필요할 때다. 자본주의와 공산주의와 사회주의가 주장하던 국가의 임무가 변해야 하고, 산업의 역할은 변해야 한다. 노동자와 경영자라는 인식의 틀도 변해야 한다. 세상은 파도치듯 꿈틀거리고 있다. 새로운 제도, 사상이 나타나기 직전의 모습을 하고 있다. 새로운 판을 다시 짜야 한다. 그것은 타국으로부터 사상을 수입하는 것이 아니라 우리 스스로 만들어 낼 수 있다면 더욱 바람직하다. 세계적인 석학들은 이 시대에 대해 이런 진단을 내리고 있다.

너무 빨라지고 너무 복잡해진 세계. 그래서 위기가 왔다. 그래도 미래는 낙관한다. 인간은 늘 위기를 극복해 왔다. 도저히 양립하지 않을 것 같은 극단들이 공존하는 미래가 머지않아 열릴 것이다. 정치든 경제든 사회든 점점 이야기와 디자인이 중요해진다. 감성과 예술까지 아우르면서 전체를 조망하는 통섭과 종합하는 이런 능력의 시대가 올 것이다. 인간의 오른쪽 뇌가 주로 관장하는 영역들이어서, 우뇌 시대의 개막이라고 표현할 수도 있다.

역사의 무게 중심과 세계의 눈길은 아시아로 쏠릴 것이다. 중국은 순항하겠지만, 잠재한 위험요소를 잘 관찰해야 한다. 대한민국은 다른 나라의 미래가 이미 싹튼, 미래 국가의 전형이다.

우리에게 있는 능력을 우리는 모르고 있지만, 바깥에서 보는 시선은 한국에 대해 긍정적이다. 역동과 도전하는 국가로 보이고 있음을 깨닫고 새로운 길을 만들어 가야 한다. 새로운 사상이 열릴 가능성이 많은 나라, 더욱 높은 문화와 기술을 보유할 가능성이 많은 나라로 인정받고 있다. 미래는 꿈꾸는 사람에 의해서 열린다. 작은 가능성으로도 무한히 큰 세계를 열어 왔다. 그리고 앞으로도 그렇게 해 나갈 것이다. 민중의 염원을 가장 빠르고 정확하게 표현하는 것이 인터넷이다. 인터넷의 힘은 다방향성에 있다. 민중과 관료, 노동자와 경영자 등이 서로 소통하는 장소이며 의견이 집합하는 장소다. 용광로와 같은 이 활력을 통해 정치적인 제도와 사회적인 변화의 기회로 삼을 수 있는 나라가 한국이다. 세계에서 가장 역동적이고 활력이 넘치는 곳이 한국이라고 할 수 있다. 한국은 우리 자신도 모르는 사이에 변화의 중심에 서 있다. 인류 역사에서 민의가 이처럼 빠르고 정확하게 전달되는 체계를 가진 경험이 없었다. 거리와 시간을 초월한 민의를 실시간으로 확인할 수 있는 새로운 경험이다. 촛불은 밑에서 위로 타오른다. 촛불이 가진 의미는 밑으로부터의 활력을 표현한다. 불은 밑에서 위로 솟는 활력에 의해서 지속된다. 민중으로부터 나오는 사상과 이념이어야 한다. 이 시대는 진정으로 민중이 주역이어야 한다. 그 가능성은 한국이 가장 유력하다고 할 수 있다. 제도와 민중의 진정한 목소리를 가상공간인 인터넷에서 모으고 토론하는 장으로 만들어 그곳에서 새로운 가능성을 모색해야 한다. 정치지도자나 관료 그리고 경영자 모두 민중의 한 사람이다. 민중이지 않은 사람은 없다. 이제 그 구분은 업무 역할의 한 부분으로 해석하고 다 같이 힘을 모아 따뜻함을 공유할 수 있는 사상과 이념을 만들어 내야 한다.

우리의 주위에는 강국이 포진하고 있다. 중국, 러시아, 일본 그리고 미국이 바다 건너에서 우리와 밀접한 관계를 맺고 있다. 어디 하나 호락호락한 존재들이 아님을 확인하게 된다. 우리가 살 길은 과연 무엇인가 생각해 보면 군사적인 강국을 만드는 데에는 한계가 있다. 군사적인 강국을 만들려면 이웃 나라의 숱한 방해 공작에 시달려야 한다. 어느 한 나라도 이를 허락할 나라가 없다. 당장 북한에서부터 견제가 오겠지만, 남북한이 손을 잡고 같은 길을 간다면 어느 나라도 이를 용인하지 않을 것이다. 역사에서 강자가 약자에게 군권 강화를 위하여 다른 나라나 약소국에 배려한 유래가 없다. 가능하면 군사력을 빼앗아 종속적인 체제를 강화시킬 뿐이다. 힘은 스스로 기르는 것이지 누구의 도움을 받으려는 것은 어리석다. 역사는 이를 확연하게 증언하고 있다. 중국과 러시아, 일본의 견제는 더할 것이다. 미국 또한 이를 인정할 리가 없다. 모두 자국의 이익만을 위해 뛰는 상황에서 우리의 존재를 알리는 데에는 군사력은 적당하지 않다. 산업을 기반으로 한 문화국가를 만들어 내는 일이 시급하다. 무역을 통해 무역 영토를 넓히는 길이 우리에게는 적합한 방법일 수 있다. 이 상황에서 장보고가 좋은 전례를 보여 준다.

▌한국인은 모두 독립군이다

  장보고는 세상을 읽는 지혜가 남달랐다. 무엇보다 자신의 힘을 기반으로 하지 않으면 이 세상에 살아남지 못한다는 것을 깨우쳤다. 준비하는 자만이 기회가 왔을 때 살아남을 수 있음을 장보고는 누구보다도 동물적인 감각으로 받아들였다. 그리고 이를 실천했다. 어려서 완도를 떠나면서 무술을 익혀 당에서 활동할 수 있는 기반을 미리 마련하고 상황에 대처했다. 청해진을 설진하고자 하는 꿈을 실현하기 위해서 장보고는 군중소장이라는 경력과 더불어 은퇴 후 상업에 기반을 두고 부를 축적했다. 신라인들의 결속에 나섰다. 신라인들은 장보고에게 힘이 되었고, 신라인들은 장보고의 영향력을 이용할 수 있어 서로 필요한 존재로 일어섰다. 재당 신라인들을 결속하는 데에는 동기부여를 할 수 있는 공간이 필요했다. 장보고는 법화원을 설립했다. 당시의 문화와 정치적인 역량을 모두 발휘할 수 있는 것은 불교라는 종교였다. 장보고가 당나라에서 군중소장이 되고 부호가 되었다고 해도 신라에 장보고의 영향력은 적었다. 장보고를 큰 인물로 만들어 주는 계기는 법화원이었다. 상승의 계단을 만들어 준 것이 앞서 설명한 바와 같이 법화원이었다. 자신의 역량을 키웠으나 유지하고 발전시켜 더 원대한 계획을 실현하게 해 줄 혁명적인 상승의 징검다리가 필요했다. 장보고는 자신의 재산으로 법화원을 지었다.

가장 깊고 오래 사람의 마음을 끌 수 있는 것은 문화다. 이 시대에 다시 문화를 강조할 수밖에 없다. 미국 사람이 정의로운 것처럼 보이고 커 보이는 이유는 군사적인 강국이기 전에 문화대국이기 때문이다. 문화를 생산해 내는 나라이기 때문에 가능했다. 우선 내세울 수 있는 것이 영화와 드라마다. 미국 영화의 특징은 패권주의, 가족제일주의, 삶에 대한 긍정에 있다. 이 미국영화가 주고자 하는 의미체계를 영화를 보는 사람은 그대로 받아들인다. 의식했든 의식하지 않았든 이야기의 흐름에 마음을 맡겨야 하는 것이 영화 감상이기 때문에 그러하다.

우선 패권주의부터 확인해 본다. 미국은 정의를 위하여 싸우는 나라라는 인식이 영화를 보는 사람의 의식을 잠식해 간다. 영화를 보고 나면 미국은 정의로운 국가로 변해 있다. 미국 영화의 또 다른 하나의 특징은 가족제일주의를 표방하고 있다. 무엇보다도 가족의 안녕을 위하여, 가족의 존속을 위하여 일하고 행동하는 모습을 보여 준다. 가족주의의 끝은 가족이 평화로이 살 수 있는 나라가 미국이라는 인식을 심어주는데 있다. 마지막으로 미국 영화에서 보여 주는 삶의 긍정적인 태도다. 주인공의 영웅적인 면을 부각시키며 정의의 승리로 끝을 맺는다. 인생에 대한 긍정적인 사고를 보여 주고 있다.

영화가 주는 파급력은 크고 놀랍다. 미국이라는 나라를 더욱 큰 나라로 인식하게 해 주고 있음을 보게 된다. 우리가 생각하는 것보다 훨씬 강하고 깊게 미국에 대하여 긍정적인 인식을 하도록 하고 있다. 물건을 살 때도 미국의 상품은 좋다는 인식이 어느새 소비자의 마음 한편에 자리 잡고 있음을 확인하게 된다. 대화에서 영어를 쓰는 것이 자연스럽게 느끼게 하는 현상도 마찬가지다. 일본어나 중국어를 대화 중에 써 보라. 분위기가 다르다. 미국은 받아들이고 일본과 중국은 우리의 인식에서 멀리하고 있음을 보게 된다. 그만큼 미국 영화는 미국을 더 친숙한 나라로 인식하게 하고 있다.

문화의 힘은 강하다. 한국이 지향해야 할 길은 문화 생산국으로의 길을 걸어야 한다는 것이다. 군사적인 힘보다는 산업적인 국가로, 산업적인 국가에서 문화 생산국으로 입지를 굳혀 가야 할 시기가 오고 있다. 그러기 위해서는 중립적인 나라를 표방하고, 인접해 있는 중국과 러시아 그리고 일본으로 문화를 생산해서 수출하는 전진기지로 가는 길을 적극적으로 찾아야 한다. 무기로 점령하는 시대는 가고 있다. 얼마간은 군사적인 대치와 전쟁이 있겠지만, 이제는 지구가 하나 되는 시대로 성큼 다가서고 있음을 여러 곳에서 감지한다.

장보고는 신라와 당 그리고 일본을 묶는 역할로 문화를 선택했다. 청해진의 힘은, 해적을 소탕하기 위한 전진기지로 무력에서 출발했지만, 청해진이 주는 분위기가 무력이 아니라 무역이었던 것에 있다. 상대방에게 필요한 것을 조달해 주고 전쟁 대신 평화를 선물했다. 해적들이 날뛰던 바다를 통일해 삼국 모두에게 안정을 주었다. 평화의 기를 달고 장보고는 무역을 시행했다. 장보고가 삼국 모두에게 환영을 받았던 힘은 어디에서 왔을까를 찾아보면 분명 문화다. 법화원이 주는 힘이 작용하고 있었다. 당시 신라와 당 그리고 일본도 마찬가지로 세 나라는 무역을 금지했다. 간첩을 두려워했기 때문이었다. 상인으로 가장해서 국경을 넘어 잠입해 정보를 수집할 것을 두려워해 엄격하게 무역을 통제했다. 무역을 하다 잡히면 강하게 처벌당했다.

하지만, 장보고 선단이 이끄는 무역선에 대해서는 관대하게 받아들였다. 장보고가 무력적인 집단이라는 인식을 했었다면 국경을 넘나드는 장보고의 배를 용납하지 않았을 것이다. 문화적인 힘은 알게 모르게 사람을 잠식해 간다. 법화원이 가진 삼국의 종교적인 통합성, 편익제공, 여행정보 제공 같은 것들이 장보고의 청해진을 다시 태어나게 했다. 장보고는 어디에서도 무력집단이라는 인식을 갖지 않게 했다. 기업이 문화를 받아들이는 순간 사람들은 그 기업을 이익집단으로만 보지 않는다. 문화를 지원하는 후원자로 보기 시작한다.

지금 당장 우리에게 필요한 것은 한류다. 한류의 극대화와 지속적인 성장을 위해 국가 차원에서 지원되야 한다. 문화는 국가가 주도해서는 커 나가지 못하는 속성이 있어 국가의 개입으로는 해결되지 못한다. 국가는 재정적인 지원과 자유로운 활동이 가능하도록 법적인 체계를 만들어 주는 것으로 만족해야 한다. 문화는 자유를 먹고 산다. 그래서 때로는 어수선해 보이기도 하나 중심을 잃어버리지는 않는다. 문화가 정신적 산물이기 때문이다.

국가가 간섭하고 직접적인 관여를 한다면 오히려 문화는 죽고 만다. 문화는 자유로운 마당에서 춤을 추고 싶어 한다. 겉으로는 문제아다. 때론 오만방자해 보이지만 창조적인 사람이 활동할 수 있는 토양은 분명 자유다. 한국을 문화의 자유지대로 만들어 끝없이 발원하는 창조적인 정신이 발붙일 수 있도록 해야 한다.

남한과 북한이 만나 군사적인 대립을 중단하고 문화적인 대국을 만들어 판문점을 대치의 동토에서 문화의 광장으로 만드는 일부터 시작해 볼 것을 적극 주장한다.

한민족의 특성 가운데 하나는 평화적인 성향이 마음 안에 내재해 있는 것이다. 다른 나라를 공격한 역사가 존재하지 않는다. 물리적인 힘이나 무기를 동원한 입신을 부끄럽게 생각하는 선비정신은 한민족의 오랜 전통이다. 칼이 아닌 붓을 신봉하는 민족적인 연대감이 조성되어서 정신적인 자존에 무게를 둔 것은 확실한 듯하다.

한민족에게는 언제부턴가 군사적으로 확대해 가는 데에는 한계가 있다는 것을 자각하고 있음을 본다. 전쟁으로 영토를 넓히기에는 어려움이 있고, 한민족의 특질로도 적당하지 않다. 이 시대에 장보고의 전략은 필요하다. 물리적인 힘이 아닌 필요에 의해 무혈입성할 수 있는 무역의 길은 우리에게 절실하다. 이 시대에 진정 필요한 것은 1,200년 전의 장보고에게서 미래로 가는 길을 찾아내는 일이다. 과거에서 미래의 길을 찾는 것은 역발상처럼 보이지만 과거는 미래의 거울이다. 유감스럽게도 역사는 반복되고 있음을 보게 된다. 인간이 지혜롭다고 하지만 비슷한 일을 반복하며 오늘을 살고 있고, 역사 또한 비슷한 일을 반복하고 있다.

역사를 들여다보면 힘과 힘의 역학적인 관계에서 이익을 선점하려는 욕망으로 이루어진다. 욕망의 흐름이 역사다, 욕망과 욕망의 대결이 역사였다. 욕망을 자제할 수 없는 인간들이 다시 반복해 만들어 내는 역사는 삶을 헤쳐 나가는 지혜의 보고다. 인간과 인간의 모략과 협력이 만들어 낸 변화무쌍한 역사가 안내해 주는 길은 지금도 만들어지고 있고 반복되고 있다. 우리는 지금 진정으로 장보고의 지혜가 필요하다.

남과 북이 갈라져 있는 지금의 상황과 당시에 발해와 신라가 나뉘어져 갈등관계에 있던 것도 비슷하고, 중국과 일본과 우리나라가 상업적인 측면에서 긴밀한 관계에 있는 것도 비슷하다. 우리의 조선술이 뛰어난 것도 당시의 모습과 비슷한 면이 있다. 장보고가 이끌었던 청해진의 의미와 우리가 그것에서 얻어야 할 지혜를 찾아내는 일은 진정 중요하다. 무력의 시대는 이제 저물어 가고 있다. 평화를 내세운 기업이 이 시대에 대세다. 무력으로 점령되 있는 국토는 국가별로 아직도 문이 잠겨져 있지만 상업으로 열린 세계는 자유롭다. 장보고가 만들어 낸 상업적인 길이 그러했듯이 지금 우리를 기다리는 것은 물리력이 아니라 상업적으로 국토를 넓히는 일이다.

한반도는 무한한 꿈의 전진기지다. 활력이 넘치고 건강한 근로

정신과 창조적인 힘이 폭발하는 지역이다. 다시 이야기하지만, 한민족은 지금 세계 여러 나라에 도전적으로 나가 살고 있다. 이들의 결속과 한반도의 생산기지화와 무역 중심 토대의 국가를 만들어 내면 다시 번영이 올 것이다. 거기에다 문화의 용솟음을 발전적으로 지원하면 우리는 문화국가로 일어설 수 있을 것이다. 한민족이 가진 흥취와 신명을 바탕으로 문화는 용광로처럼 끓어오를 것이다.

한민족은 누구에게도 기죽지 않는 당돌함을 가지고 태어났다. 이 당돌함은 그냥 생긴 것이 아니다. 전통적으로 무가 아닌 문을 숭상한 선비의 기질에 연유한다. 정신의 승리를 진정한 승리로 인정하는 전통을 가지고 있다. 뛰어난 머리와 도전을 두려워않는 기질에 있다. 세계 어느 나라를 가나 한국인이 없는 나라는 드물다. 그리고 그들은 당당하면서도 독립적으로 잘 살아가고 있다. 한민족은 모두가 독립군의 기질을 가지고 있다. 이들의 결속과 협력체계를 만들어 내는 일은 지금 무엇보다 시급하고 서로에게 도움을 주는 상호 승리의 길로 접어드는 첫 단초가 될 것이다.

한반도는 지금 기회의 땅이다. 대륙으로 달려가는 전초기지로, 바다로 나가는 항구로써 반도는 적합하다. 자유무역 기지의 확대나 무역 영토를 넓히기 위하여 의식의 확장이 절실하다. 장보고가 산업 기지화했던 당시의 첨단기술인 도자기 생산기술처럼 핵심전략기술의 개발이 중요하다.

이념을 버리고 북한과 손을 잡고 중립국을 선언하는 것이다. 자본주의도 공산주의도 사람이 잘 살 수 있도록 하기 위한 이념이었다. 어느 하나의 사상이 옳다고 고집하기에는 이미 자본주의도 공산주의도 사회주의도 많은 상처를 가졌다. 문화만을 최고의 이념으로 내세우고 과학과 무역을 국시로 하여 확장된 새로운 세계로 나아가는 것이다. 국부가 쌓이면 다음 단계를 새로이 논의하면 된다. 이 시대에, 당시의 청해진은 어떻게 그런 일이 가능했을까를 먼저 생각해 본다.

  우리는 중립국으로서의 기본적인 토양이 갖추어져 있다. 한민족은 이민족을 공격한 역사가 없다. 강국에 둘러싸여 있다. 상업적 기질이 있다. 기마민족의 역동성이 있다. 바다와 육지를 대상으로 확장의 길을 열 수 있다. 한민족은 가능성을 마음의 중심에 둔 민족이다. 가능성을 현실로 만드는 민족적 역량을 가지고 있다.

제17장

장보고가 이 시대에 필요한 이유

미개척지인 바다, 그리고
미개척지인 가상공간의 인터넷 세상

　육로 중심이던 시대에 장보고는 과감하고도 새로웠던 바닷길을 열었다. 길은 도전하는 자에 의해서 열린다. 남이 간 길을 가면 남보다 뒤처진다. 벌써 앞서간 사람이 있기 때문이다. 이 세상이 가져보지 못한 새로운 길을 열기 위해서는 험한 가시밭길이라도 개척해야 한다. 장보고가 선택한 바다는 당시까지 미개척지였다.

　장보고의 등장은 바다의 지배를 통해 안정과 번영을 요구하던 사람들이 기다려 왔던 일이었다. 영웅은 기다리는 사람들에 의해 만들어진다. 누군가가 바다를 평정하기를, 바다는 기다리고 있었다. 신라와 당 그리고 일본도 그러한 사람을 기다렸다. 물자가 부족했을 때 필요한 물건들을 경쟁적으로 구하려 했던 시대였다. 서로에게 필요한 것이 있었다. 당나라에서 나는 물건이 신라에는 없었고, 일본에서 나는 토속품이 신라에는 없었다. 필요했지만 거래할 수가 없었다. 무역을 허가받지 않은 자는 할 수 없는 일이었다. 무역은 공무역만 가능했다. 그렇지 않으면 특별한 행사나 국가적 차원에서의 물품이 오갔을 뿐이다. 당의 위세가 꺾이고, 신라에서는 중앙 조정의 힘이 줄어들고, 일본은 지방호족의 발원으로 왕권이 무너졌다. 사무역이 꿈틀거리고 있었다. 무역이 조정에 해가 되지 않고 세수입이 늘어난다는 것을 자연스럽게 알게 되어 통제하지 않고 있었다. 관리할 능력이 없어서였지만 사무역은 점점 거래량이 늘어났다. 하지만, 바다에는 해적들이 있었다. 큰 배가 필요했다. 준비 없이 바다에 뛰어들 수가 없었다. 항해할 능력이 뛰어난 사람이 필요했다.

해적들이 날뛰던 그 거친 바다를 항해할 영웅은 신라 땅에서 탄생했다. 역경을 이겨내야 하는 어려운 환경에서 한 사내가 태어났다. 그 사내는 장애가 나타나면 돌아가지 않고 더 큰 세상으로 나아갔다. 더 큰 장애를 극복하면 작은 장애는 저절로 극복되는 원리를 이용했다. 사무역의 등장과 함께 장보고는 이 땅에 왔다. 우리에게는 가상공간의 현실화로 새로운 세계를 개척해야 하는 과제를 안고 있다. 인터넷이 만들어 내는 무한한 가상공간을 통하여 더욱 멀리, 더욱 많은 사람에게 한국을 알려야 한다. 지금 미개척지는 인터넷이라는 가상공간이다. 꿈의 공간이면서 가능성의 공간이기도 하다.

세상을 지배하려면 마음을 먼저 사로 잡아야 한다. 무력으로 상대를 제압하려 한다면 또 다른 적, 또 다른 무력의 재생산만 끊없이 이어질뿐 관계의 지속성은 유지될 수가 없다. 한반도는 무력으로 세계를 제패하기에는 여러 가지 한계점이 있다. 국토의 면적이나 인구로 볼 때 물리력을 기반으로 하여 세상을 앞서 가기에는 어려운 조건이다. 하지만, 문화 생산 기지화와 상업적인 활로를 찾기에는 아주 좋은 위치에 있다. 문화와 상업으로 일어서는 데에는 지정학적으로 한반도만한 입지조건도 드물다. 세계 4대 강국이 한반도에서 출발하는 문화의 전파기지 역할을 하게 할 수 있다. 이보다 더 좋을 수는 없다. 배가 자유롭게 기항과 출항을 할 수 있을뿐만 아니라, 대륙으로 들어가는 시발점이 되기에 한반도는 더없이 좋은 조건이다. 4대 강국의 중심에 자리하고 있다.

중국과 러시아로 들어가는 전진기지 역할을 수행하는데 한반도는 꿈의 반도다. 아쉽게도 북한과의 단절로 직접적인 육지로의 연결이 두절된 상태이나 머지않은 날에 열릴 것이다. 이는 남과 북이 함께 살 수 있는 상생의 길이 될 것이다. 북한으로서는 통행세를 받아도 그 물량이 적지 않을 것이다. 북한을 통한 길이 열리면 한반도는 중국과 러시아 그리고 중동과 유럽까지 길이 열리게 된다. 이는 지금 상상하는 것의 몇 배 이상의 파급효과가 있게 될 것이다. 상품의 이동 통로가 아니라 문화의 이동 통로가 되는 한류의 전진기지가 될 것이다.

문화는 높은 곳에서 낮은 곳으로 전파되는 경향이 있는데, 사실 문화의 높낮이는 없다고 해야 옳을 것이다. 그러나 새로운 것과 편리함을 추구하는 문화가 상대적으로 낙후된 사회로 전파되고 있는 것이 현대 문화의 흐름이라고 할 수 있다. 이 문화의 흐름을 주도하는 것는 정보통신 분야가 될 것이다. 건축이나 조선 같

은 중공업이 아니라 발 빠르게 대처할 수 있는 휴대전화, MP3 같
은 개인용품과 TV나 컴퓨터와 같은 가전제품이 될 것이다. 가볍
고 경쾌하게 개인과 가정으로 퍼져 나가는 것들이 주류를 이룰 것
이고, 이는 한국의 주된 상품이자 앞서가는 것들이기도 하다. 무
엇보다도 경량이면서도 문화를 실어나를 수 있는 문화상품이 한
국을 알리는 첨병 역할을 할 것이다.

다시 일어서는 한국, 한민족, 한국인

　한국의 지정학적인 위치는 국력이 약하고 창조력이 약할 때 강대국의 발 아래 놓였었다. 중국의 지배를 받아야 했고, 일본의 정복을 어쩔 수 없이 인정해야 했다. 미국의 군정을 받기도 했다. 주변국에 의하여 무참히 짓눌려야 하는 치욕을 온몸으로 받아야 했다. 원인은 단 하나였다. 약한 나라였기 때문이다. 동북아는 강자의 터전이었다. 우리는 그곳에서 자존을 지키며 살아왔다. 한국은 이제 새로운 도약을 하고 있다. 작지만 강한 나라, 한국으로 새로이 발돋움하고 있다. 중국으로부터 한국을 거쳐 일본으로 건네지던 과거 문명의 흐름이 이제는 부분적이지만 한국이 발원지가 되고 있음을 보게 된다. 문화의 생산지가 되고 있다. 정보통신의 발원지가 되고 있다. 이는 커다란 변화이고, 시발점이다. 작게 보이는 이 변화의 바람이 새로운 물결을 만들어내고 파문을 일으킬 것이다. 나비 한 마리가 날아오르는 일이 사소해 보이지만 봄이 가다오고 있음을 알 수 있듯이, 우리가 과소평가하는 일들이 어느새 엄청난 파급효과를 만들어 내게 될 것이다. 세상은 변하고 있다. 새로운 기운이 일어나고 있다. 역할이 변하고 있다. 그 변화의 중심에 한국이 있다. 한국은 분명히 다시 일어선다. 오바마 미국 대통령의 말을 주시해 보라.

> 그들은 장사가 뭔지 안다. 그들을 욕할 수 없다. 미국의 신형 하이브리드카를 움직이는 배터리는 한국산이다.

여기서 '그들'은 한국인을 말한다. 그들을 욕할 수 없다는 말에 주목하라. 한국인이 가진 근면성과 약속의 철저한 이행을 전제로 한 말이다. 우리도 할 수 있다는 오바마의 인식은 한국인에 대한 긍정적인 인식과 더불어 미국인도 한국인처럼 할 수 있어야 한다는 생각에서 출발하고 있다. 부지런한 한국인을 욕하기보다는 미국인이 한국인에게서 배워야 함을 강조하고 있다. 그러면서 미국 대통령 오바마는 한국에 대해 상하원 합동연설에서 이렇게 말했다.

> "신형 하이브리드카가 조립라인을 돌고 있으나 이들 자동차는 한국산 배터리로 구동된다. 청정·재생 에너지를 동력화는 국가가 21세기를 선도할 것이다."

그러면서 미국 자동차업계의 분발을 촉구했다. 오바마가 언급한 한국산 배터리는 엘지화학이 미국 지엠에 단독 공급하는 전기자동차용 리튬이온 배터리다. 이 배터리는 하이브리드카용 배터리 시장을 주도하는 일본의 니켈수소 배터리보다 효율이 50% 이상 좋다. 또 지난해 대선 때에는 "왜 하이브리드카와 전기자동차의 디자인과 제조를 한국과 일본이 하도록 놔두느냐?"라고 말하기도 했다. 한국이 할 수 있는 것을 왜 미국이 못하느냐고 말해 미국인들을 자극하는 방식이다.

한국인의 근면성은 두 가지 면에서 확연하게 드러난다. '빨리빨리'와 땀이다. '빨리빨리'는 일에 대한 욕심을 말한다. 자신이 맡은 일에 대한 철저하고 조속한 처리를 한마디로 표현하는 말이다. 한국인의 조급성에 대해 여러 가지 이론이 있지만, 사계절이 확연한 땅에서 일 년에 한 번뿐인 농사로 살아가야 하는 어려운 환경에서 그 이유를 찾는 것이 가장 타당해 보인다. 한 번뿐인 농사를 망치면 가족의 생계는 물론 국가의 존망까지도 위태롭게 된다. 비가 오면 논으로 나가 물꼬를 터야 하고 가뭄이 들면 물을 끌어다 대야 한다. 태풍이 불면 논에 나가 농사를 망치지 않도록 어떤 조치든 해야 한다. 겨울은 춥고 매섭다. 여름은 무덥다. 어느 한 시기라도 놓치면 농사를 망치게 된다. 그리고 우리나라는 이웃 국가로부터 침략을 많이 받아 온 민족이다. 어느 한순간도 소홀히 하면 적에게 점령당한다. '빨리빨리'는 고난의 환경을 살아내기 위한 극복의 방법이었다. 주변국으로부터의 침입과 자연의 재해로부터 피하지 않으면 살아남기 어려운 토양에서 잘 살아내기 위한 방법이었다. 한민족을 다시 살아나게 한 원동력도 분명히 '빨리빨리' 정신이다. 그리고 꾸준함에 있다. 땀으로 대표되는 근면성을 타고났다.

한민족의 일에 대한 확실한 처리와 조급함은 신라인들이 가진 특성이기도 했다. 변함없이 노력하는 자세, 근면함은 신라인의 기질이었다. 이러한 특성이 해적을 제압하고 바다를 장악하게 했다. 신라인들이 가졌던 부지런함과 일에 대한 욕심은 우리가 살아가는 토양에서 자연스럽게 나온 기질이다. 그 기질은 지금까지 우리의 피 속에 들어 우리의 몸을 흐르는 강물이 되고 있다. 한국, 한민족, 한국인은 새로운 역사를 쓸 것이다.

마지막으로 인간적인 측면을 강조, 근로자를 비용이 아니라 자산으로 재조명함으로써 혁명적인 경영 패러다임의 도입 필요성을 강조했던 세계적인 석학 피터 드러커의 발언을 소개한다. 그는 돈을 지배하는 사람보다 지식을 지배하는 사람 즉, 지식 근로자가 더 많은 영향력이 있는 사회가 될 것이라고 예견했다. 21세기 석학, 위대한 리더였던 피터 드러커의 저서 넥스트 『소사이어티(Next Society)』에서 기업가 정신을 이야기한 부분을 옮겨 놓는 것으로 마무리한다.

질문자 : 우리 미국이 기업가정신(Entrepreneurship)에 있어 세
　　　　계 제일이란 주장에 동의하십니까?

드러커 : 전혀 아닙니다. 그것은 정말 위험한 착각입니다. 기업
　　　　가 정신을 실천한다는 점에서 미국은 2등도 못 됩니다.

질문자 : 그렇다면 1등은 어느 나라일까요?

드러커 : 의심할 나위 없이 한국입니다. 약 40년 전만 해도 한국

에는 기업이란 것이 전혀 없었습니다. 그러나 오늘날 한
국은 24개 가량의 산업에 있어서 세계 일류 수준이고 반
도체와 조선 등 몇몇 분야에서는 세계 선두주자입니다.

질문자 : 기업가 정신이란 무엇입니까?

드러커 : 그것은 두말할 나위 없이 첫째는 개척 정신이요, 둘째는
창조 정신이요, 셋째는 공동체 정신입니다.

한국, 한국인, 한민족은 독특한 문화의 토대에 서 있다. 다른 나
라에서는 보기 드문 자질이다. 쉽게 달아오르는 냄비근성과 그 반
대 성격인 노자나 불교적인 느긋함도 함께 가지고 있다. 또한, 부
지런함과 나태함에 가까운 은근함도 가지고 있다. 상반된 기질을
함께 가진다는 것은 드문 일이고 특별한 일이다.

우리에게 이러한 특징은 개척과 창조 그리고 공동체 정신을 발
휘하는데 무한한 상상력과 힘이 될 것이라 믿는다. 우리는 무엇
이든 할 수 있는 민족이다. 가장 큰 힘은 자신감에서 온다. 한국
은 선비의 나라였다. 정신을 최고의 덕목으로 꼽는 선비정신은 물
질을 무시하려는 경향이 있었다. 선비의 나라, 조선의 최대 약점
은 경제성을 무시한데 있었다. 우리는 무려 오백 년을 정신의 강
조 속에 있었다.

이제 꼿꼿하고 당당한 선비정신에 경제관념을 도입하여 출발한
한국호에 위기는 있어도 좌초는 없다. 넘어져도 다시 일어나는 끈
기 또한 한국인의 자질이기 때문이다. 살아있음을 세상의 중심에
놓고 춤을 추어야 한다. 한국, 한국인, 한민족이여.

장보고 張保皐

(788?~841 또는 846년)

남북국시대 노비 출신으로 신라의 해상 호족이며, 해상왕이라는 별칭으로도 알려졌다. 본명은 궁복弓福 또는 궁파弓巴이다. 신라에서는 골품제骨品制로 말미암은 신분 제약으로 뜻을 펼치기 어려워 당나라 서주徐州로 건너갔다. 뛰어난 무술을 인정받아 무령군 소장의 직책을 받게 되었다. 그러나 무령군 소장으로 있는 동안 자신의 관할 지역에 신라인 노예들이 당나라 사람들에게 납치되어 끌려오는 것을 보고 크게 깨달아 신라로 돌아갔다. 신라로 간 그는 신라 제42대 임금인 흥덕왕을 서기 828년에 만나 완도에 청해진을 설립해 달라고 요청했으며, 김우징 등의 왕족이 이를 찬성하여 마침내 허용되었다. 흥덕왕에게서 1만 병사를 얻어 청해淸海(완도)에 진을 설치하고 청해진 대사가 되었다. 그 뒤 신라 서남해에 출몰하던 당나라의 해적과 일본 왜구를 모두 소탕하고 서남해 해상권을 장악하여 당나라, 일본, 남방, 서역과 아랍의 여러 나라와 무역을 하여 많은 이익을 취하였으며, 아울러 큰 세력을 이루었다. 836년 흥덕왕이 죽은 후 왕위 계승 전쟁에서 패퇴하여 청해진으로 쫓겨 온 김우징을 도와 정변을 일으켰다. 839년(신무왕 1년) 음력 1월 민애왕을 죽이고 김우징을 추대하여 감의군사感義軍使의 직책을 받았다. 신무왕이 죽고 문성왕이 즉위한 뒤에는 진해장군에 임명되었으며, 840년(문성왕 2년) 일본에 무역사절을 파견하고 당에도 견당매물사遣唐賣物使를 보내는 등 삼각무역을 실시했다. 그러나 845년(문성왕 7년)에 자신의 딸을 문성왕의 차비次妃로 삼으려 했던 일이 신무왕의 갑작스런 병사 이후 진골 귀족의 반대로 물거품이 되어 버리자 조정에 대한 원망과 울분으로 날을 지샜다. 얼마 후 조정의 밀명을 받고 거짓 투항해 온 옛 부하 염장을 위해 주연석상을 마련하여 크게 환대했는데, 이때 염장이 장보고의 장검을 취하여 그를 참수하였다. 그가 죽은 때는 846년 봄이라고 한다. 다만 일본의 자료에는 841년음력 11월에 참수되었다고 기록되어 있다.